LE SUICIDE
Psychothérapies et conduites suicidaires

PSYCHOLOGIE ET SCIENCES HUMAINES

J. Wilmotte, J.M. Bastyns,
G. Demaret, M. Duvivier

le suicide

psychothérapies et conduites suicidaires

PIERRE MARDAGA EDITEUR
2, GALERIE DES PRINCES, BRUXELLES

© Pierre Mardaga, éditeur
37, rue de la Province, 4020 Liège
2, Galerie des Princes, 1000 Bruxelles
D. 1986-0024-41

Remerciements

Nous remercions tout particulièrement Monsieur le Professeur Richelle, qui a bien voulu diriger notre travail avec la plus grande attention.

Nous remercions également tous ceux qui de près ou de loin nous ont aidé à l'élaboration de cet ouvrage, soit par leur compétence, soit par leur disponibilité permanente à résoudre les problèmes qui sont apparus au cours du travail.

Nous citerons :

Monsieur N.L. Farberow, co-auteur du livre « The Cry for Help ». Monsieur Mc Graw Hill, éditeur du livre « The Cry for Help ». Monsieur le Docteur Zemor, traducteur de « l'analyse du cas ». Madame Weisman, Messieurs Worden et Beck. Messieurs O. Fontaine et M. Dreze. Mesdames Saviduk et Greco, secrétaires.

Nous offrons ce travail à Michèle, Andrée, Claire, Antoinette, à tous ceux qui nous ont entourés de leur chaleur, de leur disponibilité, de leur encouragement tout au long de ces mois de travail.

A nos enfants Dinu et Madhubi, à Olivier, Jérôme et Mathieu, à Carole et Armand, à Catherine et Véronique qui nous ont tant aidés par leur spontanéité, leur fraîcheur et leur intuition.

Avant-propos

Les conduites suicidaires semblent avoir augmentés au cours de la dernière décennie. On estime qu'il y a actuellement 35.000 suicides par an dans la Communauté Européenne. Parmi ces suicides, la proportion de jeunes s'est accrue au cours des trente dernières années. Certains auteurs ont attribué ce fait à l'émergence d'une sous-culture basée sur les médicaments, à l'accessibilité plus aisée à l'égard des psychotropes, à une désillusion croissante des générations montantes à l'égard de la société actuelle et enfin à une meilleure détection épidémiologique.

Les tentatives de suicide ont atteint un niveau franchement épidémique au cours des vingt dernières années.

Les conduites suicidaires constituent donc un problème aigu de santé mentale à notre époque. Personne ne possède à ce jour le «remède miracle». Chacune des écoles psychothérapeutiques proposent une analyse théorique différente du phénomène et de ses causes, ainsi qu'une approche thérapeutique spécifique. La psychothérapie en tant que corps de connaissance scientifique est encore dans les limbes. On peut sans exagération parler d'une «tour de Babel» où chacun des psychothérapeutes parle une langue étrangère aux autres. Néanmoins, des signes d'éclaircies apparaissent dans le ciel de la psychothérapie : de plus en plus souvent, les psychothérapeutes d'orientation différente acceptent de se rencontrer, de se parler et de décrire concrètement leur type d'intervention particulière. Lors de telles rencontres, les psychothérapeutes acceptent parfois de dépasser le niveau de leurs discours théoriques réciproques. Ils peuvent alors constater que leurs approches respectives contiennent souvent de nombreux points communs. Les différences semblent résider avant tout dans des façons différentes de privilégier certaines observations ou certaines interventions thérapeutiques au dépens des autres. Les différences sont également idéologiques: elles résident dans les croyances que chacun a pû développer quant aux facteurs cruciaux expliquant l'efficacité de ses interventions.

Des rencontres entre les tenants des différents courants thérapeutiques semblent une étape nécessaire à l'élaboration d'une future science de la psychothérapie. Cette conviction nous a amené à aborder à quatre cliniciens les conduites suicidaires à travers quatre grilles de lecture différentes: l'approche du clinicien à l'hôpital, la thérapie comportementale, l'analyse transactionnelle et la thérapie centrée sur le client. Afin de permettre encore davantage une telle rencontre entre diverses écoles de psychothérapie, nous avons repris à la fin de cet ouvrage le rapport d'un cas déjà publié par Farberow et Shneidman (95) en 1961 et qui avait servi à illustrer plusieurs stratégies thérapeutiques psychodynamiques.

Le but de notre ouvrage est donc triple:

1. Donner une information de base concernant un certain nombre d'acquis actuels de la littérature suicidologique concernant les idées de suicide, leur communication et les tentatives de suicide.

2. Présenter quatre modalités différentes d'interventions thérapeutiques.

3. Permettre à travers l'étude d'un cas concret, une meilleure intégration pratique de ces modèles et leur comparaison avec des stratégies psychothérapeutiques psychodynamiques déjà publiées dans la littérature suicidologique.

Il est conseillé au lecteur de commencer par lire la présentation générale qui est fait des conduites suicidaires par Jean Wilmotte. Il peut ensuite soit suivre l'ordre proposé par notre ouvrage, soit passer à son gré d'un chapitre à l'autre. Après la lecture d'un chapitre concernant un modèle thérapeutique, le lecteur peut, s'il le souhaite, lire le rapport du cas A.S. puis la description de la façon dont ce cas serait approché dans le modèle thérapeutique concerné.

LES THERAPIES COMPORTEMENTALES

Jean Wilmotte est Chargé de Cours à l'Université Libre de Bruxelles. Membre Fondateur du Centre de Prévention du Suicide, il est depuis des années Représentant National pour la Belgique de l'Association Internationale de Prévention du Suicide et d'Intervention de Crise.
Il dirige actuellement le service de psychiatrie de l'Hôpital Vincent Van Gogh de Marchienne-au-Pont.

1. Conduites suicidaires

A. Introduction

En 1644, un poème posthume de John Donne est publié avec le titre «Biathanatos». Ce terme grec signifie «tué par violence» et cette œuvre littéraire concernait l'homicide de soi-même (228). L'expression resta sans suite. Il est classique d'affirmer qu'en 1737 le jésuite rouennais Desfontaines utilisa pour la première fois le mot «suicide». Cela semble inexact (203). Dès 1734, l'abbé Prévost parle de suicide dans sa gazette et sans revendiquer pour autant la paternité de ce terme. Le néologisme latin «suicidium» semble en effet avoir déjà été utilisé au seizième siècle par les Casuistes. Voltaire et les Encyclopédistes acceptèrent ce néologisme et le diffusèrent. Ce mot va désormais s'imposer et remplacer l'expression de «mort volontaire» qui avait prédominé jusqu'au 18e siècle. Pour Pélicier (228), le mot «suicide» met l'accent sur le caractère individuel, foncièrement égoïste de cette conduite et s'oppose donc à l'ancienne expression stoïcienne de «mort volontaire». Cette dernière soulignait davantage «le caractère délibéré, réfléchi, d'un acte qui s'inscrit dans la problématique de la liberté humaine». Quoiqu'il en soit, le mot fit apparemment recette.

Selon Baechler (8), la littérature sur le suicide a désormais quelque chose de monstrueux. En 1927, Rost (262) élaborait une bibliographie reprenant 3.750 titres. En 1972, Farberow (94) relève 4.744 articles pour une période allant de 1897 à 1970. Cette production de la littérature suit une allure exponentielle. Dans la bibliographie de Farberow, de 1897 à 1957, on relève en moyenne trente-sept articles par an. Ce chiffre passe à deux cent douze par an, pour la période allant de 1958 à 1970. Soit six fois plus. De 1897 à 1930, les publications concernant les «tentatives de suicide» restent très peu nombreuses (moins de dix pour cent du matériel publié). Le terme lui-même n'est pas consacré. Les synonymes utilisés sont nombreux: pseudo-suicide, semi-suicide, quasi-suicide, suicide interrompu, suicide sans succès, échec d'une tentative de suicide, tentative de suicide futile, tentative de suicide avortée, tentative infructueuse. Les mots parlent d'eux-mêmes. A cette époque, la tentative de suicide est considérée, selon la définition encore retenue par Schneider (268) en 1954, comme un suicide raté, comme une tentative qui a échoué. Nous avons cherché, de 1897 à 1956, toutes les publications concernant des tentatives de suicide: on trouve dans quarante-trois pour cent des cas le recours à un moyen violent (arme à feu, pendaison, etc.), dans quinze pour cent le recours à un poison et dans quarante-deux pour cent seulement l'utilisation de médicaments.

Les ouvrages concernant les tentatives de suicide ne commencent à se multiplier qu'à partir de 1931. Après la deuxième guerre mondiale, la littérature suicidologique explose littéralement. La proportion concernant les tentatives de suicide augmente encore et passe de dix à vingt-cinq pour cent des articles publiés. Une modification importante de ces concepts se situe en 1964. Elle est due à Stengel (283). Il proposa la métaphore suivante: un martien vint visiter notre terre, il ne manqua pas de relever l'existence au sein de notre espèce de comportements nocifs pour soi-même, susceptible de provoquer occasionnellement la mort de la personne. Ce martien constata que cet aboutissement fatal n'est que relativement rare. Il conclut que la mort n'est pas souvent le but principal de cette conduite. Il n'écouta donc que d'une oreille distraite les explications données à postériori par les sujets ayant posé un tel acte. Il s'efforça par contre d'observer, sans idées préconçues, autant d'actes que possible, en tenant bien compte de leurs antécédents et de leurs conséquences. Dans son rapport final au grand martien, il écrivit: «il y a certains humains qui se font du mal à eux-même de façon plus ou moins sévère. Dans environ un cas sur huit, le dommage est tel qu'ils en meurent. Quelque soit le devenir final, la plupart d'entre eux ont donné des avertissements clairs à l'un ou à plusieurs de leurs congénères humains avant de passer à l'acte... Si l'on considère l'acte lui-même isolément, on pourrait croire que l'autodestruction est son but principal. Mais si l'on considère certains antécédents et les conséquences de ces actes, cette explication simple ne tient pas». Stengel affirmait ainsi qu'il était nécessaire de jeter un nouveau regard sur le comportement suicidaire. La différence principale entre le concept conventionnel de «suicide raté» et celui rapporté par le martien se situe dans l'accent mis sur les réactions de l'environnement immédiat du suicidaire. Stengel récuse l'ancienne façon de considérer les tentatives de suicide comme des suicides mineurs. Il pose l'hypothèse de deux groupes différents : ceux qui tentent de se suicider et ceux qui se suicident. Pour lui, l'acte suicidaire est un ensemble comportemental complexe dont il est nécessaire d'examiner tous les aspects sans se limiter à la seule intention d'autodestruction. Il insiste sur la fonction de signal d'alarme et d'appel à l'aide de la tentative de suicide (282). Pour lui, elle joue ce rôle avec la régularité d'un «mécanisme inné de déclenchement» dans le sens que Lorenz donne à ce concept. Qu'il ait ou non été voulu par le suicidant, cet effet est toujours obtenu. Cette «fonction d'appel» est donc pour Stengel une conséquence automatique de l'acte, indépendamment des intentions du sujet. Une deuxième fonction importante réside dans l'effet cathartique de la libération de l'agression dirigée contre les autres et soi-même. Stengel y voit un des facteurs de récidive. Il insiste sur la nécessité d'étudier dorénavant les effets immédiats et à long terme des tentatives de suicide en les restituant dans leur environnement social et en tenant compte des réactions de cet environnement à l'acte posé. Nous avons donc déjà bien des ingrédients pour une approche comportementale de cet acte.

A partir de ce moment, la tentative de suicide va être considérée comme un comportement ayant sa propre signification. L'existence de deux populations différentes s'affirme de plus en plus : les *suicidants* qui font des tentatives de suicide et les *suicidés* qui se sont tués. Dans une revue exhaustive de la littérature, Davis (61) compare les suicidants et les suicidés selon dix-sept paramètres. Il observe une différence dans douze d'entre eux. Par exemple, la fréquence relative de ces deux conduites est différente. Elle est de dix tentatives de suicide pour un suicide. On note une prédominance féminine pour les tentatives de suicide et masculine pour les suicides. La population des suicidants est plus jeune que celle des suicidés. Ceux qui tentent de se suicider sont moins susceptibles de laisser une note pour leurs proches que ceux qui se suicident. Il y a plus de gens déprimés chez les suicidés et plus de troubles de la personnalité de type antisocial, immature, passif-agressif chez les suicidants.

Après l'évolution du concept et la proposition de deux populations spécifiques, l'expression même de «tentative de suicide» va devenir de plus en plus insatisfaisante. De nombreux auteurs vont commencer à la critiquer. En 1965, Kessel (158), le premier, proposa de la remplacer par «empoisonnement volontaire» et «lésion faite par soi-même délibérément». En effet, de nombreux suicidants agissent avec la conviction de la relative inocuïté de leur geste et la certitude de leur survie. Kessel voulait éliminer le problème de la motivation en reconnaissant deux intentions différentes : poser un acte dommageable pour soi-même et ensuite atteindre des objectifs éventuels à plus long terme. Cette première proposition d'abandonner le terme de tentative de suicide rencontra une vive opposition. Les périphrases de Kessel ne s'imposèrent pas.

Kreitman (164) prit le relais et s'attaqua à son tour à l'expression «tentative de suicide». Il souligna, par exemple, l'effet négatif possible de ce terme pour le patient qui se verra négligé par le corps médical si sa tentative de suicide ne paraît pas suffisamment léthale. Par contre, Kreitman n'appréciait pas l'idée de créer un nouveau terme sans appartenance sémantique avec le mot «suicide». Il ne voulait en effet pas négliger l'association très réelle qui existe entre un auto-empoisonnement volontaire et un suicide ultérieur. En 1969, il proposa donc le terme de «parasuicide». Pour lui ce mot recouvre un comportement analogue au suicide, mais sans qu'une orientation psychologique vers la mort soit en rien essentielle. Il le définit en ces termes : «le parasuicide est un acte non-fatal par lequel un individu crée délibérément un dommage ou ingère une substance à des doses excessives par rapport à celles généralement prescrites ou reconnues comme thérapeutiques».

Enfin, en 1974, Henderson (137) proposa de regrouper en une classe générale tous les comportements susceptibles d'entraîner la prise en charge de soi par autrui. Il définit cette classe de comportements comme «un ensemble d'activités d'un individu suscitant chez un autre humain une réponse augmentant le confort du premier». De tels comportements ont été observés dans la vie sociale des primates. Les cris et les pleurs semblent par exemple un stimulus puissant pour obtenir le retour de la mère auprès du jeune chimpanzé. De même chez l'adulte, d'autres comportements d'attachement ont une ressemblance étroite avec ce qui se passe chez les humains lorsqu'ils sont insatisfaits de l'attention obtenue. Chez le jeune humain, les comportements d'attachement sont également fréquents. L'enfant pleure et tend les bras pour être porté par sa mère. Ces stimuli sont extrêmement efficaces pour déclencher la prise en charge de l'enfant par l'adulte. Ces comportements semblent largement indépendants des différentes cultures. Il y a une grande probabilité que ces comportements aient une base phylogénétique. Henderson souligne que les comportements d'attachement chez l'adulte des espèces infra-humaines et à l'aube de l'humanité ont probablement eu un avantage important sur la survie. Chez l'adulte, des comportements plus subtils d'appel de prise en charge se sont développés au cours du temps: expression triste du visage, plainte somatique mineure, demande verbale d'approbation, d'estime ou d'amour. Cette classe de comportements est également importante pour la continuation de l'espèce dans la mesure où elle participe à l'établissement et au maintien de liens d'affection entre hommes et femmes. Les adultes continuent à pleurer par exemple lorsqu'ils sont séparés de la personne aimée. Tout ceci permet le maintien au sein du groupe de liens sociaux puissants entre tous les membres et compense partiellement l'agression intra-spécifique. Henderson estime donc que cette classe de comportements a une importance biologique majeure. A partir d'un modèle théorique dérivé de l'éthologie, il regroupe dans une seule classe de comportements tout un ensemble disparate de troubles qui ont une propriété commune : ils apparaissent principalement lorsqu'un individu a l'impression de recevoir trop peu de soin de ses proches ou du groupe social. Il appela ces troubles du nom de «syndrome de l'incitation à la prise en charge». Une caractéristique essentielle des comportements de cette classe est de provoquer une perturbation émotionnelle chez l'individu ou chez son entourage, voire chez les deux. Ce syndrome est constitué par les tentatives de suicide, les dépressions névrotiques, l'hystérie de conversion, le vol dans les grands magasins.

Henderson souligne que la tentative de suicide survient très fréquemment dans le cadre d'une rupture d'une relation individuelle avec un autre signifiant. Il rejoint donc en cela la formulation déjà proposée antérieurement par Stengel qui voyait également une base phylogénétique dans ce comportement et qui proposait de l'analyser non plus en tant que comportement individuel mais en tant que comportement survenant dans un système relationnel. Henderson souligne d'ailleurs la puissance de ce comportement et son efficacité pour modifier le comportement et les attitudes de l'entourage, y compris les professionnels. Nous verrons plus loin que l'impact de la dimension suicidaire aboutit même parfois à la violation d'un principe aussi sacré que le secret médical. La plupart des conduites regroupées dans ce syndrome montrent une prédominance sexuelle féminine. Les comportements de ce syndrome aboutissent très fréquemment à des réponses ambivalentes de la part d'autrui et principalement des professionnels de la santé. Ces derniers estiment en effet que le patient usurpe le rôle social de «malade». L'accessibilité à ce rôle est pour Parsons (220) réglée par certaines lois. Ainsi, l'incapacité sociale encourue par la personne doit impérativement résulter d'un facteur endogène. De même, le patient doit mettre toute son énergie à recouvrer le plus rapidement la santé. Le suicidant ne remplit pas aisément ces conditions. Il risque donc d'être fréquemment considéré comme un «faux malade».

L'ensemble de cette évolution conceptuelle amène à proposer l'existence de trois groupes différents à étudier: *les suicides* (tentatives de suicide réussies), *les tentatives de suicide* (suicides ayant échoués), et les *parasuicides* (comportements appartenant à la classe générale des conduites «d'appel»). La figure n° 1 offre une représentation graphique de ces trois groupes.

Nous partons de deux classes générales à savoir les suicides et les parasuicides. Leur fréquence relative dans la population est classiquement considérée comme de l'ordre d'un suicide pour, au minimum, dix parasuicides. Les suicides réussis sont ceux qui font l'objet des statistiques officielles. La classe générale des suicides doit tenir compte des conduites qui visaient, sans équivoque, la mort mais qui ont néanmoins échoués. Nous n'avons pas de quantification précise de ces «vraies» tentatives de suicide. Une façon indirecte de se faire une idée de leur importance est de les assimiler aux comportements suicidaires violents qui aboutissent dans nos hôpitaux. Dans un travail récent, nous avions repris la catégorisation de Shneidman et Farberow (270). Ils reconnaissent deux grands groupes de méthodes utilisées dans les comportements suicidaires. D'abord, celles où le point de non retour léthal est rapidement atteint (arme à feu, pendaison, défenestration). Ils y incluent également l'intoxication à l'oxyde de carbone. Par contre, ils constituent un autre groupe à partir des méthodes où le point de non retour léthal n'est atteint que de façon très graduelle (vénisection, médicaments). A partir de ce critère, nous avons observé chez 271 suicidants hospitalisés successivement dans notre service d'urgence psychiatrique sept pour cent d'utilisation de moyens violents. Comme Kreitman (165) estime que les données hospitalières sous-estiment la fréquence des épisodes de parasuicides d'au moins trente pour cent, nous pouvons raisonnablement estimer que 5,3 pour cent de l'ensemble de ces conduites recourent à des moyens violents. Ces considérations nous amènent à penser que la classe générale «suicides» pourrait être constituée de soixante-cinq pour cent de suicides réussis et de trente-cinq pour cent de suicides ayant échoués malgré le recours à des moyens efficaces et drastiques. Au sein des suicides réussis, Kreitman (165), comme de nombreux auteurs d'ailleurs, reconnaît deux groupes différents selon que le suicidé présente ou non dans ses antécédents un épisode de parasuicide. Ce pourcentage d'antécédents suicidaires chez les suicidés va de dix-huit pour cent dans l'étude de Robins (246) à quarante-sept pour cent dans celle de Ovenstone et Kreitman (216).

Kreitman (165) observe de réelles différences qualitatives entre ces deux groupes. Les suicidés sans antécédent de parasuicide sont des individus dont la vie antérieure était relativement stable et bien adaptée encore que cet équilibre était finalement assez fragile car il reposait sur un lien émotionnel exclusif. La perte de cette relation a souvent été le point de départ d'une décompensation aiguë aboutissant soit à un suicide rapide, délibéré et soigneusement réalisé, soit à une phase dépressive avec anxiété, troubles du sommeil, recours aux médicaments et à l'alcool avant de chercher le refuge définitif dans le suicide. Plus de la moitié des sujets dans ce groupe présentait un trouble de la personnalité mais qui n'était habituellement pas de type psychopathique.

Par contre, les suicidés présentant des antécédents de parasuicide avaient des caractéristiques assez proches du concept de «carrière suicidaire» proposé par Wold et Litman (315). Dans ce groupe, Kreitman (165) observait une instabilité psychologique et des troubles majeurs de l'adaptation sociale depuis au moins cinq ans avant le suicide. La majorité de ces sujets pouvait être considérée comme souffrant d'un trouble de la personnalité de type psychopathique, de toxicomanie ou d'éthylisme. Assez souvent, ils étaient sans emploi, endettés et avaient eu des ennuis avec la justice. Leur vie relationnelle était caractérisée par de très nombreux conflits interpersonnels. Ils ont assez souvent déjà été traités par des psychiatres. Plus souvent que dans le premier groupe, ils ont communiqués clairement leurs intentions à de nombreuses personnes. Ils réalisent souvent leur suicide à proximité des autres. La prise de médicaments est leur moyen préférentiel de suicide. Kreitman (165) insiste sur le fait qu'il n'est pas exclu que d'autres études reconnaissent l'une ou l'autre catégorie supplémentaire au sein des suicidés. Il pense par exemple aux jeunes toxicomanes aux drogues dures qui étaient sous-représentés dans la population qu'il avait étudiée. Cette présence d'un sous-groupe de suicidés avec des antécédents de parasuicide implique donc que la frontière entre parasuicide et suicide n'est pas hermétique et qu'un certain pourcentage de parasuicides se suicide ultérieurement. Ce risque suicidaire ultérieur chez les sujets ayant présentés un parasuicide est estimé de quatre-vingts à deux cents fois plus élevé que ce même risque au sein de la population générale (200, 294). Kreitman (165) estime pour lui qu'il est raisonnable de conclure que un pour cent des suicidants se tue dans l'année qui suit leur premier parasuicide.

Les suicidologues ont proposé une grande variété de classifications des comportements suicidaires. Aucun système ne s'est imposé jusqu'à présent. La séquence opérationnelle des conduites suicidaires manifestes proposée par Devries (74) a l'avantage d'être avant tout descriptive. Elle permet en outre un raisonnement algorithmique. Il définit quatre types fondamentaux de conduites suicidaires : l'idéation, la menace, la tentative et le suicide réussi. L'apparition de l'un ou l'autre de ces comportements peut être précédé par un état mental normal ou par une perturbation émotionnelle. L'étudiant d'université qui pense au suicide et à la mort en termes philosophiques peut, par exemple, très bien n'avoir présenté aucune perturbation émotionnelle. Il s'agira donc d'un cas où seul seront présents l'état mental normal et l'idéation suicidaire. Il parle de «suicide silencieux» lorsque la perturbation émotionnelle entraîne une idéation suicidaire qui n'est jamais communiquée et qui aboutit finalement à la réalisation d'un suicide. Cette grille d'analyse pourrait se représenter comme un escalier dont le sommet est l'état mental normal, dont chaque marche est une des étapes proposées par Devries et dont la dernière marche est le suicide. Chaque patient peut avoir soit descendu l'escalier marche par marche, soit avoir sauté certaines d'entre elles. Parcourir cet escalier peut n'avoir été que temporaire et surtout le parcours peut ne pas avoir été complet.

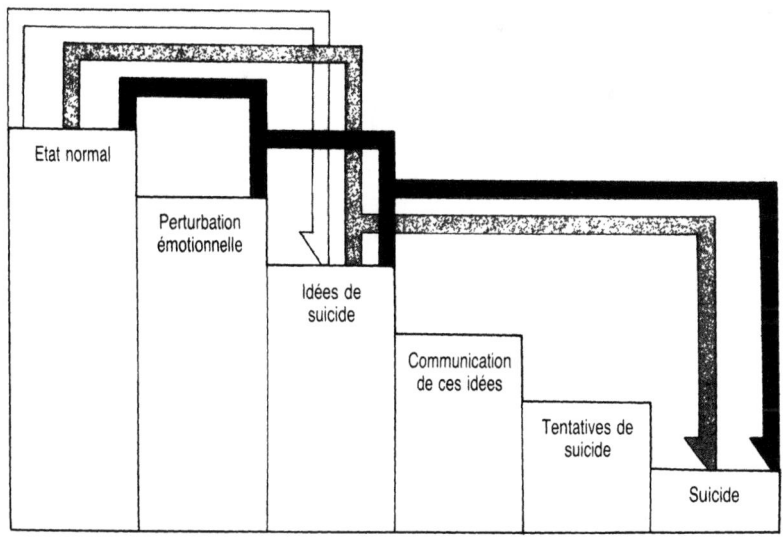

Dans une perspective comportementaliste, nous pourrions retenir cinq conduites de base: d'abord un comportement «couvert» à savoir l'idéation suicidaire. Ensuite, quatre comportements observables: la communication des idées de suicide, la tentative de suicide qui peut être au niveau de sa valeur fonctionnelle soit un parasuicide, soit un suicide raté, et enfin le suicide.

Dans le présent ouvrage, nous avons décidé de ne pas traiter directement du suicide. Voyons donc plus en détails l'idéation suicidaire, la communication des idées de suicide, les parasuicides et les tentatives de suicide raté.

B. Idées de suicide

Pour Deshaies (73), l'idée de suicide habite tous les hommes à quelques exceptions près. Cette idée est omniprésente dans notre culture. On la retrouve dans la poésie, le roman, le théâtre et le cinéma. Il cite, à ce sujet, Esquirol qui écrivait: «il n'est pas d'individu qui n'ait eu des idées de suicide, et même le désir de se précipiter lorsqu'il s'est trouvé sur un lieu élevé, ou auprès d'une croisée, ou de se noyer lorsqu'il passait sur un pont». Bien sûr cette citation s'appliquait avant tout aux cas particuliers des troubles obsessionnels. Hendlin (138) estime également qu'on peut observer une idéation suicidaire transitoire chez la plupart des gens. De son côté, Dublin (80) conclut d'une large revue de la littérature que les pensées de suicide sont habituelles. Il n'en précise pas pour autant la prévalence. Ce n'est que tout récemment que des études épidémiologiques concernant la présence d'idées suicidaires ont été réalisées au sein de la population générale. Ce type de recherche se heurte à de nombreuses difficultés. D'abord qu'est-ce qu'une idée de suicide? Les questions posées au cours de l'enquête de Paykel (224) montrent suffisamment qu'il y a des niveaux très différents dans l'intensité de l'idéation suicidaire: «Avez-vous déjà eu l'impression que la vie ne valait pas la peine d'être vécue? Avez-vous déjà souhaité être mort? Par exemple, de vous endormir et de ne plus vous réveiller? Avez-vous déjà pensé à vous supprimer, même si vous saviez bien que vous ne le feriez pas? Avez-vous déjà été au point de considérer sérieusement de vous supprimer ou peut-être même d'élaborer un plan dans ce sens?». Le concept d'idée de suicide recouvre donc aussi bien l'idée fugace de lassitude de vivre que l'intention suicidaire franche avec organisation du passage à l'acte. Cette dernière acceptation est celle de Deshaies (73) qui recherche la présence des «idées actives de suicide» chez

1.191 patients psychiatriques admis de 1937 à 1940 au Centre Psychiatrique Sainte-Anne à Paris. Pour être retenues, ces idées devaient exprimer un désir de mourir sans équivoque et préluder à l'acte. Il les trouvait chez neuf pour cent des patients.

Une deuxième difficulté réside dans le risque d'obtenir un nombre élevé de réponses inauthentiques au sein de la population générale. Dans notre société, le suicide est associé à la maladie mentale. De ce fait, de nombreuses personnes pourraient préférer nier toute idéation suicidaire. Certains voudront donner une image favorable d'eux-mêmes. D'autres se refuseront même de se souvenir d'avoir eu de telles pensées. Il est assez frappant dans l'étude de Schwab et al. (269) que soixante-quatre pour cent des sujets ayant fait une tentative de suicide antérieurement déclarent ne jamais penser au suicide. Dans la même étude, plus de sujets célibataires et divorcés que de sujets mariés ou veufs reconnaissent avoir eu des idées de suicide. Une des explications possibles est que les gens mariés avec enfant se sentent moins le droit de reconnaître ouvertement avoir eu des idées de suicide.

Malgré ces limites, des études méthodologiquement bien menées ont été réalisées au sein de la population générale. La prévalence observée des idées de suicide est de 5,4 pour cent lorsque l'on investigue seulement le dernier mois écoulé (296) et 15,9 pour cent lorsqu'on envisage toute la période de vie des sujets (269). Vandivort et Locke (296) rappellent que dans leur pays, il y a douze suicides par an pour 100.000 habitants. Ce chiffre comparé au 5,4 pour cent d'idéation suicidaire au cours du dernier mois montre à suffisance la disproportion de l'ampleur du phénomène suicide par rapport au phénomène «idées de suicide». Il y a, au minimum, quatre cent cinquante fois plus de sujets qui ont des idées de suicide que de sujets qui se suicident chaque année.

Dans l'étude de Paykel et al. (224), il n'y a pas de différence en fonction de l'âge, de la classe sociale, de la race, de l'état civil ou de l'appartenance religieuse. Seule le sexe montre des pourcentages différents: 5,7 pour cent des hommes et 11,4 pour cent des femmes. Il faut noter que chez Paykel les questions étaient extrêmement générales (cf. plus haut). Par contre, dans l'étude de Schwab et al. (269), la question était formulée de la façon suivante: «à quelle fréquence pensez-vous au suicide?». Cet auteur obtient dès lors une différence significative en fonction du sexe et en fonction de l'âge: 22,9 pour cent d'idéation suicidaire chez les sujets de moins de trente ans et seulement 5,7 pour cent chez les sujets de plus de soixante ans. Cette idéation suicidaire plus importante chez les sujets jeunes se retrouve

20 LE SUICIDE

suicides ratés **suicides réussis**
(TENTATIVES DE SUICIDE)

35% | 65%
1% PAR AN

PARASUICIDES

dans l'étude de Vandivort et Locke (296). Ils observent en outre une prévalence plus importante chez les sujets célibataires, divorcés et séparés. Ils concluent que sur le plan des caractéristiques démographiques, la population qui a des idées de suicide ressemble plus à celles des suicidants qu'à celle des suicidés (296).

Les études récentes confirment donc bien que l'idée de suicide appartient à notre bagage culturel. Cette idéation suicidaire, ce penchant vers la réalisation personnelle de l'acte, a certes une prévalence non négligeable dans la population générale, sans cependant avoir le caractère d'omniprésence proposé par des auteurs plus anciens.

Une technique originale de détection et d'utilisation de la présence des idées de suicide chez les patients a été proposée en 1973 par Drye et al. (78). Constatant l'absence de techniques précises permettant de mesurer le risque suicidaire, ces auteurs proposèrent d'impliquer directement le patient dans l'appréciation de ce risque. Leur technique consiste à investiguer et aborder avec le patient ses idées de suicide ou d'autodestruction, y compris ses rêveries éveillées à thèmes d'accident, de toxicomanie et de surmenage professionnel. Une fois que le patient a pris clairement conscience de telles ruminations en lui, le thérapeute lui propose de prononcer l'engagement suivant: «quoiqu'il arrive, je ne me tuerai pas, ni accidentellement, ni volontairement, à aucun moment, quoiqu'il arrive». Ses commentaires et sa réaction émotionnelle par rapport à cet engagement sont ensuite examinées. Le patient qui refuse de faire sienne cette affirmation est considéré comme présentant un risque suicidaire particulier. Dans cette formulation, l'accent est délibérément mis sur l'aspect décisionnel des conduites suicidaires: le patient est responsable de leur existence. La possibilité pour le sujet d'exercer un contrôle sur ses impulsions suicidaires est implicite. Les auteurs signalent avoir utilisé cette technique de décision de non-suicide chez environ 600 patients. Dans leur pratique, seuls les patients toxicomanes, alcooliques ou présentant une atteinte organique cérébrale sont inaccessibles à ce type d'intervention à la fois diagnostique et thérapeutique.

Les relations existant entre l'idéation suicidaire et la dépression posent un problème important. Les échelles cliniques servant à évaluer et à quantifier la symptomatologie dépressive contiennent toujours au moins une question au sujet de l'idéation suicidaire. Dans l'échelle de dépression de Hamilton, il est demandé si le sujet a l'impression que la vie ne vaut pas la peine d'être vécue (cote 1), s'il souhaite être mort (cote 2) ou s'il a déjà eu des idées de suicide (cote 3). De même dans l'inventaire de dépression de Beck (13), les items suivants sont prévus:

«je pense parfois à me faire du mal mais je ne le ferai pas» (cote 1), «je crois qu'il serait préférable que je sois mort» (cote 2), «j'ai des plans de suicide précis» (cote 2), «je sens qu'il faudrait mieux, pour ma famille, que je sois mort» (cote 2), «je me tuerais si je le pouvais» (cote 3). Dans la pratique clinique, l'association entre l'idéation suicidaire et la dépression semble donc un fait acquis. Dans une étude portant sur 975 sujets, Beck (14) observa douze pour cent de souhait de tentative de suicide chez les sujets non déprimés, trente et un pour cent chez les sujets légèrement déprimés, cinquante-trois pour cent chez les sujets modérément déprimés et soixante-quatorze pour cent chez les sujets très dépressifs. De même, Paykel et al. (224) constatèrent une relation significative entre la présence d'une idéation suicidaire et des symptômes évoquant la dépression : sentiment de fatigue le matin, impression d'être incompris, perte d'appétit, irritabilité, «petit moral». De même, dans une étude épidémiologique réalisée auprès de 489 jeunes adultes (18 à 24 ans), Goldberg (112) observa une association étroite entre la symptomatologie dépressive et la présence ou l'absence d'idées de suicide. Au cours du dernier mois écoulé, seul cinq pour cent des jeunes adultes sans symptôme dépressif ont pensé au suicide. Par contre, parmi ceux d'entre eux qui présentaient des symptômes de dépression, vingt-deux pour cent ont eu une idéation suicidaire pendant cette même période de temps.

Vandivort et Locke s'efforcèrent de préciser cette relation entre dépression et idées de suicide en utilisant au cours de leur enquête épidémiologique une échelle d'auto-évaluation de la dépression. Cela leur permit d'objectiver que les sujets qui signalent des idées de suicide sont globalement plus déprimés que le reste de la population générale. La corrélation observée entre les deux phénomènes n'était cependant pas absolue. En effet, soixante-dix-sept pour cent des sujets ayant un score franchement dépressif n'avaient pas pour autant d'idée de suicide. Et quarante et un pour cent des sujets signalant des idées de suicide ne manifestaient que peu ou pas de symptomatologie dépressive. Dans une étude portant sur des patients psychiatriques avec idées suicidaires, Lester et Beck (167) ont montré que les souhaits de suicide sont surtout associés aux symptômes cognitifs et émotionnels de la dépression : pessimisme, sensation d'échec, sentiment de culpabilité, haine de soi-même, tristesse. La corrélation est beaucoup plus faible avec les symptômes somatiques comme les troubles de l'appétit, les troubles du sommeil, la perte de poids. Il serait donc possible que la corrélation entre les idées de suicide et les troubles dépressifs dépende du type de dépression.

Une deuxième question vient ensuite à l'esprit. Elle concerne les relations entre l'idéation suicidaire et le passage à l'acte. Dans quelle mesure les ruminations suicidaires conduisent-elles à une conduite d'autodestruction? Pokorny (233) estime que le risque de suicide est 35 fois plus élevé chez les sujets qui ont des idées de suicide quand on les compare à un groupe comparable de la population générale dépourvu d'une telle idéation.

Un élément de réponse réside dans la grande différence observée entre la prévalence des idées de suicide dans la population générale et le nombre des tentatives de suicide et des suicides. Penser au suicide ne prédispose pas nécessairement à la réalisation de cet acte. La plupart des sujets confrontés avec une idéation suicidaire disposent donc de moyens pour y faire face et pour éviter une tentative de suicide ou un suicide ultérieur. Les enquêtes épidémiologiques ne se sont jusqu'à présent pas penchées sur la mise en évidence de ces stratégies «anti-suicides». De même, dans la littérature clinique, on trouve très peu de renseignements sur la façon qu'ont les humains de gérer leurs idées de suicide occasionnelles. Cette connaissance serait pourtant utile pour savoir ce qui manque dans le répertoire comportemental de ceux qui passent à l'acte. Une autre constatation mérite également notre attention. La fréquence plus élevée des idées de suicide chez les jeunes adultes contraste avec la prédominance des hommes de plus de cinquante ans parmi les suicidés. Ces différences laisseraient supposer une association plus étroite entre idée de suicide et tentative de suicide qu'entre idée de suicide et suicide. Cela doit bien entendu être pondéré par l'observation actuelle de l'augmentation du suicide chez les jeunes adultes.

Force est bien de constater à ce stade que nous ignorons pratiquement tout de la topographie des idées de suicide dans la population générale: nous n'avons qu'une très vague idée des différentes formes qu'elles prennent et de leur intensité. Nous ne connaissons pas grand chose de leur fréquence. Il serait intéressant de savoir quels sont les événements les plus susceptibles d'entraîner l'apparition de telles idées dans notre culture. Nous ne connaissons guère les réactions émotionnelles évoquées par de telles idées. Spiegel (280) a enregistré les modifications de la réponse psychogalvanique à l'audition du mot «suicide» chez trois groupes différents de sujets: personnes «normales», sujet ayant menacé de se suicider et sujet ayant déjà fait une tentative de suicide. Cet auteur a pu montrer que les sujets qui menacent de se suicider réagissent le moins à l'audition du mot stimulus «suicide». Bien entendu l'interprétation de ce phénomène est difficile. Nous manquons d'une étude longitudinale de l'évolution de la réactivité autonomique des sujets suicidaires au cours de leur crise suicidaire. On peut cependant se demander si l'intensité de l'anxiété associée à l'idée de suicide ne joue pas le rôle de stimulus discriminatif négatif à l'égard de l'apparition de cette conduite. Imaginons que les ruminations suicidaires d'un sujet aboutissent rapidement à une montée de son niveau d'anxiété. Il est très probable que cette personne fasse tout pour échapper à cette peur. Soit qu'elle cesse de penser au suicide, soit qu'elle demande de l'aide à quelqu'un. Par contre, chez certains sujets il n'est pas exclu que l'idée de suicide soit associée avec un profond sentiment de culpabilité et que cette association augmente finalement l'état de perturbation émotionnelle du sujet et ainsi le risque de passage à l'acte. Enfin, la répétition voire la «chronification» des idées de suicide peut sans doute constituer dans certains cas une désensibilisation. Cette idée devient de plus en plus familière au sujet. Il ne la craint plus. Le passage à l'acte ultérieur lui est désormais facilité.

L'étude de la modalité des réponses «idées de suicide» reste à faire. L'échelle d'évaluation des idées de suicide mise au point par Beck et al. (17) fournit à cet égard un certain nombre de questions à se poser face à un sujet présentant des idées de suicide : intensité du désir de vivre, intensité du désir de mourir, désir actif de se tuer, espoir passif que le suicide survienne, durée et fréquence de ces idées, attitude du sujet à leur égard, impression subjective de contrôle ou non vis-à-vis de ces idées. D'autres questions se présentent également : la motivation majeure est-elle de manipuler l'environnement ou d'éviter un problème ? Quelle est la méthode envisagée ou choisie ? Quelle confiance a le sujet dans sa capacité de réaliser l'acte ? Les réponses à ces questions seront nécessaires à l'élaboration ultérieure d'un plan de traitement dans une orientation comportementale.

L'idéation suicidaire peut parfois être mise en évidence dans les rêves du sujet. Gutheil (127) estime que les rêves observés chez les sujets juste avant une tentative de suicide sont particulièrement utiles pour comprendre la genèse de l'acte. Il considère comme particulièrement alarmantes les situations oniriques suivantes : le patient exprime un pessimisme total, il fait preuve d'un comportement extrêmement passif. Il est prêt à se laisser aller, il se laisser couler, il se sent submergé par des forces extérieures. Le contenu du rêve peut exprimer très clairement ces thèmes. Parfois, ces thèmes sont évoqués de façon plus métaphorique comme dans le rêve suivant : une patiente de quarante-neuf ans, célibataire, avait fait une tentative de suicide médicamenteuse avec vénisection concomitante dans le cadre d'un état dépressif. Voici la description du rêve qui avait précédé son acte suicidaire: «avec une amie d'enfance, actuellement décédée, je faisais une excursion dans les montagnes. C'était l'hiver. Nous marchions ensemble depuis un moment. Le paysage était fait de neige et de glace. Pour une quelconque raison, nos chemins vinrent à se séparer. Elle s'arrêta alors que je continuais mon chemin. Mais bientôt, je constatai qu'il n'y avait plus rien devant moi. Je devais faire demi-tour. La route était très difficile. Je ne parvenais plus à avancer... Soudain je vis, sur l'autre versant d'un ravin, un spectacle qui ressemblait à un paysage paisible d'été. Je m'affaiblissais de plus en plus. Je pris appui sur la canne de marche que j'utilisais comme une béquille, mais ensuite, je me laissai aller... et je m'éveillai». Une personne proche qui est décédée, la rencontre avec des difficultés insurmontables et l'abandon de la lutte pour faire face sont également des thèmes typiques. Raphling (241) a étudié chez vingt suicidants le rêve survenu la nuit qui précédait la tentative de suicide et ceux qui avaient été enregistrés pendant la totalité de la période où la préoccupation suicidaire prédominait. Il observe que cinquante pour cent des sujets ont eu un rêve la veille même de leur tentative de suicide. Quand il compare le contenu de ces rêves avec ceux de sujets contrôles non suicidaires, il constate qu'ils sont caractérisés par des références explicites à une mort actuelle, à une menace de mort ou à des personnes décédées. Les thèmes de violence ou de destruction sont également fréquents. Litman (172) estime lui aussi qu'il y a quelques thèmes de base dans les rêves des suicidaires et qu'ils ne sont que beaucoup plus rarement observés dans la vie onirique de la population non suicidaire. Il s'agit surtout de scènes de destruction (de soi-même, d'autres personnes ou de symboles évidents d'autres personnes), d'image de mort ou de personnes décédées et de représentations de situations où l'on est totalement piégé et où l'on lutte sans espoir. Par contre, lorsque le plan de suicide est définitivement établi, cette décision finale se signale souvent par des rêves paisibles d'adieux et de fusions avec une force ou un endroit paisible et idéalisé. Tout en reconnaissant que les rêves de mort et de destruction ne témoignent pas toujours d'une crise suicidaire, Litman (173) estime néanmoins qu'ils peuvent servir d'indication utile dans les mesures thérapeutiques que l'on est amené à prendre en cours de traitement. Il donne l'exemple d'une femme maniaco-dépressive qui fit une tentative de suicide très dangereuse médicalement au moment d'un divorce particulièrement difficile. Peu de temps après, elle redevint déprimée et eût le rêve suivant: «la grand-mère de mon mari était à l'agonie dans une très belle chambre. Elle paraissait mieux mais elle était pourtant réellement en train de mourir. Nous avions envie de la soulager de sa souffrance tout en nous demandant comment. Quelqu'un me conseilla d'utiliser une fine aiguille pour y arriver en me disant qu'elle ne sentirait rien et qu'ainsi cela prendrait fin». Le récit de ce rêve amena à la décision de reprendre une chimiothérapie antidépressive et d'intensifier la psychothérapie de soutien.

En conclusion, il semble utile d'interroger un patient sur ses rêves récents avant de définir une stratégie thérapeutique. Il est intéressant de l'encourager à nous rapporter toute production onirique qui le frapperait au cours de son traitement. L'attention du thérapeute doit se focaliser sur le contenu thématique général du rêve, l'émotion dominante, le cadre et les personnages mis en cause, le type d'interactions sociales qui s'y déroulent ainsi que les comportements spécifiques du rêveur dans l'action onirique (241).

C. Communication des idées de suicide

Ce comportement est très fréquemment retrouvé dans les classifications de la littérature scientifique sous le thème de «menace de suicide». Cette expression souligne indirectement la connotation agressive attribuée au fait de communiquer à autrui la présence en soi d'idées de suicide. La première agression possible vise l'ordre social. Auparavant, l'homme appartenait à Dieu. Actuellement, il appartient à l'état. Par son suicide, il supprime donc une vie qui n'est pas réellement sa possession (278 bis). L'évolution des mœurs à cet égard mérite d'être précisée. Durkheim (83) considère que la législation du suicide est passée par deux stades successifs: en un premier temps, il fut interdit à l'individu de se tuer de sa propre autorité. Mais l'Etat pouvait éventuellement lui accorder cette autorisation. Ensuite, la condamnation du suicide est devenue absolue et sans exception. Pour Durkheim, cette condamnation du suicide révèle un bouleversement des valeurs. Désormais, «l'homme est devenu un dieu pour les hommes». D'abord crime de lèse-majesté divine, l'autodestruction s'est métamorphosée en une offense à l'autorité de l'état. Elle est finalement devenue une négation de cette nouvelle «religion de l'humanité».

Certaines cultures ont pourtant toujours admis les conduites suicidaires. Elles les ont même ritualisées comme forme d'expression de l'agressivité à l'égard d'autrui. Autrui, voilà la deuxième cible possible de la composante agressive d'un comportement suicidaire. C'est le cas bien connu des «suicides-vengeances» décrits dans l'île de Trobriand, par Malinoski (178). Voici un extrait de ses observations: «il n'y avait qu'un remède, une seule échappatoire restait au malheureux garçon. Le matin suivant, il revêtit ses habits et ornements de fête, grimpa sur un cocotier et s'adressa à la communauté. Il expliqua les raisons de son geste désespéré, il lança une accusation voilée contre celui qui l'avait poussé à cette mort; ses parents avaient le devoir de le venger. Puis il pleura bruyamment et, selon la coutume, se jeta d'un palmier ou d'une soixantaine de pieds. Il fut tué sur le coup». Nous voyons donc bien ici le rôle social du suicide : le suicidé a la ferme conviction que les hommes de son clan le vengeront effectivement de son ennemi.

Encore actuellement, il n'est pas rare qu'une famille soit stigmatisée par le suicide d'un de ses membres. Le voisinage se dit que les proches n'ont pas suffisamment aimé le décédé pour le motiver à rester parmi eux. De même, un tel acte paraît insensé et signe aux yeux de beaucoup l'existence d'une tare génétique dans la famille du suicidé.

Il y a plus grave. Trop souvent la communication d'une idée de suicide aboutit à une réponse hostile de la part de l'entourage du sujet. Rosenbaum et Richman (261) nous donnent plusieurs exemples. «La prochaine fois saute d'un pont plus élevé!», déclare une mère venant visiter son fils de 24 ans hospitalisé suite à une tentative de suicide par précipitation. «Je vais t'acheter un revolver!» répond une femme à son mari septuagénaire qui, déprimé, lui avait dit: «si j'avais un revolver, je me tuerais». «Nous serions tous mieux si tu étais morte!» crie furieux un père à sa fille de dix-sept ans, tout en ajoutant: «au moins, nous saurions où tu es!».

Cette attitude hostile suite à la communication d'une idée ou d'une menace de suicide n'est d'ailleurs pas le monopole des proches du futur suicidant ou suicidé. Mann (180) rapporte vingt et un cas de personnes ayant menacé de sauter d'un édifice en présence d'une foule. Dans dix de ces situations, la foule a harcelé ou hué le désespéré. Des cris comme «Saute!» ont parfois été entendus à ce moment. Ce harcèlement semble survenir surtout quand la foule a l'impression que la «victime» n'a pas sérieusement l'intention de mettre fin à sa vie. Cette attitude hostile de la foule est d'ailleurs plus fréquente lorsque l'incident se prolonge excessivement (deux heures et plus). Ce sont bien entendu des exemples extrêmes. Il n'en découle pas moins la notion que la communication de suicide a une fonction d'agression, que ce soit de l'ordre établi ou des valeurs supérieures d'une culture. Il faut garder à l'esprit cette connotation car les réponses suscitées par de telles communications s'inscrivent en fait dans ce cadre spécifique. Ces constatations montrent bien qu'analyser isolément la conduite suicidaire sans tenir compte du système relationnel du sujet avec son entourage ferait perdre une information extrêmement utile dans l'établissement d'un plan thérapeutique après une tentative de suicide. La réponse du milieu à une communication d'idées de suicide peut avoir été fonctionnellement le stimulus à la base de la tentative de suicide.

La communication par un humain de la présence en lui d'une idéation suicidaire possède donc une puissante force d'impact sur le groupe social. Szasz (287 bis) cite à ce sujet l'extrait d'un texte publié par deux psychiatres de Harvard : « le thérapeute doit insister auprès du patient et du médecin traitant pour communiquer le risque suicidaire aux personnes importantes dans l'environnement tant professionnel que familial du patient. L'intention suicidaire ne doit pas faire partie du secret médical ou psychothérapeutique... ». Nous voyons donc que le groupe social et même les professionnels de la santé se sentent suffisamment menacés et interpellés par la communication d'idées de suicide. Au point de rompre le principe sacré du secret thérapeutique et le serment d'Hippocrate.

Szasz (287 bis) s'est alors demandé pourquoi un médecin peut frustrer un homme de se tuer lui-même. Bien sûr, le médecin attribue par principe une valeur importante à la vie de ses patients. Pourtant, le médecin est souvent un étranger complet à l'égard du patient suicidaire. Et, dans d'autres domaines médicaux, le médecin n'agirait pas de même. Par exemple, lorsqu'un médecin est confronté avec un individu souffrant de diabète ou d'insuffisance cardiaque, il ne recourt pas à des mesures d'internement et de coercition si le patient refuse de prendre son insuline ou la thérapeutique cardiaque adéquate. Il admet dans ce cas l'autonomie et le droit du patient à diriger sa vie. Et pourtant, le risque léthal peut parfois être aussi important que celui inhérent à une menace suicidaire.

Quelles questions est-il utile de se poser lorsqu'on parle de communication d'idées de suicide ? Certaines subdivisions s'imposent. La communication est-elle verbale ou non verbale (et dans ce cas on parlera parfois de geste de suicide) ? La communication verbale est-elle claire ou codée ? Quelles sont les personnes à qui ces idées de suicide ont été communiquées ? Quelles furent les réactions les plus fréquentes de ces destinataires ? Enfin, il serait utile d'étudier les caractéristiques différentes des sujets qui communiquent et de ceux qui ne communiquent pas leurs idées de suicide avant de passer à l'acte.

D'autres questions viennent à l'esprit. Elle concernent le fondement de cette communication verbale. S'agit-il d'un menace dirigée effectivement vers quelqu'un ? Ou celà se limite-t-il simplement à une idée traversant l'esprit du sujet ? Cela pourrait également reposer sur des ruminations mentales fréquentes au caractère plus ou moins symbolique ou plus ou moins direct. Il sera également utile de rechercher les stimuli qui ont précédé cette communication.

Quelle que soit la prévalence réelle des idées de suicide dans la population générale, leur communication est assez rare chez les personnes qui ne présentent pas l'un ou l'autre trouble mental. Par contre, chez les suicidés, cette communication est fréquente. Robins et al. (245) observe soixante-neuf pour cent de telles communications chez des sujets qui se sont ultérieurement suicidés. La moyenne pour chacun de ces suicidés était de 3,2 communications. Dans la plupart des cas, cette communication était relativement récente. Soixante-treize pour cent avaient eu lieu dans l'année même du suicide. Ces communications présentaient les formes suivantes : déclaration claire et directe de l'intention de se suicider (41 pour cent), déclaration qu'il serait préférable d'être mort ou que le sujet était fatigué de vivre (24 pour cent), expression du désir de mourir (22 pour cent), etc. Dans les cas des tentatives de suicide, on trouve également un pourcentage relativement élevé de communications préalables. Ces avertissements sont plus fréquents lorsque la tentative de suicide ultérieure sera grave (77).

Ces idées de suicide ne sont pas communiquées au hasard. Le destinataire est dans soixante pour cent des cas le conjoint. Dans cinquante et un pour cent, il s'agit d'un membre de la famille, dans trente-cinq pour cent un ami et dans huit pour cent du médecin (206). Un vieux mythe veut que le médecin ou le psychothérapeute risquerait d'induire un comportement suicidaire en abordant ce problème avec un patient. Lorsque nous avons créé, en 1969, le Centre de Prévention du Suicide à Bruxelles, plusieurs neuropsychiatres nous ont mis en garde contre le nom donné à cette institution. Il risquait selon eux de constituer une incitation au suicide. Ceci est bien entendu en contradiction avec le soulagement éprouvé par le patient lorsque le thérapeute le questionne sur d'éventuelles idées de suicide. Il découvre en effet à ce moment qu'il n'est pas un monstre d'avoir de telles idées. Il apprend que ce sujet peut être abordé. Il n'est pas seul face à ses démons. Il peut trouver de l'aide (234).

Robins et al. (245) ont étudié rétrospectivement la réaction de l'entourage de suicidés face aux avertissements fournis par le proche en crise. Ils ont observés que la majorité de ces réactions n'était guère de nature à aider la personne en crise. Cet entourage manifeste le plus souvent soit un état de tension émotionnelle, soit un sentiment d'incapacité personnelle à prévenir l'acte, ou enfin une méconnaissance de la communication en la banalisant ou en la niant.

Pour Robins et al. (245), il peut exister chez le futur suicidé quatre raisons à cette communication d'une intention suicidaire avant un suicide. Elle peut être le reflet de l'ambivalence à l'égard de la mort et donc un appel à l'aide déguisé. Il peut au contraire s'agir d'une volonté de préparation psychologique des proches afin d'atténuer le choc du suicide ultérieur. Il peut représenter une réelle envie de mourir, mélangée à une volonté de menacer et d'agresser son entourage. Enfin, cette idéation suicidaire peut avoir atteint une telle intensité que son expression n'est que l'émergence irrésistible du sommet de l'iceberg. En fait, toute l'activité mentale du sujet est alors imprégnée de la préoccupation suicidaire.

On peut se demander quel est le devenir des sujets qui communiquent des idées de suicide. Se tuent-ils tous ensuite ? Ou, au contraire, ces velléités suicidaires s'estompent-elles plus tard tout à fait ? Porkorny (233) a réalisé un suivi pendant quatorze ans et demi d'hommes après une tentative de suicide ou une menace de suicide. Le taux ultérieur annuel de suicides s'est révélé de 873 dans le premier groupe et de 810 dans le second. Les sujets qui communiquent à un moment de leur vie une idéation suicidaire représentent donc un groupe à risque léthal particulier, assez proche de celui représenté par les sujets ayant fait une tentative de suicide antérieurement et certainement bien plus élevé que le risque observé au sein de la population générale.

Les humains communiquent parfois leurs idées de suicide par écrit. Le plus souvent, cette communication est posthume. L'exemplaire le plus ancien est probablement le papyrus conservé au musée de Berlin (291). Il s'agit d'une copie que l'on attribue au moyen Empire de l'ancienne Egypte (1991-1786 avant J.C.). Le titre en est : « la dispute avec son Ame d'une personne fatiguée de vivre ». Il est constitué de quatre poèmes. Les anciens égyptiens croyaient que l'Ame (Le Kâ) avait une existence séparée du corps et qu'elle survivait, séparée du cadavre, dans la tombe. Dans le manuscrit, l'Ame commence par chercher à persuader cet égyptien de se tuer. Lorsqu'il paraît convaincu, elle fait marche arrière et s'efforce de le dissuader en mettant par exemple en évidence qu'aucun de ses proches n'accepterait de lui construire une tombe après son suicide. Le papyrus ne raconte pas si finalement le désespéré a ou non mis fin à ses jours.

Environ un suicidé sur six laisse une note écrite. Au début de l'apparition de la suicidologie, l'existence de lettres de suicidés a laissé espérer que nous disposions là d'une « voie royale » pour analyser rétrospectivement les facteurs ayant conduits au suicide. Malheureusement, comme le constate Shneidman (271), les notes de suicidés sont souvent comme des parodies de cartes postales envoyées au pays à l'occasion de la visite du Grand Canyon ou de la Tour Eiffel. C'est-à-dire qu'elles sont sans imagination et ressemblent souvent davantage à un bref communiqué de guerre. Ces notes contiennent un niveau relativement élevé d'hostilité et de blâmes à son propre égard, fournissent généralement des instructions concrètes et pratiques aux survivants, sont souvent adressées à des personnes très proches et spécifiquement nommées. Ces communications assez rudimentaires et relativement maladroites sont peu utilisables au moment de l'élaboration d'un plan thérapeutique en cas de survie après la conduite suicidaire. Tout au plus, peut-on s'appuyer sur leur existence pour souligner la volonté intrinsèque de communication chez le sujet. A partir de là, on peut l'interroger sur l'échec de communication verbale antérieure et voir ce qui a manqué pour que ces interactions avec l'entourage soient satisfaisantes.

D. Les tentatives de suicide

1. Les événements déclenchants

Comme le signale Haïm (128), la cause invoquée d'une conduite suicidaire est souvent d'ordre événementielle. Il s'agit le plus souvent d'un événement négatif pour le sujet : échec conjugal ou affectif, faillite, perte d'une personne chère. Haïm insiste d'emblée, comme bien des auteurs avant lui, sur le fait qu'il ne s'agit pas de causes au sens propre du terme. Dans le cas contraire, il faudrait que cet événement provoque une tentative de suicide chez un grand pourcentage de sujet qui y sont soumis. Dans l'affirmative, il faudrait en outre savoir si cet événement pouvait être considéré comme un facteur déclenchant spécifique ou non. La question serait donc à ce moment de savoir si, en l'absence de cet événement précis, un autre changement existentiel aurait été, ou non, tout aussi susceptible de provoquer ce même acte suicidaire.

Depuis lors, de nombreux auteurs se sont efforcés d'analyser le rôle de changements existentiels négatifs dans la genèse des tentatives de suicide. Fieldsend et Lowenstein (98) se sont penchés sur le déroulement des deux jours précédant une tentative de suicide médicamenteuse chez cent trois patients. Ils observent dans cinquante-huit pour cent des cas un événement pénible (dispute, séparation, infidélité) impliquant une personne clé (un membre de la famille nucléaire ou étendue, ou encore un ou une petite amie) de l'entourage du suicidant. Ce pourcentage n'est que de quarante pour cent pour les sujets de plus de trente-six ans, mais il est par contre de soixante-dix pour cent pour les sujets plus jeunes. Il faut enfin remarquer une prédominance féminine dans le groupe des tentatives de suicide qui font suite à une dispute conjugale ou affective. Ces auteurs attribuent cette différence à la peur des femmes d'exprimer leur hostilité d'une façon directe ou physique par crainte de représailles. Ils estiment donc que, la tentative de suicide est, dans ce cas, une forme indirecte d'hostilité. Par contre, les hommes prédominent nettement dans le groupe des tentatives de suicide faisant suite à une séparation. Ils proposent l'hypothèse qu'une séparation affective serait un événement plus menaçant pour les hommes que pour les femmes. Bancroft et al. (9) trouvent également dans quarante-huit pour cent des cas d'empoisonnements volontaires un événement impliquant une personne clé de l'entourage du suicidant. Cet événement est survenu dans les sept jours précédant la tentative de suicide. Dans la grande majorité, il est apparu dans les deux jours avant cet acte. Bien que n'ayant pas comparé ces observations avec un groupe contrôle, ces auteurs estiment que la brièveté du délai entre le problème interpersonnel et l'empoisonnement volontaire est un indicateur suffisant de leur participation au déclenchement de ce type de conduite. Depuis lors, plusieurs études ont été réalisées pour comparer la survenue d'événements de vie dans les mois ou l'année précédant une tentative de suicide. Paykel et al. (225) ainsi que Cochrane et Robertson (53) trouvent ainsi un nombre significativement plus élevé d'événements de vie potentiellement stressants chez les suicidants comparés à des groupes de sujets normaux. Par contre, Luscomb et al. (177) trouvent que les sujets ayant fait une tentative de suicide ne se différencient pas de façon significative d'un groupe contrôle de patients psychiatriques quant au niveau de stress expérimenté avant leur passage à l'acte. Ces études posent évidemment autant de questions qu'elles fournissent de réponses. D'abord deux explications sont possibles quant à la relation observée entre un plus grand nombre d'événements de vie stressants et un comportement de tentative de suicide. La première hypothèse est qu'un niveau de stress existentiel élevé augmente la probabilité d'une tentative de suicide chez un être humain.

Goor (31) a ainsi mis en évidence une relation significative entre le taux de chômage et le taux de suicides dans huit pays. Ce type de difficulté s'observe de plus en plus fréquemment. Par exemple, cet ouvrier de cinquante-six ans mis au chômage après plus de vingt-cinq ans dans la même entreprise. Il avait toujours été considéré comme un élément sérieux. Il n'avait aucun antécédent psychiatrique. Après deux ans d'inactivité forcée, cet homme s'est senti exclu de la vie sociale, a eu l'impression d'être devenu un inutile et a fait une grave tentative de suicide médicamenteuse. La deuxième hypothèse propose par contre que les sujets ayant une prédisposition, pour quelque cause que ce soit, aux tentatives de suicide, organisent leur vie sur un mode favorisant l'apparition de ces événements de vie au caractère stressant particulier.

Par exemple, un homme fait une tentative de suicide immédiatement après que sa femme ait quitté le domicile conjugal avec leurs deux enfants. Mais cette rupture a été précédée par une relation conjugale tempêtueuse depuis dix ans, ponctuée de nombreux épisodes d'ivresse pathologique de cet époux. A chacune de ces occasions, il frappait violemment sa femme au point de lui infliger une fois une fracture de la mâchoire. Par ailleurs, il ne cherchait en rien à lui dissimuler ses frasques extra-conjugales. Licencié à de nombreuses reprises par divers employeurs, il était au chômage depuis environ quatre ans et faisait l'objet d'une menace d'être rayé des listes de l'Office National de l'Emploi.

Pour examiner cette double relation possible, Cochrane et al. (53) se sont efforcés de reconnaître des événements dont l'apparition était sous le contrôle du sujet et des événements, dont, au contraire, le contrôle lui échappait (événements naturels, maladie, etc...). Dans le groupe des suicidants, ils observent en moyenne 6,3 événements sous le contrôle du sujet et 2,1 événements dont le contrôle lui échappe. Dans le groupe témoin de sujets normaux, ces mêmes moyennes sont de 2,4 et 1. Ils concluent dès lors que les deux hypothèses précitées sont probablement toutes deux partiellement exactes. Les suicidants rencontrent plus d'événements stressants indépendants de leur volonté que les sujets normaux. En même temps, ils participent nettement à se créer un environnement personnel particulièrement stressant. Une des façons de susciter ainsi un événement stressant est la valeur subjective qu'un individu donne aux événements survenant dans son existence. Nos émotions dépendent en fait plus de notre étiquetage des événements que de l'impact direct de ceux-ci. Cette constatation est une des bases des thérapies cognitives. Luscomb et al. (177) ont investigué ce paramètre en comparant chez les sujets suicidants et les patients contrôles psychiatriques la mesure subjective de stress. Cela leur permit de constater que les suicidants perçoivent de façon significativement plus fréquente des événements de vie comme ayant un caractère stressant élevé. Cochrane et al. ont observé un dernier point important. Ce n'est pas seulement l'apparition d'événements déplaisants qui prédomine chez les suicidants par rapport à une population normale. Le rapport entre le taux d'événements plaisants et d'événements déplaisants joue probablement aussi un rôle significatif à cet égard. Ils observent en effet, dans leur groupe de suicidants, une absence relative d'événements plaisants. Du fait de l'existence de groupes contrôles et d'une méthodologie correcte, ces recherches permettent d'affirmer actuellement que les tentatives de suicide, et principalement celles par auto-empoisonnement, semblent s'inscrire dans un contexte de vie ressenti par le sujet comme plus stressant. Cela surtout en fonction de difficultés interpersonnelles aiguës dans les derniers jours précédant la conduite suicidaire. Les suicidants ne sont pas uniquement des victimes impuissantes face à la survenue de telles difficultés existentielles. Ils participent en fait, dans une certaine mesure, à leur apparition. Comme le souligne Cochrane et Robertson (53), certaines ambiguïtés persistent néanmoins au niveau de l'interprétation de ces observations. D'abord les réponses fournies par les sujets interrogés peuvent être influencées par le contexte même de cette enquête. Le sujet normal qui reçoit un investigateur dans son salon est moins susceptible de se souvenir d'événements pénibles que le suicidant qui vient de reprendre conscience dans une salle d'hôpital. En outre, dans le cadre de la détresse psychologique qui accompagne souvent une tentative de suicide, le patient sera plus susceptible de se souvenir spécifiquement des événements stressants. Cela lui permet plus aisément d'expliquer son geste et de le faire accepter par l'entourage familial et médical.

Dépassant l'influence déclenchante d'un événement isolé, certains auteurs se sont efforcés de mettre en évidence des chaînes causales plus complexes constituées par une suite séquentielle d'événements. Par exemple, dans un groupe de dix suicidants non psychotiques, Fellner (97) observe un schéma classique d'évolution progressive vers l'acte suicidaire. Cela commence par une interaction intense avec un partenaire spécifique qu'il s'agisse du conjoint, d'un parent ou d'un ami intime. Cette interaction est plutôt conflictuelle. Le futur suicidant y adopte une attitude plutôt passive-agressive. Il bombarde son ou sa partenaire d'incessantes demandes d'attention. Le conflit latent progresse pour culminer par des menaces répétées, exprimées plus ou moins clairement, de suicide. Au début, ces communications suicidaires se révèlent une arme efficace. Elles ont un impact réel sur le partenaire qui modifie transitoirement son comportement dans le sens souhaité. Progressivement par contre l'impact sur l'autre diminue. Finalement, le partenaire réplique aux menaces suicidaires par des expressions directes d'hostilité avec des phrases comme: «je te mets au défi de le faire!». Finalement cette séquence unique ou répétée aboutit au passage à l'acte suicidaire. Cohen-Sandler et al. (54) ont cherché à retrouver, rétrospectivement, une structure développementale particulière chez des enfants et des adolescents ayant soit fait objectivement une tentative de suicide, soit ayant exprimé, de façon irréfutable, l'intention de se tuer. Ils comparèrent ce premier groupe à deux groupes contrôles de même âge, l'un constitué de jeunes patients présentant un état dépressif sans idéation suicidaire et l'autre de sujets atteints de troubles psychiatriques divers non-dépressifs. Cela leur permet de constater qu'à l'encontre des groupes contrôles, les enfants suicidaires ont subi un taux croissant de stress au cours de leur maturation. Tout au cours de leur vie, ces enfants restent généralement intensément impliqués dans la vie familiale. Les événements de vie n'apparaissent plus ici comme des incidents isolés mais plutôt comme des séquences répétitives, comme un processus régulier d'accumulation de stress et de pertes répétées. Ces auteurs soulignent que les parents de ces jeunes enfants suicidaires sont eux-mêmes généralement plus impulsifs dans leur façon de faire face aux difficultés de la vie, abusent fréquemment d'alcool et de médicaments et se sont engagés dans des unions et des séparations conjugales à des âges plus précoces. Cohen-Sandler et al. (54) y voient la présentation à ces enfants d'un modèle, d'un style de vie caractérisé par des conflits interpersonnels précoces, des réactions impulsives ou d'évitement face aux difficultés de la vie.

En résumé donc, chez un grand nombre de suicidants, on peut observer un style de vie caractérisé par des difficultés interpersonnelles croissantes, principalement avec une personne clé très proche. Le suicidaire est ici non seulement victime d'un processus mais acteur actif et créateur d'une partie des difficultés existentielles. Cela culmine en une séparation ou une dispute dans les heures ou les jours qui précèdent la tentative de suicide. Dans un certain nombre de cas, les parents ont fourni le modèle d'un style de vie assez semblable.

2. Eléments de topographie des tentatives de suicide

Une des caractéristiques de l'analyse comportementale que nous allons présenter ultérieurement est le recours méthodologique à une description fouillée des comportements étudiés : chaque comportement problématique du patient est décrit en termes observables, concrets et spécifiques. Le thérapeute comportementaliste recherche systématiquement quels sont les événements qui ont précédé l'acte étudié et ceux qui en résultent. Préciser la topographie d'un comportement revient à spécifier de façon quantitative toutes les dimensions mesurables de la réponse étudiée : fréquence, intensité, durée, etc... En ce qui concerne les tentatives de suicide, nous allons donc reprendre ci-dessous quelques éléments significatifs de la réponse suicidaire, sans viser pour autant une présentation exhaustive.

a) Déroulement impulsif ou non

Williams et al. (308) ont proposé de définir comme impulsif toute tentative de suicide qui apparaît après une période de préméditation inférieure à cinq minutes. Appliquant ensuite ce critère à un échantillon de trois cent cinquante suicidants rencontrés en service hospitalier d'urgence, ils ont observé que, dans quarante pour cent des cas, la tentative de suicide s'était déroulée sur un mode impulsif. En général, la littérature montre que deux tiers des tentatives de suicide sont impulsives. Bien entendu cette proportion dépend de l'endroit où les cas sont relevés. Les suicidants impulsifs semblent être plus souvent jeunes et appartenir à des classes sociales basses. Leur acte se déroule plus souvent en présence d'autrui ou dans son voisinage proche, et dans une pièce contenant déjà les médicaments utilisés lors de la tentative de suicide. Ces médicaments sont plus souvent présentés en vrac dans un flacon que sous forme d'emballage plastifié et individualisé. Fréquemment, le sujet ingère plus de la moitié du contenu. Le rôle de la prise concomitante d'alcool comme facteur favorisant a été invoquée par plusieurs auteurs. Mc Culloch et Philip (186) estiment que la tentative impulsive de suicide a surtout une fonction de réduction de tension. Souris (279) parle également d'«évacuation de l'excitation» par la tentative de suicide impulsive. Il estime même que cette forme de tentative de suicide vise paradoxalement à l'autoconservation lorsque le sujet se noie dans un afflux d'excitation indifférenciée et n'est plus capable d'un comportement élaboré et adaptatif. Pour Souris, ce type de comportement «c'est Gribouille qui se jette dans la mare pour ne pas être mouillé». Nous retrouverons ultérieurement une approche analogue lorsqu'on parlera de l'inhibition supramaximale proposée par Pavlov. Il faut enfin signaler que, contrairement à des idées préconçues, la léthalité potentielle de tels actes suicidaires est parfois loin d'être négligeable.

Dans une analyse fonctionnelle, le type de déroulement dans le temps sera donc important pour préparer un plan de traitement. Les techniques de gestion du stress et des émotions intenses ainsi que l'entraînement aux solutions de problèmes auront toute leur place dans les cas de comportements suicidaires impulsifs.

b) Moyens utilisés

Le type de moyen utilisé semble dépendre avant tout des moyens disponibles dans l'environnement immédiat du sujet ainsi que des facteurs culturels. De 1935 à la fin des années 1960, les tentatives de suicide médicamenteuses par prise de barbituriques ont été en tête de peloton. La diminution du recours à ce type particulier de somnifères a fait suite à la chute de leur prescription par le corps médical. Actuellement, les psychotropes ont pris le relai au point que Dublin (80) a pu affirmer que l'augmentation d'utilisation des tranquillisants était attestée non seulement par la popularité de ce type de médicament chez les médecins et les patients, mais aussi par leur position privilégiée comme « médicament du suicide ». A côté de ces produits vedettes, on observera toute une série d'utilisation de drogues diverses prises au hasard dans une pharmacie au moment d'un geste non réfléchi : antibiotiques, diurétiques, antalgiques... voire vitamines. A côté de cela, il y a les moyens « violents ». La définition même de tentative de suicide « violente » n'est pas toujours sans équivoque dans la littérature. Paykel et Rassaby (226) se contentent de rassembler dans une catégorie unique les tentatives de suicide médicamenteuses et de considérer toutes les autres comme violentes. Nous préférons personnellement la catégorisation introduite par Shneidman et Farberow (270). Ils reconnaissent deux grands groupes de méthodes. Celles où le point de non retour léthal est rapidement atteint : arme à feu, pendaison, défenestration. Ils y incluent également l'intoxication à l'oxyde de carbone. L'autre catégorie regroupe les méthodes où le point de non retour léthal n'est atteint que de façon très graduelle : vénisection, médicaments. Dans cette acceptation du terme, le caractère de violence est donc moins relié à une symbolique agressive du geste qu'à la rapidité de son efficacité et à son caractère irréversible. Nous avons utilisé cette dernière catégorisation dans un groupe de 287 suicidants rencontrés au service des urgences psychiatriques de l'Hôpital Civil de Charleroi (314) : nous avons ainsi observé sept pour cent de tentatives de suicide violentes. C'est le pourcentage généralement observé par la plupart des auteurs dans des environnements médicaux du même type.

La question se pose alors de savoir si, au cours d'une éventuelle carrière suicidante, le sujet reste constant dans l'utilisation d'un même moyen ou si, au contraire, il passe d'un moyen à l'autre. Capstick (43) a proposé une catégorisation des méthodes en terme de moyens actifs (pendaison, vénisection, noyade, arme à feu, précipitation, et autres, ...) et passifs (intoxication par médicaments, par le gaz, par différents toxiques). A partir de là, il a étudié quarante suicidés ayant par ailleurs des antécédents de tentatives de suicide. Ce n'est que dans sept cas seulement qu'il y eut recours à une méthode identique lors de la tentative de suicide et du suicide ultérieur. Il y avait en fait de nombreux changements, non seulement de moyens, mais même de catégories. Parmi vingt-neuf suicidants ayant recours à une méthode passive, quatorze se suicident ultérieurement par une technique active. De même vingt-cinq pour cent des sujets ayant fait leur tentative de suicide avec un moyen actif, se suicident ultérieurement par une procédure passive. Au total, presque cinquante pour cent des sujets passent donc d'une catégorie de moyens à l'autre.

En conclusion, on ne peut pas faire de pronostic quant au risque léthal ultérieur chez un sujet suicidant à partir de la méthode qu'il vient d'utiliser lors de son acte. Le recours actuel à une méthode passive peu léthale ne permet aucunement d'inférer le peu de léthalité en cas de récidive.

c) Divers

De nombreux autres facteurs sont également à tenir en compte dans une étude topographique de la conduite suicidaire. S'agit-il d'une première tentative de suicide, ou au contraire avons-nous affaire à une récidive, voire à une xième récidive? Y-a-t-il eu utilisation concomitante d'alcool? La tentative s'est elle déroulée en présence d'un proche ou non? La tentative s'est-elle déroulée au domicile du patient, dans un lieu étranger? Chacun de ces points pourraient mériter à lui seul plusieurs pages, ce qui dépasserait le cadre du présent chapitre.

2. Approche comportementale

A. Introduction

Comme tous les enfants, il arrive aux petits futurs comportementalistes de s'asseoir sur les genoux de leurs parents. Ces papas et mamans professionnels sont eux des comportementalistes déjà chevronnés. Leur petit leur pose la question éternelle: «dites-moi, d'où est-ce que je viens?». Selon London (174), à la place d'histoire de choux ou de cigognes, leurs parents professionnels invoquent rituellement les «lois de l'apprentissage». Devenus grands à leur tour, les petits comportementalistes se voient poser la même question par leurs enfants. Ils se sentent alors bien en peine de répondre. Ils n'adhèrent en effet plus à ce mythe d'une naissance univoque dans les laboratoires de Pavlov ou de Skinner. Par tradition, ils se réfèrent encore à ces lois de l'apprentissage mais accompagnent fréquemment cette déclaration devenue quasi rituelle de commentaires plus pragmatiques. London (174) propose cette métaphore car il rejoint l'opinion de nombreux comportementalistes qui refusent de se laisser enfermer dans la conception de la thérapie comportementale comme une «école de thérapie» définie en terme de concepts ou de techniques particulières. Il va ainsi dans le même sens que Goldfried et Davison (113), pour qui la thérapie comportementale est avant tout constituée par une orientation générale dans le travail clinique, par la volonté d'être une approche aussi expérimentale que possible. Plutôt que de donner une définition,

Erwin (89) cite les caractéristiques principales exigées d'une pratique comportementaliste. Le premier but est de soulager la souffrance humaine et d'améliorer le fonctionnement d'une personne, par un traitement plus psychologique que biologique. Ce type d'approche thérapeutique traite directement les symptômes observés en s'efforçant de modifier les comportements pathogènes et en organisant l'apprentissage de nouveaux comportements adaptatifs. L'approche comportementale est rarement holistique. Elle s'efforce plutôt de décomposer une situation humaine problématique en ses différents composants afin d'appliquer à chacun d'entre eux une stratégie spécifique. Le processus thérapeutique mis en place s'inscrit dans une lignée expérimentale en recourant par exemple systématiquement à une opérationnalisation de concepts comme l'anxiété et la dépression et en s'efforçant de mesurer les phénomènes. En résumé, il s'agit donc d'une pratique qui s'efforce d'être une forme de « psychologie expérimentale appliquée » selon les termes de Davison et Neale (62). Pour Erwin, la majorité des thérapeutes comportementalistes se rallie à trois concepts clés :

1. l'empirisme : c'est-à-dire à la fois la nécessité de préciser pour chaque terme théorique, une relation suffisante avec des phénomènes observables et donc réfutables, et la nécessité d'une démonstration expérimentale de l'efficacité d'une thérapie ;

2. le macrodéterminisme : c'est-à-dire l'idée que chaque macro-événement a une cause sur laquelle on peut donc agir ;

3. le pragmatisme : à savoir la volonté de définir en termes comportementaux les problèmes cliniques posés. Pour ce dernier point, il donne l'exemple d'un patient qui souffrirait de désespoir existentiel. Pour certains tenants d'autres modèles thérapeutiques, il paraît aller de soi que le comportementaliste n'est pas à même de faire face à un tel problème existentiel. Erreur ! Erwin souligne que le comportementaliste commencera en fait par déterminer la façon dont ce désespoir, « phénomène intérieur non observable », se traduit en comportements. Ces comportements seront alors scindés dans leurs différents composants et le programme thérapeutique ultérieur s'efforcera de remplacer chacun de ces composants par des conduites non susceptibles elles de maintenir l'attitude de désespoir. Par exemple dit-il, le patient peut avoir commencé à s'adonner à la lecture de Kierkegaard et Sartre, avoir rompu ses fiançailles, s'être coupé de sa famille et de ses amis, avoir abandonné son travail, passer la plupart de son temps seul à ruminer dans une pièce sombre. Il est probable qu'au moins certains de ces différents comportements jouent un rôle, si pas dans l'apparition du désespoir existentiel, au moins dans son maintien. Cet exemple va nous permettre d'introduire un concept fondamental, celui de l'analyse

fonctionnelle. En effet, comme le rappelle London (174) « la seule question thérapeutique pertinente réside dans la relation fonctionnelle entre le problème et sa solution ». C'est la clef pour établir une stratégie thérapeutique adéquate, « sur mesure », pour son patient.

B. Analyse fonctionnelle

Kanfer et Saslow (152, 153) constatèrent que de nombreuses études soulignaient l'existence d'une relation insuffisante entre les catégories diagnostiques psychiatriques et le traitement administré aux patients. Pour eux, d'autres variables que le diagnostic jouent un rôle important dans la prédiction du choix par le thérapeute de l'un ou l'autre traitement. Le système idéal de classification devrait permettre une prédiction adéquate des comportements principaux d'une personne y compris sa réponse à des traitements spécifiques. Cette prédiction devrait être possible à partir d'un minimum d'informations caractéristiques du sujet. Dès lors, Kanfer et Saslow concluent qu'un système de diagnostic basé de façon étroite sur une étiologie est actuellement prématuré. Ils estimèrent plus raisonnable de développer un plan d'analyse relié étroitement au traitement ultérieur. La tâche de l'évaluation d'un patient revient alors à répondre aux trois questions suivantes :

1. Quels sont les comportements spécifiques qui doivent changer en fréquence, en intensité, en durée ou en occasion d'apparition ?

2. Dans quelles conditions ces comportements ont-ils été acquis et quels sont les facteurs qui assurent actuellement leur maintien ?

3. Quels sont les meilleurs moyens pragmatiques pour produire le changement désiré chez un individu spécifique ?

Au sein de ce schéma d'examen, l'unité d'analyse est la relation existante entre l'environnement et le comportement. L'attention se porte non seulement sur les variables antécédentes, mais vise également l'impact des conduites du patient sur son environnement. Kanfer et Saslow proposent que l'analyse comportementale complète considère systématiquement la séquence suivante : stimulus (S), la condition biologique de l'organisme (O), réponse (R), contingence (K), conséquence (C). Le stimulus est constitué par les événements ayant immédiatement précédés le comportement étudié. Dans le cas d'une tentative de suicide, il s'agira par exemple de la dispute conjugale survenue peu avant le passage à l'acte. L'état biologique de l'organisme permet de tenir compte de caractéristiques biologiques propres à la personne étudiée. On retiendra par exemple l'existence de suicides dans la famille du sujet ou la mise en évidence d'un facteur dépressif endogène. La réponse est constituée de comportements observables. Cela pourra être soit la communication d'idées de suicide, soit un parasuicide. Par contingence, on entend par exemple les échelles de contingences de renforcement. Enfin, la rubrique conséquence reprend les événements qui ont suivi la réponse, que ce soit au niveau de l'environnement ou de l'organisme même du sujet. On s'attardera ici sur la modification de l'intérêt des proches après une tentative de suicide, sur l'apaisement cathartique procuré ou sur l'évitement obtenu de situations pénibles.

Les conduites suicidaires n'ont pas une cause unique. Même si l'on admet que certaines dépressions ont une étiologie organique très nettement prédominante, il n'en reste pas moins qu'au sein de ce groupe particulier, tous les patients ne présentent pas nécessairement de conduites suicidaires. D'autres variables doivent être simultanément en action pour aboutir à ce résultat. Le modèle de l'analyse fonctionnelle est dès lors particulièrement adéquat pour le thérapeute confronté avec la prise en charge thérapeutique de l'une ou l'autre des différentes conduites suicidaires.

C. Formulations comportementales existantes

1. Comportement appris

Skinner (275) estime que le suicide doit nécessairement résulter d'un apprentissage. Selon lui, une origine génétique est très improbable. Toute mutation génétique poussant au suicide aurait dû en effet mener assez rapidement l'espèce à sa propre élimination. Le suicide doit donc être considéré comme soumis à des contingences ontogénétiques et non pas phylogénétiques. de Catanzaro (63) a essayé de résoudre le paradoxe de l'anomalie des comportements suicidaires dans le cadre d'une théorie de l'évolution. Pour cet auteur, le suicide pourrait résulter d'une indépendance des comportements appris à l'égard de la sélection naturelle. Il souligne à cet égard l'extraordinaire capacité de l'espèce humaine pour toute forme d'apprentissage et le fait que l'on n'observe pas de comportement suicidaire dans les autres espèces vivantes. Il invoque comme autres facteurs explicatifs possibles, une sélection actuelle favorisant le suicide ou une tolérance de l'évolution à l'égard de ce comportement. Hamilton (131) confirme que des comportements à allure suicidaire n'ont été que très rarement observés dans le règne animal malgré l'étude intensive de plusieurs milliers d'espèces. Et il s'agissait en fait toujours soit de comportements parentaux (comme par exemple une prise excessive de risques en présence de prédateurs pour les détourner de la progéniture), soit d'une sélection au niveau des parents (comme par exemple les migrations entraînant une mortalité importante mais qui sont finalement adaptatives car elles permettent par le biais d'une migration de type multigénérationnel l'accès à une nourriture accessible seulement sur un mode saisonnier). Chez les primates, certains comportements analogues au comportement suicidaire humain sont observés, mais uniquement dans des conditions de captivité. Hamilton rappelle que cette propension à l'autodestruction ou à l'automutilation observée dans des conditions de captivité peut être le résultat de l'expression de structures comportementales qui seraient adaptatives dans l'environnement naturel. Il fait ensuite la remarque que la plupart des populations humaines contemporaines sont en fait sorties du contexte d'origine et vivent en réalité dans une sorte de captivité auto-imposée. Lester (168) va dans le même sens lorsqu'il propose l'hypothèse que l'existence de comportements comme le suicide est simplement le reflet du fait que les progrès technologiques devancent de loin les possibilités de sélection naturelle des gênes appropriés au nouvel environnement humain.

Jusqu'à présent, il s'agit de considérations relativement théoriques. Il fallu attendre 1971 pour qu'apparaisse la première lecture conceptuelle des conduites suicidaires en terme d'apprentissage. Elle est due à Frederick & Resnik (103). Pour eux, les comportements suicidaires

Tableau 1: formule de Frederick et Resnik

$$CS = f \frac{Pf \times Ef \times (Rf \times Mf)}{Pns \times Ens \times (Rns \times Mns)}$$

où

CS = Comportement Suicidaire
Pf = aspect fragile de la personnalité (exemple : une structure de personnalité dépressive)
Ef = un environnement pauvre en ressources
Rf = des réponses ou des habitudes qui ont été associées au comportement suicidaire et qui ont été renforcées
Mf = des motivations en faveur d'un comportement indésirable
Pns = les caractéristiques positives de la personnalité, permettant de faire face efficacement au stress
Ens = présence et accessibilité de ressources positives dans l'environnement
Rns = habitudes ou associations antérieures de bonne gestion du stress
Mns = motivation pour un comportement efficace et désirable

peuvent être appris au même titre que toute forme de conduites humaines. Ils se refusent également à accepter une étiologie génétique. Ils affirment qu'il est difficile d'expliquer un comportement suicidaire sans recourir aux lois de l'apprentissage. Leur approche est un mélange de théorie psychodynamique et comportementale. Elle aboutit à une formule détaillée (cf. tableau n° 1).

Leur conception s'inscrit donc dans la pensée de Hull: la probabilité d'apparition du comportement suicidaire résulterait du produit de la force des habitudes passées par la force de la motivation à l'égard du comportement. Frederick et Resnik ont jugé utile d'y ajouter des variables de personnalité et d'environnement. Vu cette formule, ils conseillèrent d'être attentifs à ne pas punir, ni récompenser les conduites suicidaires. Ils proposèrent au contraire de recourir soit à une thérapie de désensibilisation systématique, soit à l'entraînement à l'affirmation de soi.

Nous constatons donc ici encore une contruction théorique s'inscrivant partiellement dans les thérapies comportementales.

2. *Comportement instrumental*

L'aspect instrumental des conduites suicidaires a d'emblée été mis en évidence par Frederick et Resnik (103). La relation entre la verbalisation suicidaire et le renforcement par l'entourage leur paraît évident. La tentative de suicide provoque inévitablement une réponse rapide de la part de l'environnement proche, et ce même dans le cas où toute autre forme de comportement n'aurait pas permis de susciter cet intérêt. Par exemple, le patient pourra obtenir de la part d'un médecin traitant une prescription de tranquillisants beaucoup plus facilement s'ils évoquent une idéation suicidaire. La verbalisation de suicide a donc abouti dans ce cas à un double renforcement: d'abord l'obtention de l'attention inquiète du praticien et ensuite l'atteinte rapide et sans effort personnel d'une réduction de tension. L'ensemble de ces phénomènes établit bien vite pour le sujet le caractère renforçant des réponses d'autodestruction (qu'il s'agisse de verbalisation d'idées de suicide, de menaces plus directes de passage à l'acte ou de tentatives de suicide). Ceci crée dès lors un terrain prédisposant pour la répétition de ces conduites suicidaires. De même, lorsqu'un sujet lutte pendant un temps contre une idéation suicidaire, le fait même de prendre la décision du passage à l'acte aboutit souvent à une réduction immédiate de la tension ressentie jusqu'alors. Ceci également renforce le risque d'apparition de tentatives de suicide ou de suicide. Cette séquence peut devenir une partie de la chaîne comportementale complexe aboutissant à la tentative de suicide ou au suicide final. La réponse institutionnelle aux idées de suicide va également renforcer paradoxalement les conduites suicidaires. C'est le cas par exemple des centres de prévention du suicide. Ils fournissent une réponse environnementale immédiate, répétée à souhait, pour peu que la personne présente le «ticket d'entrée» adéquat, à savoir une idéation suicidaire. Il en est de même dans les services de garde psychiatrique. Déclarer que l'on a de fortes idées de suicide permet plus facilement de forcer la porte d'entrée d'un service psychiatrique, malgré l'existence de troubles du comportement de type psychopathique ou d'un hospitalisme manifeste rendant le médecin de garde réticent à l'hospitalisation.

Bostock et Williams (33) se sont intéressé plus systématiquement à la variable *conséquence* des conduites suicidaires. Jusqu'alors, la littérature mettait l'accent avant tout sur la variable antécédent jugée fondamentale pour expliquer les tentatives de suicides. Frappés, comme Stengel, avant eux, par le fait que les conséquences léthales sont le plus souvent négligeables, ils se sont demandés quelles étaient les conséquences importantes des conduites suicidaires. Plus précisément, ils ont cherché à mettre en évidence les conséquences réellement contingentes à l'apparition de ces comportements et susceptibles de servir de renforcement. Il leur fut aisé de constater que les actes suicidaires aboutissent le plus souvent à un renforcement social. Ces conduites sont d'ailleurs souvent étiquettées de manipulations. Sifneos (272) définit un suicide manipulateur comme une tentative par une personne de contrôler autrui afin d'obtenir d'eux ce qu'elle souhaite. Dans son expérience clinique, ce type particulier de tentative de suicide est présent dans soixante-cinq pour cent des cas. Dans une étude de telles tentatives de suicide, il observe quatre-vingt-sept pour cent des cas où la manipulation fut efficace que ce soit définitivement, pour un temps limité ou au moins en fantasme. Pour lui, les patients manipulateurs sont très susceptibles de récidives ultérieures. Ils ont en effet découvert la puissance des conduites suicidaires en tant qu'arme dans les relations sociales. En outre, ils ont fait l'expérience que leur acte aboutissait à une dissipation rapide des émotions et sentiments pénibles. Il n'est pas rare de se trouver face à un patient détendu, souriant, voire légèrement euphorique au lendemain d'une tentative de suicide manifestement manipulatrice. Ceci explique partiellement le peu de motivation observée chez les suicidants pour une psychothérapie ultérieure ainsi que leur hâte à quitter le milieu hospitalier et à éviter tout contact ultérieur avec l'équipe soignante. Nous reviendrons sur ce point plus tard. Toutes ces observations familières au médecin habitué à rencontrer des suicidants amenèrent Bostock et Williams à l'hypothèse suivante : ce sont les manipulations interpersonnelles réussies suite aux tentatives de suicide, qui, dans certains cas, renforcent et maintiennent ce type particulier de comportement. Dès lors, ils estiment qu'il est possible de mettre sur pied, surtout en milieu hospitalier, un programme opérant visant à établir un contrôle adéquat sur ces renforcements. Bostock & Williams (32) illustrent ce type d'hypothèse par le rapport du traitement d'une patiente célibataire de vingt ans. Au moment de sa première hospitalisation, elle en était à sa troisième tentative de suicide par vénisection et avait déjà dans ses antécédents deux tentatives de suicide médicamenteuses. Pendant la première semaine d'hospitalisation, elle s'est retrouvée en coma profond suite à une nouvelle tentative de suicide médicamenteuse. Au cours de cette même hospitalisation, elle recourut à nouveau deux fois à la vénisection et présenta encore une tentative de suicide médicamenteuse de très faible léthalité.

Les auteurs formulèrent l'hypothèse que la patiente avait appris deux comportements pathologiques pour faire face à ses sentiments et à ses tensions intérieurs. Elle répondait aux sentiments dépressifs avant tout par l'auto-empoisonnement et aux états de tension intérieure par des vénisections superficielles. Ces deux comportements s'étaient très vite révélés associés à l'obtention de l'attention de son environnement. En outre, les vénisections semblaient être auto-renforçantes dans la mesure où elles offraient directement une délivrance de l'impression de tension intérieure. Ces éléments d'analyse fonctionnelle permirent l'établissement d'un plan thérapeutique. Premièrement, la patiente reçut un entraînement à la relaxation suivi d'une désensibilisation systématique à l'égard de sa peur d'être rejetée. L'ensemble de l'équipe infirmière fut préparée à la mise sur pied d'une attitude de non renforcement des comportements pathologiques de la patiente visant à obtenir de l'attention. Lorsqu'il arriva que la patiente recourut à nouveau à la vénisection, elle fut examinée par une infirmière, pansée puis ignorée. Les soins médicaux nécessaires lui furent procurés de la façon la plus neutre possible. Il en résulta au début l'habituelle augmentation de fréquence du comportement mis sur une échelle d'extinction. L'équipe de soins fut encouragée à maintenir malgré tout cette attitude d'ignorance à l'égard de ces conduites maladaptatives. Parallèlement, les infirmières renforcèrent de façon spécifique les demandes directes et claires d'attention et d'entretien. Imaginons par exemple qu'une infirmière s'arrête dans le couloir pour demander à la patiente comment elle va. Si celle-ci lui répond d'un ton geignard : « oh, à quoi bon, de toute façon je sais bien comment tout cela va se terminer ! », elle n'obtiendra pas que l'infirmière reste plus longtemps auprès d'elle ou manifeste un souci anxieux à son égard. Par contre, si la patiente vient frapper à la porte du bureau de l'infirmière pour dire qu'elle se sent seule et qu'elle souhaite parler à quelqu'un, elle obtiendra immédiatement satisfaction. En outre, au début systématiquement, puis de façon intermittente, l'infirmière félicitera à cette occasion la patiente d'avoir su bien prendre soin de ses besoins.

L'ensemble de la période d'observation porta sur vingt-deux mois et permit d'observer une réduction progressive tant des tentatives de suicide que des réponses maladaptatives. Un follow-up de dix-huit mois montra l'absence de toute récidive suicidaire.

Il est bien entendu qu'un tel modèle thérapeutique s'adresse avant tout à des sujets présentant plusieurs tentatives de suicide dans leurs antécédents. Cela représente une proportion importante des suicidants rencontrés dans les hôpitaux. Le nombre de récidives pour un même sujet peut parfois être particulièrement élevé. Jolibois et al. (150) parlent par exemple d'un « état permanent de suicide » chez une jeune fille qui avait tenté de se suicider à cinquante-trois reprises. De même, Prescott et al. (239) mentionnent le cas d'un homme de vingt-six ans qui lui s'était empoisonné quatre-vingt-deux fois.

3. *Modelage*

Diekstra (76) a proposé une théorie de l'apprentissage social selon laquelle les comportements suicidaires représentent une méthode d'adaptation face aux crises existentielles. Pour lui, le recours à cette stratégie particulière dépend de la présence du comportement suicidaire dans le répertoire de la personne. Ce type d'acquisition de la réponse suicidaire se fait à travers le processus de socialisation. Au Moyen-Age, la culture était loin d'encourager les comportements suicidaires. Au contraire, la législation prévoyait des peines comme la confiscation des biens et le refus de l'enterrement en terre sacrée. Dante (60) permet une bonne illustration de l'attitude de cette époque face au suicide. Il situe en effet le lieu des suicidés dans le septième cercle de l'enfer. Plus bas que les hérétiques et les meurtriers ! Il cite comme exemple Pier della Vigna, bras droit de Frederic II. Destitué et emprisonné dans un horrible cachot, les yeux crevés, ce personnage avait mis fin à ses jours en se fracassant le crâne contre un mur. Dante le retrouve, en enfer, métamorphosé pour l'éternité en un arbre desséché, épineux, sans cesse torturé par les Harpies. Ses rameaux noueux se tordent en vain car aucune circonstance atténuante n'est accordée au suicidé.

Cette attitude va changer du tout au tout. L'apparition du Werther de Goethe en 1774 symbolise certainement ce tournant. Comme le souligne Alvarez (4) tout suicide pour des raisons autres qu'une catastrophe financière était auparavant considéré comme un manque de goût. Après la parution de Werther, se suicider pour un amour désespéré ou une sensibilité excessive devient un acte exemplaire pour tous les jeunes Romantiques en Europe. La publication de cet ouvrage entraîna une levée de boucliers de la part du clergé. La rumeur publique prétendit à l'apparition d'une vague de suicide. Les autorités civiles prirent le relais. L'ouvrage fût interdit en Italie, à Leipzig, et à Copenhague (230). Même si l'aspiration Romantique pour le suicide va progressivement s'estomper, le pli est pris. Comme le dit Alvarez (4), «le suicide imprègne désormais la culture occidentale comme une teinture indélébile». Progressivement va se développer une tolérance générale à l'égard de ce type de comportement, même si le législateur va mettre encore plus d'un siècle pour éliminer du code pénal l'inculpation et la condamnation pour acte suicidaire.

En 1918, le Droit Canon se modifia. Désormais étaient seuls privés de sépulture chrétienne, ceux qui s'étaient «délibérément» donnés la mort. En Grande-Bretagne, ce ne fût que le 3 août 1961 que le «Suicidal Act» abrogea l'ancienne loi selon laquelle le suicide était un crime. Le suicide sort du champ d'application des lois. Une liberté de vie et de mort est donc reconnue implicitement pour chaque individu. La portée de ce changement d'attitude n'a pas échappé à Deshaies (73) qui écrit: «si, en droit, le suicide n'est plus toujours condamnable, cela signifie qu'en fait il peut devenir recommandable. Si l'acte est prôné, il engendrera un droit nouveau: le droit de mourir». Les modèles de conduites suicidaires vont devenir dès lors de plus en plus présents dans notre héritage culturel récent. Ne citons comme exemples que les dix-sept suicides commis par les personnages de Dostoïevsky (101) ou les onze suicides présents dans l'œuvre de Bernanos (197). Les idées et les tentatives de suicide sont elles-mêmes innombrables dans l'œuvre de ces auteurs comme dans l'ensemble de la littérature contemporaine. Il est difficile de chiffrer l'importance de cette diffusion au sein de notre culture des conduites suicidaires comme modèle de comportement adaptatif adéquat dans certaines crises existentielles. Nous pouvons seulement recourir à des indices indirects. Dans leur enquête au sein d'une population de sujets normaux, Vandivort & Locke (296) observaient que vingt-sept pour cent des sujets interrogés estimaient que les gens pensent au moins plusieurs fois par an au suicide. Dans une enquête au sein de la population belge, Zanatta (319) a pu montrer que les sujets normaux invoquaient dans un ordre décroissant les situations suivantes comme justifiant une conduite suicidaire : un état dépressif avec désespoir, une maladie grave et incurable, toute forme de situations ressenties comme insurmontables, un deuil, l'atteinte par une maladie mentale.

Le modèle des conduites suicidaires fait désormais partie à part entière de notre culture. Il n'y a plus aucun doute à avoir à ce sujet. La littérature fourmille d'exemples. Baechler (8) cite l'étude de Besozzi : 54,6 pour cent des étudiants de Cologne ont déjà pensé dans certaines circonstances que la vie n'avait pas de sens, 36,1 pour cent peuvent concevoir le suicide comme une solution et 21,9 pour cent ont caressé l'idée de suicide sans passer à l'acte. De même, il rappelle l'étude de Storck : 74,9 pour cent d'un échantillon de deux cent soixante-quatre soldats américains accomplissant leur temps de service en Allemagne ont au moins une certaine familiarité avec l'idée de suicide. Avec ironie, Baechler se demande si ce n'est pas le quart restant qui est anormal et si l'impunité apparente de ce sous-groupe n'est pas un masque pour cacher des tendances suicidaires censurées. Baechler conclut dès lors : « quelle peut être l'incidence de la familiarité avec le suicide sur le suicide effectif ? Je ne pense pas que l'on puisse jamais donner une réponse précise. Il faudra probablement se contenter de la proposition générale adoptée par la religion et la morale : plus la familiarité augmente, plus baisse le seuil à partir duquel un acte suicidaire devient une solution actuelle possible ».

Le modèle de comportement est présent dans le répertoire des sujets apparemment dès l'adolescence. La culture influence également le choix des moyens de se suicider. Marks (181) a ainsi interrogé un échantillon de six cent nonante-quatre étudiants et a pu mettre en évidence une préférence, en fonction du sexe, pour un mode particulier d'autodestruction. Les hommes semblaient associer masculinité et efficience et envisageaient dès lors plus volontiers les armes à feu. Les femmes par contre penchaient pour des moyens non douloureux comme le poison. Notez au passage le danger qu'il y aurait de sous-évaluer les risques suicidaires chez une femme qui confie qu'elle envisage de se tuer par prise volontaire de médicaments.

Parallèlement à ce changement dans les conceptions légales et éthiques, un autre facteur va favoriser la croissance des conduites suicidaires et principalement des parasuicides. La mort par empoisonnement est connue depuis l'antiquité. Mais, l'empoisonnement était auparavant fatal dans la majorité des cas. Cette réalité inéluctable s'est récemment métamorphosée. Comme le signale Kessel (158), l'augmentation des auto-intoxications a été parallèle à la découverte de médicaments potentiellement dangereux et à l'augmentation exponentielle de leur prescription et de leur utilisation. Un des effets de cette révolution médicale a été de remplacer les anciens poisons par des produits aisément accessibles et permettant en outre des passages à l'acte d'une léthalité plus qu'incertaine.

Les changements culturels et les acquisitions pharmacologiques récentes rendent donc actuellement possible le recours à un comportement qui présente certaines analogies avec l'observation de Pavlov (222) de l'inhibition supra-maximale. Le célèbre neurophysiologiste russe avait en effet observé que confronté à une surstimulation, l'organisme animal semblait se protéger par une inhibition de ses réponses. Cette observation fût à la base des «cures de sommeil», panacée thérapeutique des années 50. Lowell, cité par Alvarez (222) remarque ironiquement à ce sujet qu'il est heureux que nous n'ayons pas tous sur le bras un petit interrupteur qu'il nous suffise de tourner pour mourir instantanément et sans douleur. Car chacun d'entre nous l'utiliserait inévitablement dans l'une ou l'autre circonstance particulièrement pénible de sa vie ! On peut donc, du moins sur le plan spéculatif, se demander s'il n'y a pas une causalité phylogénétique dans les conduites suicidaires. Demaret (66) a proposé que «les réactions d'inhibition, visibles aussi bien dans l'hystérie que dans l'hypnose, ... seraient les équivalents du réflexe d'immobilisation ou de simulation de mort, présenté par les animaux menacés par un prédateur». Dans cette optique, les tentatives de suicide seraient la forme moderne de cette conduite d'origine phylogénétique. Son développement se ferait au dépens des crises d'hystérie qui sont de moins en moins souvent rencontrées dans les consultations de psychiatrie et qui présentaient également une prévalence féminine (281). Cette hypothèse pourrait également expliquer le fait qu'un certain nombre de fois la tentative de suicide paraît avoir été réellement une solution adéquate ne nécessitant pas de prise en charge thérapeutique ultérieure. Ainsi Lukianowicz (176) chercha à retrouver cent suicidants après cinq ans. Il observa que quatre-vingt et un sujets n'ont plus fait l'objet d'hospitalisation psychiatrique et semblent présenter une réadaptation plutôt satisfaisante à leur milieu de vie.

Pour finir cette théorie du modelage, soulignons qu'il faut la considérer comme un apprentissage vicariant rendant ce type de conduite disponible dans le répertoire de tous les sujets de notre culture. Il ne s'agit pas ici d'invoquer un effet de suggestion directe comme on l'a fait pour incriminer le rôle de la presse dans certaines épidémies de suicide (230).

D. Analogie avec les conduites d'automutilation

Les vénisections représentent environ dix pour cent de l'ensemble des tentatives de suicide (51). Grass et Mallin (121) ont cru pouvoir mettre en évidence le profil type des sujets recourant à ce moyen particulier d'autodestruction: une jeune femme attirante, intelligente, célibataire, fréquemment toxicomane, ayant de nettes difficultés à nouer une relation réussie avec autrui. Elle se sectionne les poignets de façon répétitive à la plus légère provocation, mais ne se suicide jamais. Après son acte, elle se sent soulagée. Clendenin et Murphy (51) ont montré ultérieurement que cette description reflétait en fait un biais dans le recueil des données épidémiologiques. Ils ont établi que les sujets recourant à la vénisection étaient habituellement plutôt des hommes jeunes et célibataires. Pour eux, c'est l'âge, plutôt qu'un trouble psychopathologique particulier, qui est la variable cruciale caractérisant ces tentatives de suicide par vénisection.

Lester (166) s'est intéressé à l'ensemble des conduites d'automutilation. Il rappelle l'exemple bien connu de Vincent Van Gogh. Il soupçonnait Gauguin d'être sur le point de le quitter après deux mois de vie commune. Armé d'un rasoir, il suivit donc son ami dans la rue, et l'agressa. Il n'alla cependant pas jusqu'au bout de son attaque. Sur l'injonction de Gauguin, il repartit. Finalement, toujours dans un état d'excitation importante, il se coupa le lobe de l'oreille. Lester rappelle que de tels comportements sont très fréquents dans la population générale, heureusement à un degré bien moindre. Dans des situations d'attentes anxiogènes, il n'est pas rare de voir une personne se mordiller les ongles ou la lèvre. Dans la population psychiatrique, la prévalence de tels comportements est de 4,3 pour cent et le rapport hommes/femmes de trois pour un. Il existe de nombreuses descriptions de comportements d'automutilation chez les animaux. Il a été montré que ces conduites peuvent être induites chez eux par des manipulations de l'environnement: par exemple, élever un singe en isolement complet. L'injection gastrique de la caféine a le même pouvoir d'induction chez le rat. Dans ce dernier cas, le placement ultérieur de l'animal dans un milieu encombré par de nombreux congénères offre la possibilité de combat et aboutit dès lors à une diminution des automutilations.

Pour Lester, les gains secondaires et les aspects manipulateurs de la tentative de suicide sont les mêmes que ceux observés dans de nombreuses conduites d'automutilation. En outre, le rôle de la colère et de la difficulté d'expression de l'agression sont observés dans ces deux types particuliers de conduites.

Bachman (7) a proposé une analyse comportementale des conduites d'automutilation. Il a d'emblée insisté sur le fait qu'il ne s'agissait pas de tentative de suicide ni de perversion sexuelle. Il remarque en effet que l'ensemble de la littérature ne permet pas de mettre en évidence un seul cas d'automutilation ayant abouti à un suicide. En outre, la topographie des automutilations est habituellement très différente des formes les plus fréquentes de tentatives de suicide qui consistent à avaler des pilules, presser sur une gachette ou se jeter dans le vide. Bachman observe une seule analogie: il s'agit dans les deux cas d'un comportement appris et instrumental. Les tentatives de suicide répétées peuvent comme les automutilations susciter une attention sociale accrue. Bachman propose quatre possibilités de stratégie thérapeutique face à cette classe de comportements:

1. l'établissement de comportements alternatifs, éventuellement incompatibles avec la conduite pathologique;
2. le retrait des renforcements positifs;
3. la simple extinction;
4. la punition par chocs électriques.

Il est intéressant de noter que les trois premières stratégies ont été utilisées dans le plan de traitement de Bostock et Williams (32) pour un cas de tentatives de suicide à répétition.

En conclusion, une minorité de tentatives de suicide présente une analogie étroite avec les conduites d'automutilation. Elles consistent, comme ces dernières, des comportements irrationnels et « bizarres ». Elles surgissent essentiellement suite à la difficulté d'expression de l'agression. Elles sont maintenues par les renforcements positifs sociaux auxquels elles donnent accès. L'analyse comportementale des conduites d'automutilation fournit dès lors certains éléments de stratégie thérapeutique utilisables pour ces types particuliers de tentatives de suicide.

E. Validations de programmes thérapeutiques

La littérature offre peu d'études de validation de programmes de traitement mis au point spécifiquement pour les suicidants. Greer et Bagley (123) ont étudié l'effet de différentes modalités thérapeutiques pour la prise en charge suite à une tentative de suicide. Leurs patients avaient été recrutés dans un service d'urgence d'un hôpital londonien. Ils furent divisés en trois groupes: un groupe de quarante-sept patients qui, après avoir quitté le service des urgences, ne bénéficia plus d'aucun traitement; un deuxième groupe de soixante-seize patients eut un ou deux contact(s) psychiatrique(s). Un troisième groupe de quatre-vingt-huit patients bénéficia d'un traitement psychiatrique plus prolongé. Un follow-up de un à deux an(s) montra un pourcentage de récidive de tentatives de suicide de trente-neuf pour cent dans le premier groupe, de vingt-six pour cent dans le second et de vingt pour cent dans le troisième. L'absence de randomisation dans la constitution de ces trois groupes empêche bien entendu toute conclusion définitive.

Motto (201) s'est attaché à rechercher l'efficacité d'une forme inhabituelle de traitement chez des patients présentant un risque particulièrement élevé de suicide. Ils étaient en effet hostiles à toute prise en charge thérapeutique classique. Plutôt que d'offrir un traitement sous forme de consultation psychiatrique avec rendez-vous fixe, il établit une modalité particulière sous la forme de contacts réguliers soit par téléphone, soit simplement par lettre. Ces contacts furent mensuels pendant les quatre premiers mois, bi-mensuels pendant les huit mois suivants et ensuite trimestriels jusqu'à la fin d'une durée totale de quatre ans. Il divisa ses patients en deux groupes. Seul le premier bénéficia de ces entretiens téléphoniques et missives. A la fin des quatre ans, un follow-up montra une augmentation du nombre de suicides, en fonction du temps, dans le groupe sans contact. Cependant, la différence entre le taux de suicide des deux groupes n'était pas significative.

Kennedy (157) a observé une différence du taux de récidive en fonction de la présence ou non d'une hospitalisation après un premier comportement suicidaire. Douze pour cent seulement des patients admis à l'hôpital récidivaient. Par contre ce taux de récidive passait à trente-huit pour cent dans le groupe de patients rentrés chez eux immédiatement après les premiers soins. Bien sûr, la sélection est biaisée ici : le caractère de gravité de la première tentative de suicide a influencé la décision d'hospitalisation et les groupes ne sont donc pas comparables. Hawton et al. (136) ont recherché l'efficacité d'une forme non traditionnelle de prise en charge thérapeutique des suicidants. Ils ont utilisé comme thérapeutes des infirmières et des travailleurs sociaux. Leur technique de base était constituée par une approche de traitement bref, focalisé sur le problème actuel du sujet. Les entretiens se déroulaient lors de visites à domicile. Elles ne dépassaient pas une heure. Au cours des deux premiers mois de la prise en charge, leur fréquence dépendait des besoins du patient. Au cours du troisième et dernier mois, un maximum de deux visites étaient permises. Les suicidants furent répartis au hasard dans deux groupes selon le type de traitement offert : consultations classiques ou visites à domicile. Le taux de récidive dans les deux groupes au cours de la première année fut assez comparable. La seule différence entre eux consistait au sixième mois en une meilleure entente conjugale dans le groupe ayant bénéficié des visites à domicile. Ces auteurs conclurent dès lors à l'utilité spécifique de cette technique non traditionnelle pour les suicidants ayant principalement des difficultés de couple. L'approche thérapeutique focalisée sur le problème actuel et concret a été particulièrement appréciée par les patients.

Dans l'ensemble, ces descriptions de traitement d'un épisode aigu de tentative de suicide ne sont guère encourageantes. Il n'y a manifestement pas de technique spécifique dont l'efficacité soit actuellement bien démontrée. Il est nécessaire comme le signale Clum, Patsitokas et Luscomb (52) d'élaborer des thérapeutiques davantage « taillées sur mesure » par rapport au problème suicidaire spécifique de chaque type de patient. Toutes les études citées reposent sur l'hypothèse à priori qu'une forme de contact, de quelque type que ce soit, est préférable à l'absence de contact lorsque l'on cherche à réduire les récidives de comportements suicidaires.

Les descriptions de traitement de type comportemental de suicidants sont des plus rares dans la littérature. Elles se limitent le plus souvent à des rapports de cas individuels. Une des premières présentations d'un programme thérapeutique contenant au moins implicitement des concepts comportementaux fut présenté en 1958 par Offenkrantz et al. (213). Ces auteurs ont traité dans un Centre Psychiatrique de l'armée américaine soixante-quinze sujets ayant présenté soit des menaces, soit des tentatives de suicide. Ils ont exclu de ce groupe ceux qui présentaient un état dépressif évident ou des troubles psychotiques. L'histoire de ces patients montraient de nombreux antécédents de manipulation ou de comportement délinquant. Ils émirent dès lors l'hypothèse que la conduite suicidaire n'était qu'une des manifestations d'un trouble du comportement plus général de recours systématique au chantage émotionnel. Ils élaborèrent donc le programme thérapeutique suivant: le psychiatre commençait par exprimer sa compréhension à l'égard de la souffrance et du malheur du patient. Il ajoutait immédiatement qu'il ne pouvait pas satisfaire son désir sous-jacent, qu'il s'agisse d'une volonté d'être hospitalisé, d'être réformé ou d'obtenir un changement d'unité ou d'affection. Le psychiatre soulignait ensuite que si le patient était réellement décidé à se tuer, personne ne pourrait l'en empêcher. L'entièreté de la responsabilité de sa survie reposait sur lui-même. Le médecin déclarait également que si le sujet venait à se tuer, son acte serait considéré comme celui d'un homme sain, vu la mise au point psychiatrique qui venait d'être réalisée. De ce fait, sa famille perdrait tous les avantages matériels pouvant résulter de son décès. En outre, si son suicide échouait, il lui serait strictement appliqué le règlement militaire. Il passerait devant une cour martiale pour délit. Le médecin et l'officier supérieur de l'unité furent autant que possible informés de l'ensemble de ces mesures et il leur fût demandé de tenir le même discours. Les auteurs observèrent, à cette occasion, l'importante difficulté à obtenir la collaboration tant des chefs d'unité que des médecins pour ce comportement thérapeutique assez inhabituel. La plupart réagissaient avec la conviction qu'« il fallait absolument faire quelque chose » du fait que ces militaires présentaient des idées ou un comportement suicidaires. Enfin, aucun de ces soldats ne furent hospitalisés. Un follow-up d'une durée de cinq à dix-neuf mois ne montra qu'un suicide ultérieur dans ce groupe, soit un taux de 1,3 pour cent. Il est assez proche de celui classiquement signalé par Kessel et Mc Culloch (159). Cette stratégie thérapeutique peu classique n'a donc pas abouti à la recrudescence de suicide crainte par certains. Les auteurs ne donnent pas de renseignements sur d'éventuelles récidives de tentatives de suicide. Ils estiment avoir atteint leurs deux buts: apprendre au patient à devenir responsable de son propre comportement et rendre inefficace les chantages au suicide. Bien que ces auteurs ne se définissent pas comme comportementalistes, la base de leur programme thérapeutique consiste néanmoins en une extinction. Il vise au retrait systématique des renforcements sociaux positifs, actuels ou anticipés, jusque-là contingents aux conduites suicidaires. Par contre, ce programme thérapeutique ne prévoit pas d'aider les sujets dans le développement de nouvelles conduites substitutives mieux adaptées.

La thérapie au long cours d'une suicidante chronique a déjà été antérieurement présentée (59). Il faut signaler que le plan de traitement de cette patiente recouvrait simultanément plusieurs modalités thérapeutiques différentes. Il n'est donc pas possible d'attribuer l'amélioration observée au seul retrait des renforcements contingents aux conduites suicidaires répétées.

Une seule étude connue de l'auteur a comparé l'efficacité relative de programmes thérapeutiques différents (169). Il s'agissait soit d'un ensemble de techniques comportementales, soit d'une approche de type psychodynamique. Liberman et Eckman (169) ont sélectionné une population de vingt-quatre suicidants dont la caractéristique principale était d'avoir présenté au moins deux tentatives de suicide au cours des deux dernières années. Ce groupe représentait un total de soixante-dix tentatives de suicide. En avaient été exclus tous les patients présentant des troubles psychotiques ou organiques cérébraux, de l'alcoolisme et de la toxicomanie. L'ensemble de ces sujets présentaient un diagnostic de dépression névrotique. Ils furent répartis de façon aléatoire dans les deux options thérapeutiques. Ils ne reçurent aucun psychotrope pendant les dix jours d'hospitalisation et de traitement intensif. Dans chaque groupe, les patients bénéficièrent quotidiennement de quatre heures de psychothérapie pendant huit jours. Le programme à orientation psychodynamique était constitué par dix-sept heures de thérapie individuelle, dix heures de psychodrame et de thérapie de groupe, cinq heures de thérapie familiale. Le programme thérapeutique à orientation comportementale était constitué par dix-sept heures d'entraînement aux capacités sociales, dix heures d'entraînement à la gestion de l'anxiété, cinq heures d'apprentissage de la négociation familiale et de la passation de contrats de contingence. Le devenir des patients fut examiné deux ans après leur sortie d'hôpital. Au cours de ces deux années, l'ensemble des sujets ne présenta plus que onze tentatives de suicide (opposés aux soixante-dix au cours des deux années avant la prise en charge thérapeutique). En outre, ces onze récidives ne concernaient que cinq patients. A savoir, trois du groupe du programme à orientation psychodynamique et deux du groupe à orientation comportementale. On observe donc une diminution des conduites suicidaires pour l'ensemble des sujets sans pouvoir parler de différence significative entre les deux groupes. Cette étude suggère qu'un traitement bien structuré, intensif et de courte durée, suivi de contacts réguliers et fréquents peut significativement réduire le nombre ultérieur de tentatives de suicide, l'idéation suicidaire et les plaintes dépressives chez des sujets ayant déjà dans leurs antécédents plusieurs récidives de tentatives de suicide. Une approche comportementale des suicidants ne doit pas nécessairement reprendre l'ensemble thérapeutique décrit plus haut. Des nouvelles investigations sont nécessaires pour déterminer quelles sont les techniques réellement cruciales.

F. Instruments d'évaluation

L'approche comportementale et le recours à une analyse fonctionnelle individuelle n'excluent pas pour autant l'utilisation de certaines échelles spécifiques. Notre ambition ici n'est pas de faire une revue exhaustive des différents instruments psychométriques existants pour évaluer le degré d'une idéation suicidaire, l'intensité de la volonté de mourir, la léthalité d'un acte ou pour prédire les risques de récidive ou de suicide ultérieur. Nous souhaitons simplement présenter certains outils pragmatiques utilisés par l'auteur. Un premier instrument intéressant est l'échelle risque-sauvetage élaborée par Weissman et Worden (302).

Il s'agit d'une méthode descriptive et quantitative de la conduite suicidaire. Ces auteurs suggèrent que le pronostic de suicide peut être exprimé à travers une équation précise (cf. annexe n° II). L'échelle de risque-sauvetage n'évalue que la léthalité du passage à l'acte, définie comme la probabilité de s'infliger d'irréversibles dommages. La construction de cette échelle repose sur l'hypothèse que cette léthalité est évaluable par le rapport entre des facteurs influençant les risques et ceux influençant le sauvetage. Les cinq facteurs de risque retenus sont : le moyen utilisé, l'atteinte éventuelle de la conscience, le degré de toxicité ou des lésions infligées, la réversibilité de l'état et le type de traitement requis. Les cinq facteurs de sauvetage sont : le lieu (familier ou éloigné), la personne ayant mis en branle les secours (le suicidant ou quelqu'un par hasard), la probabilité de découverte par autrui, les signes éventuels permettant le sauvetage (demande d'aide ou non) et le délai avant la découverte de l'acte. Il en résulte un score global. Les auteurs ont proposé de diviser ces scores en trois classes : léthalité élevée, moyenne ou légère. Cet instrument nous apparaît comme ayant sa place dans l'approche de l'évaluation du suicidant. Il comble le manque d'outil fiable d'évaluation de léthalité signalée par Pallis et Barraclough (219). Il devrait permettre par exemple de mieux étudier les « carrières suicidantes » des sujets qui récidivent à de nombreuses reprises au cours de leur existence. Il a permis à Worden et Sterling (317) de démontrer que la psychothérapie des suicidants aboutissait au moins à une diminution de la léthalité d'une deuxième conduite suicidaire. Son introduction dans notre service de garde a attiré notre attention sur le fait qu'un certain nombre de suicidants, particulièrement ceux à risque léthal élevé, ne bénéficiaient pas d'une aide psychiatrique. La gravité médicale de leur acte les faisaient hospitaliser directement dans des services spécialisés et ils n'étaient pas ultérieurement signalés au psychiatre de liaison (68 bis). Cette constatation aboutit à une modification de nos procédures de travail avec les services de réanimation et de neurochirurgie.

Un des problèmes avec lequel le clinicien est immédiatement confronté réside dans l'évaluation du risque de récidive à court terme de la tentative de suicide. Selon l'Organisation Mondiale de la Santé, vingt à trente pour cent des suicidants réalisent une nouvelle tentative de suicide endéans les douze mois. Il est donc utile de disposer d'un instrument validé permettant d'isoler un sous-groupe à risque particulièrement élevé de récidive rapide. Un tel outil a été mis au point par une équipe anglaise (39-40). Elle consiste en une échelle en six points (cf. tableau ci-dessous). Comme on peut le constater, les auteurs ont choisi des éléments cliniques aisés à recueillir lors d'une situation d'urgence psychiatrique. Chacun de ces critères est coté présent (1) ou absent (0). Le score final s'obtient très simplement par l'addition de la cote de chacun des items. Il peut donc aller de zéro à six. Dans une étude réalisée sur une population belge (313), nous avons proposé de choisir pour identifier les cas à risques élevés, un score égal ou supérieur à trois. Ce score nous aurait en effet permis d'identifier correctement huit récidivistes sur les onze que nous avons observé au cours d'un follow-up.

Echelle de risque de récidive

(D. Buglass & J. Horton, 1974)

Cotez 1 *si* présent, 0 *si* absent	Cotation
1. Sociopathie (la détresse prédominante de la situation du sujet retombe sur la société)	
2. Problème quant à l'utilisation de l'alcool (inclus aussi bien les «excès de boisson» que l'alcoolisme avéré)	
3. Hospitalisation psychiatrique antérieure	
4. Soins psychiatriques ambulatoires antérieurs	
5. T.S. antérieure (ayant entraîné une hospitalisation)	
6. Ne vivant pas avec un proche	
Total	

L'équipe de Beck a proposé deux autres échelles spécifiques. La première vise à quantifier la gravité de l'intention et la léthalité médicale d'une tentative de suicide (16). Elle permet donc de préciser des sous-groupes particuliers en fonction du degré d'intention léthale de l'acte posé. Elle offre également une meilleure description topographique de la conduite suicidaire. La seconde permet l'évaluation et la quantification de l'idéation suicidaire d'un sujet (17). Elle réalise une description plus fine que la simple identification de la présence ou de l'absence d'idées de suicide chez un patient. Elle permet de suivre au cours du temps l'évolution de cette idéation suicidaire.

Enfin, une échelle excessivement aisée dans son utilisation est l'échelle analogique visuelle destinée à évaluer l'intention suicidaire d'un patient (114). Elle consiste en une ligne de dix centimètres tracée sur une feuille blanche. A son extrémité gauche, il est marqué « désir de vie » et, à son extrémité droite, il est marqué « désir de mourir ». Le patient se contente de marquer par un trait sa position actuelle par rapport à ces deux souhaits antagonistes. Une marque située au milieu de cette ligne indique l'absence d'un souhait particulier de vivre ou de mourir. Le score s'obtient en mesurant le nombre de millimètres séparant la marque du patient de l'extrémité gauche de la ligne.

G. La relation thérapeutique avec le suicidaire

Comme le rappellent Goldfried et Davison (113) bien que le thérapeute comportementaliste mette moins d'emphase sur la relation client-thérapeute que d'autres modèles de thérapie, cela n'implique pas pour autant qu'il se conduise comme un être froid et mécanique. De même, le langage scientifique du comportementaliste ne doit pas être considéré comme une description fidèle de ses interactions avec son client. Ce langage est avant tout une façon d'analyser et de conceptualiser intérieurement le problème du patient pour le lui traduire ensuite en termes concrets dans la langue de tous les jours. Turkat et Brantley (295) ont souligné la nécessité que le thérapeute comportementaliste dépasse la seule utilisation des techniques rodgériennes consistant à procurer au client un environnement chaleureux et empathique de soutien. Une telle approche appliquée de façon automatique risque de n'être pas nécessairement la plus appropriée pour l'ensemble des patients. Au contraire, une telle interaction stéréotypée risque dans certains cas de perpétuer le comportement maladaptatif du client. Ils insistent donc sur la nécessité de tailler sur mesure la relation que l'on établit avec son client, et cela en fonction des buts thérapeutiques que l'on s'est donné.

Penchons-nous donc davantage sur les caractéristiques propres à la relation avec un patient suicidaire. La toute première exigence pour un thérapeute ou un médecin est d'accepter de parler des différentes conduites suicidaires. Devant un patient déprimé, il est impératif de systématiquement interroger le patient sur l'existence d'une éventuelle idéation suicidaire. Le patient sera soulagé de constater qu'il ne s'agit pas là d'un sujet tabou et que le partage de ces idées « anormales » n'entraîne pas un rejet automatique par le professionnel auprès duquel il cherche une aide. Cette règle est malheureusement loin d'être suffisamment appliquée. Murphy (207) a réalisé une autopsie psychologique de quarante-neuf suicidés ayant consulté un médecin dans les huit mois précédents leur acte fatal et dont trente-cinq avaient des antécédents suicidaires. Trente-neuf pour cent seulement des médecins consultés étaient au courant de cette tentative de suicide antérieure.

La qualité de la relation établie avec le patient suicidaire semble être un des facteurs cruciaux du devenir ultérieur du patient. Pour Richman (243), une des règles cardinales de la thérapie des suicidaires est la prudence particulière à l'égard des phénomènes de séparation. Ils constituent pour lui le facteur précipitant majeur des comportements suicidaires sérieux. Litman (171) a d'ailleurs observé que les suicides survenant au cours de psychothérapies sont commis le plus souvent quand le psychothérapeute et son patient sont séparés. Par exemple, pendant les vacances. De même, Bloom (28) a prétendu dans une étude rétrospective de trente-deux suicidés que, dans chaque cas, l'acte fatal avait été précédé par un comportement de rejet de la part du psychothérapeute. Le thérapeute a donc intérêt à se souvenir de cette hypersensibilité de son patient suicidaire aux signes, même minimes, de rejet. Ici encore, plus qu'avec tout autre client, le thérapeute se doit de respecter la parole donnée, d'être à l'heure au rendez-vous prévu et disponible au moment annoncé. Il n'est pas rare que certains patients testent à plusieurs reprises la fiabilité du soignant à cet égard.

Normalement tout psychothérapeute doit s'attendre à être à plusieurs reprises confronté avec des menaces de tentative de suicide, voire des tentatives de suicides, chez les clients pris en charge. Malgré cette évidence, il est loin d'être démontré que les médecins et les psychothérapeutes soient particulièrement bien préparés à cette éventualité. Pour Lowental (175), la perspective du psychothérapeute impliqué dans une relation avec un suicidaire est d'ailleurs faussée par plusieurs facteurs.

1. L'anxiété. Elle peut résulter du fait que la dimension suicidaire du problème du patient confronte le thérapeute avec sa propre propension au suicide. Lowental rappelle en effet que le taux de suicide des médecins, et plus particulièrement des psychiatres, ainsi que celui des autres travailleurs de la santé mentale est plus élevé que celui de la population générale. Dressler (79) a pu montrer que les résidents psychiatres étaient plus anxieux lorsqu'ils avaient à faire à des patients ayant un grand nombre de tentatives de suicide dans leurs antécédents, avec le développement lent et progressif d'un comportement suicidaire à risque léthal élevé. Ce degré d'anxiété chez le résident étaient éga-

lement influencé par une intention plus élevée de se tuer du patient et un risque suicidaire ultérieur jugé important.

Le thérapeute peut parfois ressentir une crainte excessive que le patient ne se suicide, même dans les cas où le risque n'est en fait qu'assez bas. Cette peur exagérée est un handicap important à un traitement efficace. Elle risque d'aboutir à une surprotection inutile du patient et à un déplacement du sens de la responsabilité de l'acte suicidaire éventuel. Birtchnell (25) ajoute que le patient va inévitablement se sentir en insécurité s'il devine qu'il peut aussi aisément effrayer son thérapeute. Pour lui, le suicidaire est trop souvent traité avec un ménagement exagéré. Les médecins tiennent ces patients à distance comme s'ils ressentaient une sorte de peur irrationnelle à leur égard. Comme si le thérapeute craignait d'être contaminé par celui qui a violé le tabou du respect de la vie. La réaction en est souvent une médicalisation excessive du problème. Le médecin peut en arriver à dire au patient que ses idées de suicide ne sont qu'une manifestation d'une maladie et qu'elles lui sont donc au fond complètement étrangères. Cela ôte au patient tout sens de sa propre responsabilité à cet égard, ce qui s'avérera souvent anti-thérapeutique.

2. La culpabilité. Henslin (140) constate que si la culpabilité est souvent une réaction des proches d'un décédé, c'est encore davantage le cas après une mort due à un suicide. Après un tel acte, une des questions majeures avec laquelle les survivants sont confrontés est de déterminer la «raison» de ce décès. Les survivants peuvent se poser de multiples questions: n'avait-il pas assez confiance en nous pour nous en parler? N'a-t-il pas trouvé auprès de nous l'aide dont il avait besoin? N'avons-nous pas été capable de déceler ses appels à l'aide? Ne nous aimait-il pas assez pour survivre? Goldstein et Buon Giorno (115) constatent que le psychothérapeute se retrouve souvent dans ce rôle de «survivant». Litman (170) et Kolodny et al. (161) ont observé que les psychothérapeutes réagissent au suicide d'un patient par de la honte, de la colère, de la culpabilité et une perte de confiance en eux-mêmes. Goldstein et Buon Giorno insistent donc pour que les psychothérapeutes puissent, comme les familles de suicidés, bénéficier d'un groupe de soutien. Cela implique entre autre qu'ils soient aidés à focaliser leur attention sur la responsabilité du sujet à l'égard de son acte suicidaire.

3. La honte. Pour un psychothérapeute, le suicide d'un de ses clients représente un terrible échec en tant que professionnel de l'aide. Cela peut être aisément interprété par le thérapeute comme la preuve de son incompétence. Maltsberger et Buie (179) soulignent une des carac-

téristiques majeures de la psychothérapie : c'est la personne même du thérapeute qui est l'outil thérapeutique ! Dans ce cas, l'aidant a bien plus difficile à faire la part des choses entre sa personne et le traitement qu'il a appliqué. Cette situation entraîne un risque accru de confusion entre les limitations inévitables de sa capacité professionnelle de thérapeute et sa valeur intrinsèque d'être humain.

Lors d'une prise en charge « à chaud » suite à une tentative de suicide, le risque majeur encouru par la relation patient-médecin réside dans la possibilité de rejet de la part du médecin. Ainsi Patel (221) a montré que pour beaucoup de médecins, les suicidants sont considérés comme de véritables nuisances et qu'ils leur reconnaissent moins de droit aux soins que les malades « organiques ». De même Ansel et Mc Gee (5) ont observé l'existence d'attitudes négatives à l'égard des suicidants dans de nombreux groupes professionnels de l'aide (résidents en médecine, infirmiers, policiers) ainsi que dans le public en général. La seule exception qu'ils observaient à cet égard était constituée par l'attitude des volontaires non professionnels des centres de prévention du suicide. Pour Tabachnick (288), le médecin se sent parfois irrité face au patient suicidaire car il a l'impression d'avoir la main forcée et d'être obligé de prendre en charge cette personne. Le facteur de base de cette attitude possible de rejet réside sans doute dans le fait, souligné par Vlasak (300), que la tentative de suicide ne remplit pas les conditions habituelles exigées pour bénéficier du rôle social de « patient » : le patient ne peut en rien être responsable de sa maladie. Il doit la considérer comme indésirable. Il faut qu'il fasse tout pour obtenir une aide médicale efficace afin de guérir le plus rapidement possible. Il se doit enfin de collaborer sans réserve à son traitement. La tentative de suicide est un acte voulu par le sujet. Le suicidant n'est pas toujours celui qui a suscité l'aide médicale dont il bénéficie et lorsque le suicidant a lui-même suscité une aide médicale, il est soupçonné de manipuler la situation pour obtenir des bénéfices secondaires.

La prise en charge de patients suicidaires au long court peut également aboutir à un sentiment d'irritation chez le psychothérapeute. Il n'est en effet pas rare que certains suicidaires développent des conduites agressives indirectes. Maltsberger et Buie (179) citent l'exemple caricatural d'une patiente téléphonant pour communiquer une nouvelle menace de suicide à son psychothérapeute au moment où elle était certaine qu'il allait passer à table pour le réveillon de Noël. Ces auteurs citent également le cas de patients qui profitent d'avoir les enfants des psychothérapeutes au téléphone pour faire part de leur idéation suicidaire. Ceci n'est souvent que le reflet des comportements relationnels maladaptatifs de ce type de patients et de leur manque d'entraînement à l'expression directe de la colère et de l'irritation.

H. Vers un plan de traitement

1. Traiter?

Se poser la question de la nécessité de traiter le patient suicidaire peut paraître étrange. Néanmoins, cela correspond à la réalité observée tous les jours. Pogard (29) constate que dix-sept pour cent des suicidants vus à une garde d'hôpital regagnent leur domicile sans aucune recommandation thérapeutique ultérieure. Mendlewicz et al. (195) observèrent de même à Bruxelles le renvoi à domicile de vingt pour cent des suicidants par le résident psychiatre sans aucune recommandation de prise en charge psychothérapeutique. Paykel et al. (223) enregistrent cette absence de recommandation de traitement chez huit pour cent des suicidants. En outre, si un nombre non négligeable de suicidants récidive, il faut bien constater que pour la majorité des patients l'acte suicidaire reste isolé. Lors du premier contact avec un suicidant, après avoir évalué la présence éventuelle d'un état dépressif majeur et après avoir apprécié le risque d'une récidive ou d'un suicide, il est raisonnable de se poser la question de la nécessité d'un traitement autre que la simple intervention de crise en cours. Comme le signalent Frances et Clarkin (102), la littérature scientifique nous donne peu de renseignements validés pour nous aider à établir dans quel cas «l'absence de traitement» est la prescription de choix. Ces auteurs estiment qu'une des indications possibles est la forte probabilité d'une amélioration spontanée. Ceci est probablement le cas pour un nombre, indéterminé à ce jour, de suicidants. Il y a plusieurs avantages à cette abstention thérapeutique : protéger le patient d'un dommage iatrogène éventuel, lui éviter de perdre du temps et de l'argent, retarder la thérapie jusqu'à un moment plus propice, protéger et consolider les gains d'un traitement antérieur, procurer au patient l'opportunité de découvrir qu'il est capable de faire face seul à ses difficultés (102). Nous manquons actuellement de critères objectifs pour prendre cette décision. Frances et Clarkin affirment que les patients les plus susceptibles d'aboutir à des améliorations spontanées sont par exemple ceux qui vivent simplement une réaction de deuil. Ils insistent sur le fait que tous les êtres humains n'ont pas besoin de traitement pour faire face à une crise existentielle.

A la fin de l'entretien d'évaluation réalisé au sein même de la crise suicidaire ou dès la reprise de conscience du suicidant, la décision de la nécessité d'un traitement ultérieur risque fréquemment de se heurter à une difficulté spécifique à ce type de patient. Décider d'un traitement est un acte bilatéral même si de nombreux médecins l'oublient parfois. Or, de nombreux suicidants ne sont eux pas du tout favorables à une telle décision. Bogard (26) constate que trente-deux pour cent des suicidants vus à la garde psychiatrique sont adressés à une consultation et que seulement dix pour cent d'entre eux s'y présentent. Paykel et al. (223) font une constatation semblable puisque seuls quarante-cinq pour cent des patients envoyés à la consultation se présentent au premier rendez-vous. Ceux qui se présentent le moins souvent sont les sujets les plus jeunes, les noirs, ceux dont le plan de suicide était le moins spécifique et la motivation pour la tentative de suicide la moins claire. Ces caractéristiques pourraient s'expliquer par une aliénation par rapport aux valeurs de la classe moyenne. Hawton et al. (136) constatèrent également que l'appartenance à la classe sociale moyenne ou supérieure permettait de prédire significativement l'adhésion au traitement. Parmi les patients qui ne venaient pas au rendez-vous soixante et un pour cent avaient pris de l'alcool au moment de la tentative de suicide pour seulement vingt-cinq pour cent de ceux venant au rendez-vous fixé. Il n'y a pas de remède absolu à ces difficultés. Certaines dispositions semblent cependant augmenter la régularité de la présence aux consultations proposées: le recours à un rythme de consultations flexibles proposées à des groupes hautement sélectionnés (135), la prise directe de rendez-vous et du premier contact avec le centre de consultations non pas par le suicidant mais bien directement par le résident psychiatre (247). Face à des patients irrémédiablement résistants à l'idée d'une prise en charge psychothérapeutique ultérieure à un centre de consultations, il reste toujours la possibilité déjà citée de recourir à des contacts par téléphone ou par lettre, ou de proposer des visites à domicile.

2. *Cadrage du traitement*

Dans une enquête menée au sein de la population générale, Ginsburg (106) a observé que la majorité des gens considèrent la tentative de suicide comme quelque chose qui «arrive à la personne» plutôt que comme un acte posé délibérément. Au cours des années 1960, le concept de tentative de suicide comme «appel à l'aide» a également déplacé la responsabilité de l'acte sur l'entourage qui n'avait pas entendu les appels indirects prémonitoires (95). Pour Lowental (175), l'accent exagérément mis sur l'aspect de la conduite suicidaire comme communication sociale amène fréquemment le sujet à considérer son acte passé ou futur comme la simple utilisation d'une arme sociale puissante, susceptible d'aboutir à un large écho et à un bénéfice réel. Cet auteur insiste donc sur la nécessité de considérer le suicide comme un choix délibéré de mourir, choix réaliste, selon lui, dans certaines circonstances extrêmes comme une détérioration intellectuelle due à un grand âge ou une souffrance somatique extrême dans le cadre d'un cancer. Pour lui, il est important de souligner la différence entre ce caractère réaliste de certains suicides dans des circonstances extrêmes et l'acte posé par la plupart des suicidants. Il estime que cette attitude est susceptible de diminuer la tendance à «jouer avec le feu» de nombreux suicidants. Il peut cependant être utile de reconnaître avec Mintz (196) que la tentative de suicide a parfois une certaine fonction adaptative. Présentée au début de la prise en charge thérapeutique, cette affirmation aidera à diminuer la pauvre image d'eux-mêmes qu'ont un certain nombre de suicidants. Nous leur dirons donc que nous réalisons qu'une tentative de suicide est aussi un effort, souvent déguisé et maladroit, de solutionner un problème personnel. Klopfer (160) estime d'ailleurs que les conduites suicidaires sont apparentées au mythe de la renaissance, à l'idée de mourir pour renaître ultérieurement à une nouvelle signification de la vie. Il suffit de se rappeler le symbole archétypique du voyage dans la nuit du Héros. On peut donc souligner au sujet que la crise suicidaire constitue en soi un moment fécond, une occasion de changement. Ceci dit, deux points doivent être affirmés sans équivoque.

1. Si la tentative de suicide a une fonction adaptative, elle est avant tout le signe d'un manque de conduites adaptatives efficaces et réalistes dans le répertoire du sujet. Le traitement va donc viser non seulement à la diminution, puis à la disparition des différentes conduites suicidaires, mais également à la mise en place et à la consolidation de conduites plus adaptées.

2. La responsabilité d'une récidive ou d'un suicide ultérieur repose entièrement sur les épaules du patient, même si le thérapeute est disponible pour aider le sujet à éviter un tel acte.

On peut proposer au sujet la métaphore suivante: dans un parcours particulièrement difficile de rallye automobile, le thérapeute est comme le navigateur qui décrit au fur et à mesure la route et la conduite proposée au chauffeur. Le patient est le conducteur qui tient le volant et qui est finalement responsable de ce qui arrive en bien ou en mal au véhicule lancé sur la piste dangereuse. Il est de même responsable de ce qu'il fait de sa vie.

3. *Les différents niveaux de contrats thérapeutiques*

La relation psychothérapeutique est, par définition, une situation contractuelle impliquant une série d'obligations bilatérales. Le contrat va définir le cadre de référence et les règles de fonctionnement de la thérapie. Certaines thérapies, souvent définies comme contractuelles, utilisent les premiers entretiens à la définition et à la négociation d'un but précis à atteindre. L'abandon par le patient des conduites suicidaires (idées, menaces, tentative de suicide et suicide) constitue certainement un objectif thérapeutique clair et précis. Ce but de traitement se traduira par un «contrat de non suicide». Cet outil thérapeutique particulier fut proposé pour la première fois par Drye, Goulding et Goulding (78). Nous proposons quatre niveaux d'application thérapeutique de ce contrat de non suicide (312).

a) *Evaluation du risque suicidaire*

Constatant l'absence de techniques précises permettant de mesurer le risque suicidaire, Drye, Goulding et Goulding proposèrent d'impliquer directement le patient dans cette évaluation. Leur technique consiste à investiguer avec le patient ses idées de suicide. Dans ce but, le thérapeute lui demande de prononcer à haute voix l'engagement suivant: «quoiqu'il arrive, je ne me tuerai pas, ni accidentellement, ni volontairement, à aucun moment, quoiqu'il arrive». Ses réflexions et ses émotions par rapport à cet engagement sont ensuite examinées. Le patient qui refuse d'adopter cette affirmation est considéré comme suicidaire. Dans cette formulation, l'accent est volontairement mis sur l'aspect décisionnel des conduites suicidaires: le patient est responsable de leur existence. Il lui est possible d'exercer un auto-contrôle sur ses impulsions suicidaires.

b) *Contrat de non-suicide de protection*

Quant un patient se reconnaît lui-même suicidaire ou est considéré comme présentant nettement un tel risque, il est indiqué de négocier avec lui un contrat temporaire de non suicide afin de le protéger et de rendre la psychothérapie possible. Il s'agit d'un engagement clair et sans équivoque de ne recourir ni au suicide, ni à aucune autre forme d'autodestruction, même partielle. Comme, à ce moment, le patient refuse le plus souvent d'abandonner de façon définitive cette «porte de sortie» (face à ses difficultés), il est préférable de négocier un contrat de non suicide limité dans le temps. Cette limitation peut aller de plusieurs mois à une heure (le temps par exemple d'aller à l'hôpital le plus proche pour y être admis).

Il est important dans ce cas de ne pas oublier de renouveler ce contrat lorsqu'il arrive à son terme. Blacklidge (26) a en effet observé une recrudescence du risque suicidaire lorsque la limite de temps prévue par le contrat est dépassée. Il est crucial que le thérapeute manifeste combien il prend ce contrat au sérieux. C'est ainsi que Hipple et Cimbolic (141) déconseillent d'accepter de discuter avec le patient des conséquences d'une éventuelle rupture de ce contrat. Ils estiment en effet que la confiance manifestée par le thérapeute dans le respect certain du contrat de non suicide est un facteur essentiel. Il est parfois utile de rédiger par écrit cet engagement de non-suicide et de le faire signer par les deux parties (patient et thérapeute). A plusieurs reprises, nous avons rencontré des patients qui, en proie à une recrudescence d'idéations suicidaires, se rappelaient de la présence dans leur portefeuille de ce contrat écrit. Wilmotte et Fontaine (311) ont déjà insisté sur l'utilité préventive de l'identification des stimuli discriminatifs négatifs spontanément utilisés par le sujet face à l'idéation suicidaire. L'engagement contractuel du patient doit être suivi par une investigation avec lui des situations ou événements susceptibles de menacer le respect de cet engagement. Pour chacune des situations potentiellement suicidogènes identifiées, il y a lieu de rechercher avec le sujet quels sont les moyens qu'il aurait, dans de tels cas, pour s'aider à respecter son contrat temporaire de non-suicide.

c) *Contrat thérapeutique de non-suicide*

Nous pensons ici au contrat thérapeutique classique en thérapie comportementale. Il ne s'agit plus cette fois d'un simple engagement mais bien d'un plan de traitement complet. Il implique un accord bilatéral au sujet de ce qui constitue le problème et une acceptation mutuelle des buts et des moyens. Nous en avons déjà donné un exemple d'une telle analyse fonctionnelle dans le cas traité par Bostock et Williams (32). Rosen (160) a souligné l'intérêt de recourir à l'utilisation de contrats écrits de traitement avec les patients hospitalisés. Un tel contrat doit comprendre la sélection des buts du traitement, l'établissement d'une limite de temps, la sélection des méthodes comportementales choisies, la définition du rôle du patient. Un des deux exemples cliniques proposés par Rosen présentait une problématique suicidaire. Il s'agissait d'une femme de vingt-quatre ans, célibataire, admise pour une tentative de suicide médicamenteuse sérieuse. Son anamnèse montrait des tentatives de suicide répétées depuis l'âge de sept ans. La négociation de son contrat thérapeutique écrit comprenait quatre points et l'un d'entre eux était l'arrêt des comportements autodestructeurs. L'intérêt et la possibilité de recourir à un contrat thérapeutique dans les quarante-huit premières heures d'une admission d'un patient au sein d'une unité psychiatrique aiguë ont été également soulignés par Cook et Skeldon (55). Cela permet en effet d'éviter au patient de s'enfermer dans la passivité si caractéristique du rôle de «malade hospitalier». En outre, cela aboutit souvent à une meilleure communication entre les membres de l'équipe psychiatrique. L'utilisation régulière de tels contrats implique bien sûr l'établissement au sein de l'unité psychiatrique d'une culture éthique mettant l'accent sur le respect et la valeur de ces obligations contractuelles.

d) Décision définitive de non-suicide

Il s'agit ici en fait de la décision de ne plus recourir au suicide comme solution face à des crises existentielles et cela quelqu'en soit le degré de gravité. Nous ne possédons pas encore de recherche systématique permettant d'établir le degré d'efficacité d'un tel contrat. Seul des rapports de cas individuels (312) laissent suspecter une efficacité thérapeutique spécifique.

Nous pensons qu'un des intérêts majeurs du concept de contrat de non-suicide réside dans le recadrage que cela implique tant pour le patient que pour le thérapeute. Hendin (139) a souligné combien l'un des facteurs les plus léthals est la tendance du patient suicidaire à rendre quelqu'un d'autre responsable de sa survie. La négociation du contrat de non-suicide établit que la tentative de suicide ou le suicide est un acte délibéré dont seul le patient assume la responsabilité finale. Il amène également le sujet à reconnaître la façon dont il utilise sa mort potentielle comme un mécanisme adaptatif dans l'existence. Nous disposons donc là d'une technique puissante de restructuration cognitive.

4. Le traitement

Il n'est pas possible de décrire un déroulement thérapeutique stéréotypé suite à une tentative de suicide. L'approche comportementale est avant tout une volonté de travail méthodique avec génération d'hypothèses et vérification ultérieure. Chaque suicidant représente donc une sorte d'étude de cas unique. Le plan de traitement dépendra de l'analyse fonctionnelle réalisée. L'illustration des possibilités d'une telle démarche est présentée plus loin dans cet ouvrage à travers l'approche comportementale du cas A.S.

I. Conclusions

Il est illusoire d'être exhaustif dans un chapitre concernant les conduites suicidaires. Un double but était visé : d'abord une relecture plus comportementale d'un certain nombre d'acquis de la littérature suicidologique. Ensuite, la présentation du paradigme de la thérapie comportementale et de certaines de ses applications possibles face au suicidant. Beaucoup reste à faire dans ce domaine. Les études contrôlées d'efficacité manquent. Néanmoins, le clinicien peut trouver dès à présent dans la méthode d'analyse de cas de type comportemental un outil puissant pour soutenir son raisonnement clinique et son approche thérapeutique.

L'HOPITAL ET LA TENTATIVE DE SUICIDE

Le docteur Jean-Marie Bastyns est psychiatre à Bruxelles où il pratique la psychothérapie à partir du modèle de l'analyse transactionnelle. Il a travaillé en hôpital psychiatrique pendant sept années. Il devient alors assistant du docteur Jean Wilmotte à l'Hôpital Civil de Charleroi : pendant cinq années, il y travaille d'abord au sein de l'unité psychiatrique, puis il assume la fonction de psychiatre de liaison. Actuellement, il dirige un Centre de Guidance extra-hospitalier et le département d'analyse transactionnelle dans un hôpital psychiatrique bruxellois.

1. Introduction

La notion de suicide et de comportement suicidaire est abondamment reprise dans la littérature scientifique. Trop abondamment: le suicidologue qui y chercherait un cheminement rationnel et cohérent risque de se retrouver dans un labyrinthe semblable à ces jeux électroniques où chaque nouveau chapitre serait un autre piège, où la terminaison ne serait pas une fin mais un recommencement à la case départ. Il trouvera: des définitions multiples, se limitant parfois à une intention volontaire et consciente de se donner la mort ou incluant au contraire un comportement autodestructeur dans un sens très large, tels des équivalents suicidaires comme l'alcoolisme, la toxicomanie, certaines conduites automobiles; des causes, des motivations suicidaires, l'association ou non d'une maladie mentale et par conséquent la possibilité d'un comportement suicidaire indépendant d'un trouble psychiatrique; une surabondance de chiffres, de statistiques, de fréquentes tentatives de globaliser certains comportements suicidaires et de les relier dès lors à des composantes biologiques, sociologiques ou psychologiques; une dimension juridique et ses implications de responsabilité et d'entrave inévitable à la liberté thérapeutique, par exemple la notion de non assistance à personne en danger de mort; l'existence et le développement récent de groupements défendant le droit au suicide, l'apparition d'ouvrages à grand succès littéraire, par exemple le récent livre de Claude Guillon et Yves Le Bonniec «Suicide: mode d'emploi» (56, 72, 125, 199), l'ambiguïté du pouvoir politique qui tolère la vente de tels livres dans certains pays et l'interdit dans des pays limitrophes.

Et pourtant, chaque jour, de nombreux soignants se retrouvent à l'hôpital face à des comportements suicidaires et doivent choisir des attitudes thérapeutiques. Ils s'occupent de situations d'urgence et de crise, en salle de réanimation ou dans les premières heures d'admission hospitalière.

Ils les accompagnent en période post-hospitalière dans ces périodes de transition où l'idéation suicidaire est minimisée, peu présente en apparence mais parfois prête à réapparaître en coup de tonnerre. Ils rencontrent aussi des personnes sans histoire suicidaire mais portant en elles le germe d'un suicide ultérieur possible, ce qu'on appelle parfois «la petite porte ouverte ou entrouverte sur la mort volontaire». Ils rencontrent enfin les casse-cou, les toxicomanes, ceux dont le comportement autodestructeur semble évident.

Ce chapitre va s'appliquer uniquement au monde hospitalier et se veut une réflexion pratique, le bilan d'un travail de face à face avec le suicidant, un instrument voire un mode d'emploi utile au psychothérapeute mais aussi à toute personne, quelque soit son statut professionnel ou relationnel, qui se trouve à l'hôpital face à un comportement suicidaire.

Une question préliminaire s'impose : pourquoi établir une différence entre thérapeutes hospitaliers et extra-hospitaliers, pourquoi accorder tant d'importance à l'hôpital? Tout d'abord, l'hôpital est la réponse privilégiée à la situation d'urgence. Particulièrement en périodes de fin de semaine ou de nuit, sa disponibilité est d'autant plus évidente que la grosse majorité des autres structures d'aide ferment leurs portes et se bardent au mieux d'un répondeur téléphonique. Aide permanente donc mais aussi ouverte à toutes les bourses. La disponibilité de l'hôpital va au-delà de la réponse médicale, elle s'ouvre également aux problèmes sociaux et financiers, de façon de plus en plus accentuée dans le contexte de crise économique actuelle. Donc, l'hôpital ne ferme pas à une certaine heure, il soigne tout le monde quelque soit le budget disponible mais aussi il apporte un havre de repos et de confort: on y mange, on y dort, on y reçoit du linge propre.

L'hôpital est un monde d'exclusion, de mise à l'écart et sous surveillance du patient marginal. Or, faire une démarche suicidaire, c'est être différent de la majorité des gens, c'est être un peu fou et peut-être dangereux.

Enfin, au-delà du malade, la protection hospitalière s'étend au thérapeute. L'usage du pouvoir médical y est plus facile, renforcé par la structure, moins dangereux aussi par la dilution des responsabilités.

Sur le plan juridique, une erreur thérapeutique commise au sein d'une équipe hospitalière aura probablement moins d'impact que si elle a lieu en pratique médicale individuelle. Ou encore, sur un plan plus pratique, imaginons un suicidant persistant ou escaladant dans une agitation psychomotrice autodestructrice: la contention médicamenteuse ou physique y est, bien entendu, plus facile. L'assurance d'une permanence médicale est également précieuse: sa journée terminée, le thérapeute est assuré du suivi de son patient.

Prenons ici plusieurs exemples d'hospitalisations dans le cadre de tentatives de suicide*.

Exemple n° 1

François F., 32 ans, sans antécédent psychiatrique. Il connaît des difficultés socioprofessionnelles depuis deux ans. A la suite d'une diminution de ses revenus, il a déménagé et s'est installé avec sa famille dans une cité d'habitations sociales. L'adaptation est mauvaise, le couple évite le voisinage et a des relations difficiles avec un milieu essentiellement ouvrier. F. se plaint d'un travail stressant, son patron est exigeant et lui fait de nombreux reproches. C'est au bureau qu'il fait un épisode d'agitation anxieuse, il avale en présence de ses collègues le contenu d'un flacon de tranquillisants.

Les premiers jours de l'admission, F. est fort en repli, il ne quitte pas son lit, il exprime un vif découragement. L'observation, la passation de questionnaires et d'examens psychologiques permettent de poser le diagnostic d'état dépressif névrotique. Une triple orientation thérapeutique est définie: éloignement du milieu stressant avec repos hospitalier pendant trois semaines, chimiothérapie par tranquillisants et par antidépresseurs à doses élevées, préparation à un suivi psychothérapique post-hospitalier avec convalescence avant la reprise de travail. L'amélioration est rapide et, en dehors d'une persistance de la sensation de fatigue, on peut parler de guérison de l'état dépressif à la sortie de l'hôpital. Quinze jours plus tard, F. reprend ses activités professionnelles. Il va bien, il n'exprime plus aucune idée suicidaire. En accord avec le psychiatre, il arrête assez vite de le consulter.

Exemple n° 2

Aline B., a 25 ans. Elle est admise à l'hôpital suite à une prise massive de médicaments diurétiques. Elle est célibataire, vit dans une

---

* Dans les exemples présents et à venir, l'anonymat a été préservé par une modification du prénom et des éléments présentant un risque d'identification de la personne.

petite maison avec sa mère et sa grand-mère. Elle présente depuis plusieurs années des troubles comportementaux caractérisés surtout par des prises abusives de médicaments de toutes sortes, des difficultés relationnelles avec périodes de repli dans sa chambre, elle reste parfois plusieurs jours sans contact avec autrui. Bien qu'on ne puisse parler de psychose, il s'agit d'une personnalité fragile avec une symptomatologie de type obsessionnelle. Elle est hospitalisée en service de médecine mais elle bénéficie immédiatement, en accord avec le médecin interniste, d'un soutien psychiatrique régulier. Alors qu'elle n'avait jamais auparavant accepté d'aide psychologique, elle va commencer une psychothérapie extra-hospitalière au rythme d'une séance hebdomadaire et va la poursuivre pendant plusieurs années.

Trois ans après la sortie d'hôpital, on peut noter une amélioration spectaculaire au niveau de l'affirmation de soi, une meilleure socialisation, un arrêt des prises médicamenteuses; elle a fait des stages à l'O.N.E.M.* et une reprise prochaine d'une activité professionnelle est probable. Depuis plusieurs mois, elle a une liaison avec un étudiant, cohabitant avec lui de façon épisodique et elle n'a pas été réhospitalisée. Elle continue actuellement sa psychothérapie individuelle: en début de traitement et pendant une période de 14 mois, elle a également participé à un groupe psychothérapique ambulatoire.

Exemple n° 3

Sylvie D., 56 ans, a un passé psycho-social chargé. L'enfance est malheureuse: elle est battue, placée dans divers homes. Après un échec conjugal, lié surtout à l'éthylisme et à la brutalité du mari, elle vit seule, aidée par les services sociaux communaux. Elle a été hospitalisée à plusieurs reprises en département psychiatrique à la suite de tentatives de suicide. Par deux fois étaient associés des éléments de la lignée psychotique, à savoir un délire paranoïaque et des hallucinations auditives. Elle est réadmise suite à une tentative de défenestration en plein délire de persécution.

Les premiers jours, le risque suicidaire reste élevé, il est nécessaire de maintenir une sédation médicamenteuse importante et une surveillance hospitalière stricte. Il est prescrit des médicaments neuroleptiques qui vont progressivement gommer les thèmes délirants, on prévoit de maintenir un traitement médicamenteux en suivi ambulatoire. Parallèlement une psychothérapie et un encadrement par les différents services sociaux sont pratiqués. L'équipe psychothérapique, formée

---

* Office National de l'Emploi.

essentiellement du psychiatre et de deux infirmières, met particulièrement l'accent sur le problème suicidaire et, au cours d'une des dernières séances psychothérapiques hospitalières, D. s'engage fermement à ne plus faire de passage à l'acte auto-agressif : elle rédige cet engagement avec l'aide des thérapeutes, il s'agit ici d'un contrat non-suicide (312), pratique dont nous reparlerons dans un chapitre ultérieur. Un recul de 4 ans montre l'absence de récidive suicidaire. D. souligne d'ailleurs le rôle actif que joue son engagement, elle porte toujours sur elle son contrat écrit. Il faut cependant noter deux brèves rechutes hospitalières suite à des conflits avec le voisinage, avec réapparition transitoire des éléments délirants et hallucinatoires.

Exemple n° 4

Robert L., 48 ans, sans antécédent psychiatrique. Marié, une fille étudiante à l'Université, il est infirmier. En fin de week-end, il absorbe une quantité importante de barbituriques : il est découvert accidentellement par sa fille, revenue de façon impromptue à la maison. Hospitalisé en état comateux, il reste quelques heures en salle de réanimation puis est transféré en psychiatrie. L. se montre peu collaborant, il méconnaît tout problème psychiatrique : il se dit honteux d'avoir échoué dans sa démarche suicidaire et il regrette d'être encore en vie. Il estime sa vie sans attrait, son métier l'intéresse peu et les conflits hiérarchiques sont fréquents. Sa fille est adulte et elle n'a plus besoin de lui. La vie conjugale est décrite comme terne, désaffectivée, sans chaleur et intérêt mutuel. Pendant la dizaine de jours d'hospitalisation, L. se montre passif, en repli dans sa chambre mais apparemment assez satisfait des sollicitudes dont il fait l'objet : visites des collègues de travail et de la famille, chambre confortable et abondamment fleurie, soins infirmiers adéquats et chaleureux. Tant la passation des questionnaires et des tests psychologiques que l'observation clinique ne montrent pas d'état dépressif. Un soutien psychothérapique est proposé à la sortie, mais refusé. Il persiste une idéation suicidaire certaine, mais banalisée et minimisée : L. rassure d'ailleurs les thérapeutes, il ne recommencera pas de sitôt.

Ces exemples de tentatives de suicide ayant entraîné une hospitalisation en hôpital général ont des contextes psycho-sociaux assez différents.

- Le premier montre une évolution satisfaisante rapide avec disparition apparente des idées suicidaires.

- Le deuxième montre, lui aussi, une disparition de la composante auto-agressive et suicidaire chez la patiente : il s'agit cette fois d'un processus beaucoup plus progressif ou l'élément dominant est une psychothérapie stricte en post-cure.

- Le troisième montre un contexte psychiatrique plus chargé : une bonne association de chimiothérapie, de psychothérapie et de sociothérapie avec coordination étroite entre équipes hospitalières et extra-hospitalières améliore nettement le pronostic.

- Enfin, le quatrième exemple, même s'il s'inscrit dans un contexte socio-professionnel perturbé et dépressogène, implique un diagnostic de non-maladie mentale. Le pronostic de récidive suicidaire reste présent à long terme. Les bénéfices liés à l'hospitalisation et au repos professionnel ont néanmoins permis une régression importante des fantasmes suicidaires et un nouveau passage à l'acte dans les semaines et mois à venir paraît exclu.

Il apparaît un élément commun à ces 4 exemples apparemment fort différent : l'hospitalisation y est source de dédramatisation, elle permet un précieux temps de pose entraînant au mieux l'élaboration d'une stratégie thérapeutique adaptée, au pis un refuge transitoire et une sédation de l'auto-agressivité. Ceci implique un double propos : d'une part, hospitalisation et comportement suicidaire vont souvent de pair ; d'autre part, le séjour hospitalier, adapté individuellement dans sa durée et dans son processus, peut être un élément aidant pour le suicidant. Nous soulignons ici cet aspect positif, indépendamment de toute justification ou interprétation critique qui pourrait en découler sur le rôle de l'hôpital, sur la qualité de son fonctionnement ou même sur sa raison d'exister.

2. L'hôpital général

1. L'histoire du médecin et du suicidant

Ceux qui ont déjà travaillé en milieu hospitalier ne seront pas surpris de ce titre. En effet, le médecin est le personnage central qui influencera le plus l'histoire hospitalière du patient, parce que la structure et le fonctionnement de nos hôpitaux veulent que ce soit lui qui prenne les décisions et choix thérapeutiques.

Imaginons l'exemple d'un médecin en service de garde hospitalière et appelé auprès d'un patient admis en urgence suite à une tentative de suicide. Accompagnons-le dans ses pensées et balayons avec lui le champ des interrogations, des réponses possibles et des options thérapeutiques qui en découleront.

Une question préliminaire évidente est : «*y-a-t-il comportement suicidaire?*». Les définitions du comportement suicidaire sont nombreuses et variables. La réponse sera donc souvent incertaine et très subjective. Par exemple, l'absorption de trois comprimés d'un hypnogène va-t-elle rentrer dans le cadre d'une tentative de suicide ou dans celui d'un abus médicamenteux? La défenestration est-elle voulue ou accidentelle? Le déclenchement d'une arme à feu que l'on nettoyait est-il bien lié à une maladresse involontaire? L'entretien avec le suicidant ne clarifie pas toujours la réponse et la déformation volontaire de la description des faits et de l'idéation suicidaire associée est fréquente :

le patient qui craint une sanction pénale se méfie des réactions d'hostilité ou de rejet de l'entourage; la famille, s'effrayant de sa responsabilité possible, se culpabilise ou encore redoute des conséquences matérielles, telles des difficultés de paiement d'une prime d'assurance en cas d'issue fatale; la relation entre le suicidant et le médecin devient conflictuelle, ou plus simplement l'état de fatigue et l'inattention de ce dernier induit une écoute inadéquate ou incomplète.

Le premier et élémentaire diagnostic de comportement suicidaire est souvent imprécis, et pourtant c'est un point capital. Sur le plan thérapeutique, la réponse des équipes aidantes dans la situation de crise et de première urgence est primordiale, tant dans l'immédiat que pour réussir une prise en charge psycho ou sociothérapeutique ultérieure. Dans la recherche en suicidologie, l'impact d'un diagnostic erroné peut être lourd de conséquence. On observe trop souvent la mise en pratique d'études de suicidants où, malgré une méthodologie parfois hautement structurée et d'une rigueur scientifique tout à fait adéquate, les résultats sont manifestement biaisés à la base par un choix arbitraire des sujets étudiés. Par exemple, la mise en route dans un service hospitalier d'une étude sur le comportement suicidaire entraîne fréquemment une augmentation significative, dans l'ensemble des cas psychiatriques répertoriés, du pourcentage de suicidants. Plusieurs facteurs sont à la base de ce phénomène : une attention plus grande à ce diagnostic, soutenue par les réunions d'équipe et les séminaires, le désir de plaire au chef de service «en faisant progresser l'étude», l'espoir d'augmenter le nombre de cas et donc la validité d'une étude ou une publication plus rapide des résultats.

Une autre interrogation, fondamentale dans ses implications, se pose prioritairement: *s'agit-il d'un problème psychiatrique?* Faut-il relier la démarche suicidaire à la maladie mentale? Particulièrement dans le cas d'une persistance de l'idéation suicidaire, d'un risque de prochain passage à l'acte, comment va se situer le thérapeute? Responsabilité juridique, déontologie, éthique et morale, respect humain et tolérance vis-à-vis d'une démarche marginale, autant de paramètres qui vont s'entrechoquer et parfois même s'opposer.

Reprenons l'exemple du médecin de garde, et appelons-le pour la facilité le docteur S. Il s'interroge: si le patient présente une image de normalité mentale, s'il est calme, s'il est ni agité, ni délirant, ni halluciné, s'il est apparemment non-fou, faut-il, dans ce cas, associer le comportement suicidaire à la maladie mentale? Notre médecin est sage, il décide de s'en référer à la littérature scientifique et il court à la bibliothèque de l'hôpital.

Noblesse oblige, il y sélectionne l'habituel et épais manuel de psychiatrie (93). Du doigt, il repère le mot suicide: l'index indique trois chapitres de références. Le premier chapitre a pour titre les réactions anti-sociales. Le suicide y prend place au côté des fugues, attentat aux mœurs, vol, incendie, homicide. Le deuxième chapitre est une annexe aux urgences psychiatriques en pratique hospitalière. Il comprend une page d'épidémiologie et de statistiques générales. Il définit ensuite huit causes de suicide: les dépressions, responsables de la majorité des cas; les délires; les personnalités psychopathiques; l'épilepsie; l'alcoolisme et la toxicomanie; la démence; l'arriération mentale; les troubles chez l'enfant et chez l'adolescent. Enfin, quelques brèves lignes sur la prévention, soulignant l'importance de la phase pré-suicidaire et la nécessité d'une écoute et d'une disponibilité. La troisième référence, intégrée dans le chapitre concernant les dépressions, est encore plus succincte: on y associe le danger du suicide aux crises dépressives aiguës.

Le Docteur S. est perplexe. Certes, son patient avait un peu abusé d'alcool dans les dernières heures, mais on ne peut parler d'alcoolisme. Bien sûr, la famille parle de traits dépressifs ces derniers temps, il était peu en forme, pessimiste. Mais les symptômes décrits sont insuffisants pour donner un diagnostic de dépression. Et puis, ce médecin se sent mal à l'aise avec la réflexion suivante, fréquemment émise en milieu hospitalier: «tout suicidant est un malade mental, le suicide est un symptôme à rattacher à l'une des maladies du cadre nosographique habituel ou encore à un déséquilibre caractériel et névrotique. Il faut être plus ou moins fou pour se tuer». Bien qu'il ait longuement parlé à son patient, qu'il ait observé avec attention, il ne met pas en évidence de syndrome psychiatrique ou de déséquilibre psychologique francs.

Formulons ici une parenthèse sur les abondantes ressources bibliographiques concernant les comportements suicidaires. Dans l'exemple, le médecin s'est contenté de son manuel classique de psychiatrie, son outil quotidien de base. Imaginons qu'il ait eu le temps, la volonté et la patience de réaliser un tour complet de la bibliographie existant sur le sujet.

Une telle hypothèse est théorique.

En 1927 déjà, Rost collecte 3.750 titres spécifiquement consacrés au thème du suicide. Bibliographie probablement déjà incomplète, ne reprenant de surcroît pas les différents ouvrages rédigés dans les 55 années ultérieures, ignorant les innombrables articles publiés dans les Acta, revues et journaux scientifiques. Avalanche de réflexions et de chiffres plus propres à donner le vertige, à rendre le suicidologue perplexe et à stresser le thérapeute qu'à leur proposer quelques ébauches cohérentes de cheminement thérapeutique.

Ce foisonnement de littérature scientifique, cette rage de publier, cette course au plus grand nombre de «papiers» qui s'échellonnent de colloques en congrès impliquent que beaucoup d'articles ont une valeur et une utilité relatives.

Les divergences sont habituelles entre praticiens et théoriciens, entre thérapeutes et chercheurs, voire entre médecins et non médecins — et il est fréquent d'observer les débats les plus contradictoires entre médecins d'une part, psychologues, infirmiers et travailleurs sociaux d'autre part. L'origine en est complexe: les conflits de pouvoir, les rivalités d'équipe, la soif de publier, mais aussi la charge de mystère et d'interrogations propres au comportement suicidaire y ont leur place.

Il est indispensable que recherche et thérapie soient plus proches l'une de l'autre, que les apports spécifiques des divers intervenants tendent vers une approche globale. Cette collaboration, au sein d'équipes pluridisciplinaires mais aussi avec le monde extérieur à l'équipe hospitalière, sera abordé ultérieurement.

Certains ouvrages tranchent par leur qualité et il serait injuste de ne pas le souligner. Comment ne pas rendre hommage au remarquable livre de Baechler (8), historien et sociologue, qui vaut autant par la richesse de ses sources que par sa réflexion propre. Mais, même la lecture de ce digest — tout relatif en ses 600 pages — ne serait que peu d'aide à notre Docteur S., et l'expression dans les conclusions de son «scepticisme irréductible à l'égard de toutes les tentatives de prévention ou de prophylaxie du suicide» seraient bien propres à augmenter sa perplexité.

Et s'il n'y a pas de pathologie psychiatrique?
S'il apparaît une symptomatologie psychiatrique classique, notre médecin sera soulagé. Il a des options thérapeutiques, le plus souvent médicamenteuses, il les connaît et elles sont d'ailleurs répertoriées et décrites dans ses livres. Il peut donc d'abord définir la maladie, puis aider le malade à l'hôpital même ou en suivi extra-hospitalier. La non collaboration éventuelle de son patient n'est pas un problème majeur en soi: suivant l'importance des symptômes et l'appréciation subséquente des risques d'aggravation ou de récidive, le Docteur S. pourra imposer le maintien hospitalier, éventuellement avec l'appui d'une sédation médicamenteuse voire même avec une décision de collocation, ou encore il pourra autoriser la personne à une sortie contre avis médical et sous sa pleine responsabilité. Il existe d'ailleurs des formulaires dits de sortie exigée, préimprimés et régulièrement utilisés dans

les services de garde des hôpitaux. Imaginons la situation bien plus complexe de diagnostic de non-maladie mentale. Ceci implique un axiome préalable : il faut en effet un médecin sûr de lui, suffisamment à l'aise dans ses connaissances médicales, dans sa relation avec l'équipe médicale collaborante et avec ses supérieurs hiérarchiques pour qu'il puisse envisager un tel diagnostic. Hypothèse hardie : ceux qui pratiquent en médecine hospitalière savent bien que les rôles de garde en première urgence, souvent ingrats par le contexte stressant et par leurs horaires exigeants, sont tenus par les plus jeunes, la plupart du temps dans le cadre de leur formation post-médicale en psychiatrie. L'appel du résident psychiatre se fait presque toujours par l'intermédiaire de l'infirmier de garde, éventuellement par le résident médecin ou par le résident réanimateur. Cet appel implique le postulat qu'il y a problème psychiatrique au départ, donc pathologie mentale : cette confusion, méconnaissant tout rôle psychothérapique ou sociothérapique en dehors d'un contexte de maladie, est malheureusement fréquente à l'hôpital. Mal réveillé, un peu anxieux, un manuel psychiatrique de poche dans sa veste, le jeune Docteur S. s'amène en courant.

La meilleure réassurance possible, c'est de «ne pas être seul», d'affronter le problème avec la présence et le soutien chaleureux des autres ; c'est partager leurs tasses de café, leurs cigarettes, leurs plaisanteries, mais aussi leurs croyances. Confirmer le diagnostic d'une pathologie mentale existante ou même dramatiser la situation, c'est non seulement faire corps et souder toute l'équipe de garde face au cas-problème, c'est aussi accepter de recourir à l'arsenal thérapeutique, à la chimiothérapie et parfois utiliser des procédés de contention physique. Sanctifier la pathologie mentale, c'est se rassurer en se donnant un pouvoir de fait. Par contre, dédramatiser le problème, le ramener à des dimensions non médicales mais psychosociales, c'est d'abord accepter d'être un homme face à un autre homme, les mains nues, sans recette pseudo-magique. C'est accepter de partager parfois le désarroi de l'autre, de pénétrer dans son découragement et sa détresse pour l'accompagner vers des solutions meilleures. C'est donc avant tout avoir l'affirmation de soi, la sûreté de diagnostic, la chaleur et l'efficacité psychothérapique, le courage d'avoir comme objectif prioritaire, unique et à tout prix l'intérêt de l'autre. Un intérêt réfléchi, non caricaturé par la notion de «bien médical», mais profondément humaniste.

Revenons à l'exemple, tout en observant qu'il devient de plus en plus théorique. Imaginons que le médecin, intègre, calme et sûr de son diagnostic, exclue toute pathologie mentale : son patient est sain d'esprit. Face à une difficulté de couple, devant un contexte socio-familial qu'il estime trop décevant ou souffrant d'une maladie grave et incurable dont il connaît le décours, il exprime paisiblement son découragement et son ras-le-bol de la vie. Plein de sympathie pour le Docteur S., il apprécie ses efforts chaleureux et sa dialectique habile destinée à contrer l'idéation suicidaire. L'argumentation est solide, elle est présentée d'une façon sympathique, mais il n'est pas preneur. Le lavage d'estomac reçu quelques heures auparavant l'a soulagé de l'excès des tranquillisants absorbés, il se sent mieux et il veut retourner chez lui. Il pense toujours que le suicide est la solution la moins mauvaise face à ses nombreux problèmes; non merci, il ne souhaite pas d'aide. Un numéro de téléphone? Inutile, d'ailleurs il n'a pas d'appareil chez lui.

Le Docteur S. est de plus en plus embarrassé. Que faire de ce patient encombrant? Si encore il prend le libre choix d'un suicide à moyen ou à long terme, après tout c'est son problème. Mais s'il y a passage à l'acte plus rapide, dans les prochains jours, voire même dans les heures à venir? Quelle responsabilité juridique! Une plainte de la proche famille, voire même d'amis ou de voisins est prévisible, des tracasseries de l'Ordre des Médecins sont possibles. Peut-être posera-t-on l'accusation ferme de non-assistance à personne en danger, avec sanctions et suspension de pratique médicale éventuelle. Que mettre dans le rapport qui sera consulté par le chef de service le lendemain matin? L'idéation suicidaire est un symptôme, non une maladie. Que noter dans la rubrique principale, celle du diagnostic? Ne rien mettre, alors qu'il y a des fantasmes suicidaires, c'est gênant. Bien sûr, on peut signaler un «état dépressif»; mais les critères de l'examen mental pratiqué n'y correspondent pas. Et puis une dépression cela se soigne, comment expliquer la non-prescription de médicaments antidépresseurs et d'une psychothérapie. Dommage que le contexte socio-familial aisé ne permette pas le diagnostic de «cas social»: c'est en effet une formule souple, qui par son flou et sa connotation péjorative, marginalisée, compense assez bien l'absence de diagnostic médical.

Le Docteur S. devient de plus en plus énervé, il commence même à vivement s'irriter. La situation ne peut pourtant s'éterniser. Après tout, il n'a jamais demandé à ce patient de venir à l'hôpital, le jour même où il est de garde. D'ailleurs s'il y a choix suicidaire, que fait-il ici? Il aurait pu s'y prendre adéquatement, prévoir le retour prématuré d'un proche, l'appel à une ambulance et la réanimation rapide. Ce comportement est décidément suspect, d'ailleurs il avait un peu bu: et voilà que, non content de déranger les équipes d'urgence, bénéficiant même d'un médecin doué, attentif et adéquat, il s'obstine à refuser toute aide et veut repartir comme si de rien n'était! S. devient franchement furieux, voilà près de deux heures qu'il est réveillé et rien ne tourne rond : pas de diagnostic, pas d'engagement à une non-récidive suicidaire, pas d'acceptation à une hospitalisation, pas de motivation à un suivi psychothérapique. Après tout, comment n'a-t-il pas vu clair rapidement !

D'une écriture rapide, il remplit enfin à la rubrique diagnostic : « Troubles de la lignée caractérielle. Vu sa non-collaboration, le patient exige sa sortie contre avis médical et signe une décharge de responsabilité ». Puis, se tournant vers l'infirmier-chef, il ajoute : « Surtout qu'il signe avant de sortir. Et si jamais il claque la porte en refusant de le faire, noter bien dans le dossier qu'il y a eu fugue ! ». Rasséréné, d'un pas ferme, notre médecin s'en retourne alors vers un trop court mais juste sommeil.

Sans nier l'aspect caricatural de l'histoire du Docteur S., on ne peut parler de déformation péjorative d'une certaine réalité, de description d'une situation rarissime. Le risque d'une psychiatrisation abusive et systématique des comportements suicidaires est réel, ainsi que son corrollaire : des tentatives de suicide sont hospitalisées incognito, sous le prétexte d'une mise au point générale ou d'un besoin de repos loin du domicile, très souvent avec la complicité du médecin traitant. Il arrive, en hôpital général, dans le cadre d'une prise en charge par le psychiatre de liaison d'un patient décrit comme dépressif ou anxieux, que ce dernier l'informe, parfois des semaines après l'admission, que celle-ci était due à une tentative de suicide.

Si, par contre, il y a diagnostic psychiatrique posé face à un suicidant, la situation est professionnellement plus confortable. Tout d'abord, en terme de réponse au problème : le médecin a à sa disposition divers schémas de traitements, il peut choisir un cheminement thérapeutique qui lui apporte une orientation claire, rigide, d'emploi pratique par son rationnalisme et par sa connotation scientifique, et en même temps il peut à doses prudentes y mettre la fantaisie et l'originalité utiles dans la relation psychothérapique. L'authentification d'une maladie mentale permet donc au médecin de bien structurer la prise en charge de son malade. Elle le rassure sur son pouvoir et sur le bien-fondé de son intervention, elle le glorifie dans son statut de sauveur et de digne défenseur de la santé. Enfin, et ce n'est pas le moindre des avantages, elle permet au thérapeute de rentrer dans un monde de chiffres et de statistiques déculpabilisant et banalisant un échec ultérieur éventuel.

La récidive suicidaire n'est plus tellement la mort d'un homme, d'un individu qu'on a côtoyé dans sa souffrance intime et dans ses angoisses, cela devient par exemple « un des 8 à 10 % d'échecs statistiquement prévisibles dans telle catégorie de dépressions ».

On constate souvent que le comportement et l'idéation suicidaire, inévitablement notés et soulignés dans les premiers temps de l'admission hospitalière, se diluent dans la masse des résultats biologiques, observations et conclusions psychologiques, prennent de moins en moins d'importance et le plus souvent finissent par disparaître. Il est tout à fait habituel de rentrer à l'hôpital dans le cadre d'une crise suicidaire et d'en sortir avec une dépression, un éthylisme, des troubles de la lignée névrotique ou psychotique en traitement ou en voies de guérison. Le désir de mourir n'est admis qu'en tant que symptôme. Ce phénomène est à la fois le propre de la structure hospitalière qui sanctionne la mort, la définit comme l'échec majeur, la dissimule et l'escamotte vers ses salles mortuaires par des couloirs discrets et des ascenseurs confidentiels, et le propre du malaise, de l'angoisse de chaque thérapeute face à ses fantasmes autodestructeurs personnels.

2. Trois difficultés majeures

L'histoire du médecin de garde et la rencontre progressive de ses interrogations et de ses difficultés est exemplative des problèmes que rencontre le thérapeute hospitalier. Trois grands types de difficultés peuvent être mis en évidence: il s'agit de l'harmonisation du travail en équipe et paradoxalement de l'impression d'isolement que ressent souvent le médecin, du contexte d'urgence et de la nécessité une fois l'urgence passée d'établir des relais thérapeutiques, enfin de la formation à la thérapie du suicidant.

a) *Le travail en équipe*

Le médecin est isolé par sa formation professionnelle. Il a le pouvoir hiérarchique; il a la connaissance scientifique et lui seul peut prescrire certains actes techniques et ordonnances médicamenteuses. Il a le pouvoir décisionnel: il va orienter le cheminement thérapeutique, il va conseiller et guider le patient — on peut même dire « son » patient —, il va même éventuellement assurer le pouvoir de le maintenir en hôpital contre son gré. Un objectif prioritaire est donc de privilégier l'intégration du médecin au sein d'une équipe pluridisciplinaire et dynamique. Hors, cette équipe est théoriquement présente: confrères à différents niveaux de la hiérarchie médicale, infirmiers, travailleurs sociaux, aidants sont soit directement disponibles, soit appelables par téléphone. Même si certains travailleurs tels que les assistants sociaux sont fréquemment en sous-nombre, on peut donc dire que l'équipe existe : il s'agira d'harmoniser son fonctionnement, de donner à chacun sa place et de stimuler sa participation active dans les objectifs communs, d'éviter les règlements de compte ou la fuite dans la passivité qui risquent de morceler ou d'annihiler la dynamique du groupe (11).

Chaque membre se définit en premier lieu par sa formation professionnelle et sa fonction principale en découle. L'infirmier (104) est le régisseur tranquille du territoire hospitalier, protégeant et chaleureux mais aussi directif et sûr de son rôle parental; l'assistant social est la fourmi voyageuse, affrontant les pièges et dédales socio-administratifs; le psychologue est l'intellectuel prudent, bardé de questionnaires et de tests; l'ambulancier, actif et parfois gouailleur est l'homme de liaison entre le ciel ouvert et la lumière jaune des néons; et l'hôtesse d'accueil, et la nettoyeuse, et la bénévole et bien d'autres s'inscrivent encore dans cette constellation qu'est une équipe hospitalière.

C'est volontairement que sont repris ici des images traditionnelles, des clichés qui collent aux travailleurs, car ils sont une part importante de leur réalité. Il est bon que la fonction de base de chacun soit clairement définie, non en un enfermement dans des cloisons professionnelles mais au contraire en une structuration rassurante, complémentaire, éventuellement permissive à d'autres fonctions plus originales et plus créatives. Ainsi, l'infirmier qui est au clair dans sa fonction professionnelle pourra accessoirement s'impliquer dans une démarche de type psycho-social, par exemple d'élaboration d'anamnèse ou même d'intervention thérapeutique au sein de l'entourage familial d'un suicidant. Si par contre, sa fonction principale lui est ambiguë et qu'il mixte sans contrat clair des activités de soins infirmiers et d'investigation sociale, des tensions ultérieures à l'équipe sont prévisibles : conflits de compétence, de pouvoir, discontinuité dans les complémentarités interprofessionnelles.

On sera attentif aux trois règles suivantes :

1. Les critères de sélection de chaque membre de l'équipe doivent être élevés, ils tiendront compte de la formation mais aussi de la motivation personnelle.

2. Il est important de maintenir un seuil de satisfaction valable dans le travail, ceci à tous les niveaux hiérarchiques de l'équipe. L'humanisation de l'hôpital, objectif fréquemment abordé s'il en est, implique nécessairement une gestion plus humaine du personnel soignant.

3. L'encadrement de l'équipe par une formation et une supervision continues privilégiera la réassurance et une meilleure tolérance face à

des situations à haut niveau de stress. Dans cette optique, nous aborderons plus tard le problème de la formation mais aussi le rôle du psychiatre de liaison.

b) Le contexte d'urgence et la prise en charge post-hospitalière

L'hospitalisation dans le cadre d'une tentative de suicide implique un contexte d'urgence (18, 229), donc la nécessité de réponses et de décisions rapides. Envisager de mourir, quelque soit le degré de fantasmagorie suicidaire et de risque léthal dans le passage à l'acte, est une situation dramatique : elle mérite du temps de réflexion et d'action, temps qui fait souvent défaut.

Que la tentative apparaisse comme un coup de tonnerre dans un ciel serein ou qu'il s'agisse d'un récidiviste bien connu par ses tentatives de suicide antérieures, méconnaître la gravité et l'importance de la démarche suicidaire ponctuelle est une erreur : cliniciens et chercheurs s'accordent d'ailleurs pour signaler un nombre élevé de ces patients, bien connus des services hospitaliers pour leurs multiples tentatives de suicide, qui concrétisent un jour leur suicide. Il a été vu et décrit par plusieurs exemples combien une hospitalisation durable facilite la tâche du médecin. Il va de soi que ce n'est pas toujours réalisable. Certains patients s'y refusent. Il peut aussi être très souhaitable de favoriser le retour immédiat au domicile : dédramatisation, bénéfices liés à l'encadrement familial, évitement d'une psychiatrisation vécue comme insécurisante ou culpabilisante pour le suicidant, risque d'impact professionnel voire de perte d'emploi en cas d'arrêt de travail pendant plusieurs jours. Enfin, il est fréquent que l'urgence se situe à un deuxième degré, non pas lié à la problématique individuelle mais bien au contexte hospitalier. En effet, les services d'urgence nécessitent des séjours brefs, il faut libérer les lits, soulager et répartir dans le temps le travail infirmier, tenir compte des rotations entre équipes de jour et de nuit. Une occupation totale des lits hospitaliers et le surcroît de travail que cela implique, la lourdeur, tant sur les plans psychologiques qu'administratifs, des démarches nécessaires à un transfert vers un autre hôpital moins encombré accélèrent parfois le processus d'urgence.

Il est capital de privilégier un contact efficace et rapide entre l'hôpital et les structures d'aide extra-hospitalières. Il s'agit d'aides diversifiées, médicales ou non, parfois bénévoles : médecin traitant, centres de guidance et de santé, services sociaux, foyers d'accueil, centres d'aide et d'écoute téléphoniques.

L'étoile dessinée ci-dessous est une référence mémotechnique utilisable par le thérapeute dans la préparation de la prise en charge post-hospitalière.

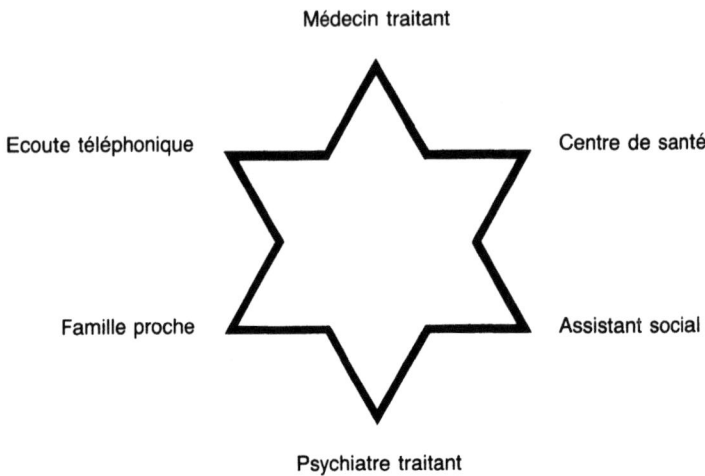

Exemple

Françoise a 37 ans. Divorcée, elle vit isolée avec ses chats et ses chiens dans une maisonnette. Elle a un passé psychiatrique de plus de 10 ans, caractérisé par de l'alcoolisme et plusieurs tentatives de suicide. Elle a fait plusieurs séjours en département psychiatrique hospitalier, de durée variable : parfois quelques jours, parfois plusieurs mois. Son état de santé physique est mauvais et très lié à une obésité importante, entretenue par une mauvaise hygiène alimentaire. Il en résulte un diabète qui est traité par insuline, et des troubles vasculaires. La personnalité appartient au registre névrotique et l'intelligence est moyenne. Lorsque nous prenons Françoise en charge, un objectif paraît primordial et préalable à toute amélioration durable, à savoir diminuer l'importance en fréquence et en durée des hospitalisations. En effet, elle fait fréquemment des épisodes d'anxiété importante, souvent associés à des abus éthyliques, au cours desquels apparaît une idéation suicidaire.

Celle-ci croît dans de telles proportions qu'un refuge hospitalier lui apparaît la seule solution possible, soit qu'elle se présente spontanément au service des admissions, soit qu'elle y soit amenée dans le cadre d'une tentative de suicide. Elle-même souligne spontanément son ambiguïté : le besoin de parler de sa fantaisie suicidaire et d'établir la relation d'aide à partir de celle-ci et en même temps la culpabilité et la honte que ce besoin induit. Un programme de prise en charge uniquement extra-hospitalière va être installée et donne actuellement un bilan de plus de 3 ans sans réhospitalisation. Par rapport à l'étoile, 5 branches jouent un rôle tout à fait important. Un centre de guidance est consulté régulièrement par la patiente, elle y rencontre son psychiatre traitant mais aussi de façon plus épisodique d'autres travailleurs telle la psychologue. Le médecin traitant assure un encadrement chaleureux et strict, très centré sur les problèmes diabétiques et cardiovasculaires. L'assistante sociale communale la rencontre régulièrement au domicile. Françoise enfin utilise de façon assidue deux centres d'écoute et d'aide téléphonique, S.O.S. Suicide et Télé-Accueil. Seule la sixième branche de l'étoile a été investiguée avec peu de succès : il n'y a aucun contact avec le voisinage proche et, au niveau familial, seul un des fils a transitoirement augmenté son rythme de visite.

Que ce soit dans un contexte d'urgence chez un patient qui fait un passage bref à l'hôpital ou dans le cadre d'une désinstitutionnalisation d'un malade fréquentant assidûment la clinique, la réussite thérapeutique dépendra de l'utilisation adéquate des structures extra-hospitalières. Leur fonctionnement propre est hors de notre propos. Nous voulons néanmoins souligner deux aspects importants qui vont moduler les relations entre l'hôpital et l'extra-hospitalier.

Le premier, très apparent, est néanmoins peu décrit ou abordé : il s'agit de la dimension socio-économique. Qu'entend-on par là ? Que les travailleurs de la santé ne sont pas plus protégés dans leur sphère professionnelle qu'ailleurs et que, par conséquent, le maintien de l'emploi est un objectif omniprésent.

Il en découle d'évidence que la clientèle de ces travailleurs, et donc notamment les suicidants, risque de devenir un marché qu'il importe de maintenir ou de développer. Nous nous trouvons là devant une ambiguïté vieille comme la pratique médicale et nous n'avons pas l'intention de développer une satire facile, ni de réécrire Knock en l'aménageant au goût du jour. Il n'empêche que les perturbations durables et toujours actuelles du contexte socio-économique nécessitent une vigilance accrue dans notre intégrité professionnelle et plus particulièrement dans la définition des objectifs thérapeutiques. Aider le patient, même si cela implique forcément une connotation commerciale, doit rester avant tout une démarche humaniste : une telle évidence, trop souvent méconnue, se doit d'être répétée et défendue avec acharnement en nous-mêmes et autour de nous. Sur un plan plus pratique, deux écueils sont particulièrement à éviter: la création de «suicidants chroniques» et l'induction d'inutiles psychothérapies ou contrôles médico-psychologiques à long terme; et dans le domaine de la prévention, surdéveloppé traditionnellement en période de crise, l'établissement de diagnostics abusifs suivi de pseudo-thérapies de faux suicidants.

Le deuxième aspect est l'importance d'une collaboration meilleure entre le médecin traitant généraliste et le médecin psychiatre hospitalier. Si l'un et l'autre émettent souvent le désir d'une complémentarité harmonieuse, sa concrétisation est loin d'être aisée. Lorsque l'on cerne les différences entre ces deux fonctions médicales, il apparaît quatre points principaux. Tout d'abord, il y a une différence de statut financier. Le psychiatre hospitalier est le plus souvent salarié, le médecin généraliste est rémunéré à l'acte en tant qu'indépendant. Ensuite, ces deux types de médecine bénéficient d'une image différente aux yeux de la population. L'hôpital bénéficie d'un statut plus prestigieux, il est le lieu de production de la science médicale aux yeux du patient. En troisième lieu, on note une différence dans le processus relationnel entre médecin et patient. La relation avec le généraliste est essentiellement bilatérale.

A l'hôpital, elle sera polyvalente et fera intervenir complémentairement au psychiatre d'autres médecins ou paramédicaux. Enfin, on observera souvent un niveau socio-culturel, une image de marque privilégiés chez le psychiatre hospitalier.

Face à ces différences, il est prioritaire de stimuler la communication et la coopération entre ces deux pratiques médicales. Dans cette optique, on sera particulièrement attentif à trois propositions. Tout d'abord assurer une meilleure information bilatérale. Ensuite, améliorer l'accueil et l'intégration des médecins généralistes dans le cadre hospitalier. Enfin, faciliter et stimuler des interventions du médecin traitant auprès de ses patients hospitalisés.

La question suivante est parfois posée: est-il adéquat d'investir dans l'harmonisation des relations intra et extra-hospitalières, ne faut-il pas directement s'opposer à l'hôpital? Par exemple, est-il adéquat de transmettre l'information médicale ou, dans une dimension plus politique, faut-il revoir le problème «à la mode italienne» et s'inspirer de leurs réformes structurelles, notamment en département psychiatrique? Notre réponse sera celle de thérapeutes du comportement suicidaire et non de politiciens. L'hôpital existe, son rôle est important, il est illogique et même dangereux de le rejeter dans notre pratique quotidienne. Développer la communication sera la règle fondamentale mais elle devra se faire à un niveau global. C'est-à-dire que pour le thérapeute hospitalier, le problème n'est pas tant: est-ce que X, sorti de l'hôpital 15 jours après sa tentative de suicide, doit être revu au Centre de Santé? Est-ce que Y, suicidant face à de grosses difficultés socio-économiques doit recevoir la visite rapide au domicile de l'assistante sociale? Est-ce qu'il faut accepter la demande de Z de banaliser, voire de ne pas informer le médecin traitant de sa démarche suicidaire? Mais bien: avons-nous des contacts suffisamment réguliers et suivis avec des membres de l'équipe du Centre de Santé, avec des assistantes sociales communales, avec les médecins généralistes?

c) Le manque de formation

Une aide efficace de la part du médecin implique que celui-ci soit formé à la psychothérapie et plus spécifiquement au traitement d'une personne présentant un comportement suicidaire. Ceci nécessite une bonne connaissance de la dimension transférentielle, le savoir et l'expérience permettant d'enclencher un processus psychothérapique. Programme déjà ambitieux, néanmoins insuffisant: le thérapeute adéquat doit être au clair avec ses propres pulsions de mort: il n'est pas rare que, non conscient des permissions au suicide qu'il porte en lui, il stimule par un mot inopportun, par un sourire ou quelqu'autre expression non verbale le patient dans son idéation autodestructrice. Une telle expérience, impliquant notamment une psychothérapie personnelle, est le fait de trop peu de médecins.

Comment préparer ceux-ci à l'efficacité thérapeutique face au suicidant, préparation qui doit être rapide car, nous l'avons vu, il s'agira souvent de jeunes diplômés sans expérience clinique?

Un premier niveau *informatif*, est nécessaire à tous. Au-delà de la connaissance de données numériques et biologiques, l'apprentissage à la dimension psychologique, à l'écoute et à la connaissance de soi-même et des autres, est requis chez tout thérapeute qui aura la charge de thérapie de suicidants. Ceci implique une formation théorique comprenant des schémas thérapeutiques clairs, précis et brefs, adaptés au contexte de la situation d'urgence et des exercices pratiques par discussions de cas, jeux de rôle, psychodrames. Imposer une telle formation de base à minima peut paraître d'une évidence banale. Et pourtant, combien de maladresses, de manque de connaissances élémentaires, combien de gaffes à l'impact dramatiquement démesuré lié au manque de formation ou même d'information des médecins! Prenons un exemple parmi cent autres: un médecin peut porter un message familial, transmis dans la petite enfance, inducteur de mort jeune.

Ne percevant pas consciemment cette consigne autodestructrice, il peut s'y soumettre à un niveau inconscient en pratiquant des sports, une conduite automobile, des comportements alimentaires à hauts risques. En même temps, il est fort possible qu'au niveau conscient, il s'oppose vivement à toute idéation ou démarche suicidaire. Face au suicidant, cette ambiguïté pourra être transmise et entraîner un passage à l'acte rapide et en quelque sorte conditionné de son patient. Il s'agit ici d'un exemple d'épiscénario, notion qui sera développée dans le chapitre ultérieur sur la psychothérapie en analyse transactionnelle. Face à un scénario tragique — le scénario étant un plan de vie pré-œdipien, non verbal et préconscient — il y aurait évitement d'un destin personnel néfaste par son transfert vers un bouc émissaire, ici le suicidant. Un médecin porteur d'un tel épiscénario risque d'induire de fréquentes récidives suicidaires. Dans ce cas comme dans d'autres, même si une formation psychothérapique approfondie est évidemment utile et souhaitable, un apprentissage limité mais bien structuré et descriptif, à lignée comportementaliste, peut être suffisant.

A un deuxième niveau se situe la *formation* spécifique et approfondie à la thérapie du suicidant, elle sera forcément le fait d'une minorité spécialisée en psychothérapie. Nous ne voulons pas ici privilégier l'une ou l'autre des techniques psychothérapiques, nous pensons que la plupart ont pleinement leur place et que plutôt que de bonnes ou mauvaises méthodes, il faut parler de bons et de moins bons thérapeutes. Il nous paraît clair aussi que le psychothérapeute efficace percevra, lors de sa rencontre avec les diverses techniques, le type de psychothérapie avec laquelle il se sentira en accord et que dès lors il utilisera au mieux dans sa pratique. Comme dans le domaine de l'amour, ce n'est donc pas tant la valeur intrinsèque du thérapeute et de la technique utilisée mais bien la communion des deux qui fera la valeur et la force du couple.

Nous avons l'expérience, tant dans le domaine hospitalier qu'ambulatoire, d'une technique psychothérapique très spécifique, non originale mais peu connue, le contrat de non-suicide (312).

Un tel outil psychothérapique, bien que limité et s'inscrivant évidemment dans une stratégie globale, est tout à fait exemplatif de l'apport précieux d'une formation spécifique. Nous ne décrirons pas ici son utilisation et ses différents niveaux d'application (78, 312), qui sont repris explicitement en un autre chapitre de ce livre.

3. Les équivalents suicidaires

Le médecin hospitalier rencontre souvent dans sa pratique des situations suggestives d'un comportement suicidaire, tout en n'en portant pas l'étiquette ou l'image traditionnelle. Comment ne pas imaginer une volonté autodestructrice, consciente ou non, chez le grand fumeur ou chez l'alcoolique dont la permanence ou l'aggravation de la toxicomanie entraînent un pronostic vital très sombre. Comment ne pas s'interroger de même sorte devant la fréquence d'accidents de la route (290) ou de traumatismes majeurs chez certains patients, qui arrivent de façon répétitive et souvent incompréhensiblement. On aborde ici le domaine de l'équivalent suicidaire, qui concerne des actes ou des comportements parfois brutaux et rapides, tel un accident de la circulation, ou parfois programmés à longue échéance, telle une cirrhose alcoolique. Il s'agit d'une notion forcément ambiguë, difficilement conceptualisable (240), source de paradoxes voire de contradictions. On ne peut cependant la méconnaître dans toute réflexion sur le comportement suicidaire. Elle dépasse d'ailleurs largement le domaine du monde médical pour s'étendre à l'ensemble des comportements humains. Par rapport aux équivalents classiquement cités, par exemple les accidents routiers ou les toxicomanies, bien connus et souvent au centre de débats et de réflexions scientifiques, d'autres ont moins de place dans les congrès médicaux et se situent plus dans les domaines de l'anecdote, de la presse à sensation ou de la politique : nous pensons à certaines marginalisations sociales, aux grèves de la faim, aux prises d'otages. Comment ne pas citer également le phénomène de la guerre, que Freud déjà associait directement au problème du suicide (194) : « le suicide et la guerre sont deux aspects différents d'un même problème. Ce sont des expressions de l'agressivité et de la destruction institutionnelle qui sont à leur tour des éléments interchangeables de l'instinct de mort » (S. Freud, « Malaise dans la civilisation »). Il est utile ici de rappeler que le schéma freudien met en évidence un désir de vivre qui est secondaire par rapport au désir de mourir.

On y observe que chacun d'entre nous est porteur d'une volonté suicidaire habituellement contrôlée et inbibée par les mécanismes de défense du Moi, par les habitudes de vie, par des identifications satisfaisantes. En cas de levée de cette inhibition apparaîtrait une charge agressive importante, consciente ou non. C'est à ce moment que prendrait place soit directement des comportements suicidaires, soit indirectement des comportements d'équivalents suicidaires.

Afin de clarifier la notion d'équivalent, une réflexion préalable sur la définition des comportements suicidaires est indispensable. Ainsi, le suicide se définit comme un agi, et non comme un symptôme : il s'agit d'un aller sans retour, il n'y a plus de possibilité de changer le scénario. La tentative de suicide est un symptôme, elle est fonction de un ou plusieurs objectifs et sa réussite dépendra de ceux-ci : à noter que si le but principal recherché était, par exemple, l'appel à l'aide ou l'obtention d'une écoute attentive, elle sera réussie, si par contre l'objectif était la mort, on parlera d'une tentative non-réussie.

Définir l'équivalent suicidaire est plus complexe tant en raison de l'imprécision du concept que de la diversité des approches pour en cerner la réalité. Il est d'ailleurs frappant d'observer que, peu étudié par le psychiatre ou le sociologue, il est quasiment ignoré par les instances de notre société.

L'équivalent suicidaire implique le plus souvent une responsabilité propre, une prise de conscience d'un ou de plusieurs actes qui nous rapprochent de la mort. Il s'agit, par rapport à la tentative de suicide, d'un meilleur contrôle des pulsions agressives, d'un flirt avec la mort dans un compromis socialement acceptable. Mais, dans la tentative comme dans l'équivalent, c'est la blessure narcissique et l'insatisfaction d'un Moi idéalisé qui sont le même ferment autodestructeur.

Pour le psychanalyste, le choix inconscient qui est fait par le suicidé est l'identification à la mauvaise mère, celle qui fait du mal, celle qui tue. Lorsqu'on se tue, on tue en nous cette partie qui déplaît à la mère : mais cette partie-là est la seule existante aux yeux du suicidé.

Par cette régression au Moi idéal, par ce retour à la fusion avec la mère, le suicide apparaît comme un acte psychotique, même s'il survient sur une structure de personnalité qui ne l'est pas. Dans l'équivalent suicidaire, le sujet ne s'identifie pas totalement à cette mauvaise mère et la distinction sujet-objet persiste, une partie de la mauvaise mère est alors projetée sur le hasard auquel le sujet reconnaît le droit de décider de son sort. Le père absent, soit disparu, soit de peu d'importance dans la dynamique parentale, accentue l'agressivité de cette relation à la mère. Par contre, le père dans une relation normale, porteur de la loi et de l'interdit, permet une élaboration triangulaire de cette agressivité et en protège ainsi la mère et le Moi idéal de l'enfant (2).

Dans une approche phénoménologique du comportement suicidaire, Farberow et l'Ecole Américaine de Suicidologie (277) ont récemment proposé une grille élaborée définissant un C.A.D.I. (Comportement Auto-Destructeur Indirect) — correspondant à l'équivalent suicidaire —, qu'ils opposent à un C.A.D.D. (Comportement Auto-Destructeur Direct) — correspondant à la tentative de suicide —. Les items de cette grille se réfèrent à une dizaine de domaines : symptômes physiques et comportementaux; éléments cognitifs, affectifs, dynamiques, temporels; conduite de risque; possibilités d'entente; communicativité; modes relationnels. Les deux critères principaux retenus dans la distinction entre C.A.D.D. et C.A.D.I. sont la temporalité et la conscience ou non de l'acte. Insatisfaisante par son caractère forcément schématique et arbitraire, cette approche est intéressante par la place originale qu'elle peut donner au concept d'équivalent suicidaire dans la pratique médicale.

Définir une population d'équivalents suicidaires est problématique pour le sociologue (289). Ne faut-il d'ailleurs pas créer un premier distinguo entre équivalent suicidaire — par exemple dans l'accident mortel qui frappe un champion en compétition automobile — et équivalent de la tentative de suicide — par exemple la consommation quotidienne de trois paquets de cigarettes depuis l'adolescence.

L'éloignement dans le temps de la réponse mortelle éventuelle rend cette deuxième notion encore plus ambiguë : si nous rencontrons autour de nous, fortement cautionnés par les médias, des exemples fréquents de décès prématurés liés à une cause tabagique, nous connaissons tous l'un ou l'autre vieillard grand fumeur et en bonne santé. La fonction de l'équivalent et ses effets pourront extrêmement varier. Ainsi, le même comportement sera défini héroïque et digne d'estime s'il s'agit d'un chef militaire s'élançant à la bataille, et méprisable s'il s'agit d'un chef de rockers affrontant une bande rivale. Ces interprétations peuvent d'ailleurs être modifiées ou même inversées suivant la personnalité de la personne qui les pose.

On peut donc dire que la fonction de l'équivalent relève d'une sociologie de l'interprétation : celle-ci peut, en effet, parfaitement fonctionner comme fait social. On perçoit dès lors combien le terrain est glissant pour le sociologue! La société préfère s'en tenir à la logique du conscient et du rationnel. Les slogans transmis par les mass média, ignorant la pulsion de mort, se réfèrent au bon sens populaire : « J'aime la vie, je ralentis » est le message proposé à l'automobiliste. De même la publicité anti-alcoolique prône l'abstinence avant que « l'alcool ne vous détruise ». Ce déni de l'inconscient, ce refus d'envisager toute dimension psychanalytique ou psychologique seront également fréquents dans les équipes soignantes hospitalières.

Etablir un programme thérapeutique des équivalents suicidaires sur le terrain hospitalier est illusoire et risque surtout d'accentuer le caractère ésotérique ou marginal de la psychiatrie par rapport aux autres départements médicaux. Une telle démarche prendra par contre sa place dans des programmes plus vastes de prévention en santé publique. Le psychiatre hospitalier sera néanmoins attentif à reconnaître l'équivalent suicidaire, tant dans la démarche directe de thérapie que dans celle d'information ou de formation d'équipe.

4. Les conduites suicidaires chez l'enfant

Nous avons souligné la place importante du comportement suicidaire dans la littérature et dans les débats ou colloques scientifiques : c'est en effet le cas pour l'adulte et l'adolescent. Il en va tout autrement pour la tentative de suicide chez l'enfant. Celle-ci apparaît rarissime (107), le plus souvent confidentielle et dépouillée du contexte psychopathologique familial. En dehors de quelques rares unités pédopsychiatriques, la prise en charge hospitalière privilégie le traitement strictement médical : la reconnaissance de la problématique suicidaire, la mise en place d'une thérapie individuelle ou familiale sont négligées ou programmées dans un deuxième temps post-hospitalier à l'application souvent incertaine.

Le comportement suicidaire de l'enfant est peu abordé dans la littérature scientifique, il est même parfois franchement nié ou assimilé aux problèmes de l'adolescence : il est d'ailleurs courant que des auteurs associent en un même titre enfance et adolescence, en se référant uniquement à des tranches d'âges supérieurs à 11 ou 12 ans. Lorsque le geste suicidaire de l'enfant est reconnu, il est assimilé le plus souvent à un manque d'autoprotection, à un accident sans intention vraie de se tuer ; le comportement auto-agressif direct est défini comme un fait rarissime et à aborder avec prudence.

La psychopathologie infantile et ses inter-connections avec la tentative de suicide est un domaine vaste qui sort tant du sujet spécifique de cet ouvrage que de notre compétence. Nous pensons néanmoins que le geste suicidaire chez l'enfant, quelqu'en soit son degré de fréquence et sa répartition démographique, est une réalité et qu'il est trop souvent ignoré ou méconnu par l'ensemble des équipes hospitalières : ce chapitre lui revient donc de droit.

La position de l'enfant, notamment sur le plan social et juridique, est fondamentalement différente de celle de l'adulte. Il va de soi qu'on retrouvera cette différence dans le comportement suicidaire en tant que tel, mais aussi dans la transmission de toute information le concernant. L'enfant est dépendant de sa famille, il n'est ni culturellement, ni légalement considéré comme responsable. Les parents ou les structures substitutives parentales, telles les homes ou internats, sont directement impliquées dans le problème : on perçoit combien le malaise et les tabous concernant la dimension suicidaire, déjà habituels face à un adulte, vont grandir et se renforcer devant la multiplication des personnes concernées. Bien entendu, ceci s'applique aussi aux thérapeutes. Nous avons donc là un handicap majeur ! Chez l'adulte, et la plupart du temps chez l'adolescent, on peut aller au «combat thérapeutique» le cœur tranquille : nous savons bien que certains choisiront quand même la mort, mais qu'il s'agira d'un choix profondément individualiste et libre. Ce concept fondamental — quoique parfois limité dans certaines circonstances et à court terme, nous pensons ici aux démarches de collocation ou d'hospitalisation en sections dites fermées — de respect du droit pour chacun d'opter in fine pour la vie ou la mort est un pansement précieux pour soigner nos échecs thérapeutiques. Il est difficile, voire impossible, d'accepter de même façon la mort volontaire chez un enfant.

Nous touchons ici, avant même d'aborder le problème de l'enfant face à la mort, le problème de l'adulte face au suicide infantile ! C'est d'abord le fait de la famille proche. Comment réagir devant ce refus du désir que nous, parents, avons eu de féconder cet enfant, comment ne pas méconnaître la situation, comment ne pas invoquer passionnément l'accident volontaire (100) ? Ce problème implique aussi les autres adultes, notamment les thérapeutes, soit qu'ils se trouvent face aux parents — et alors comment leur transmettre ce message —, soit par exemple dans le cadre d'institutions lorsque le thérapeute se retrouve lui-même substitut parental. Il n'est pas étonnant que l'ensemble des œuvres littéraires, si elles laissent parfois place à l'idéation suicidaire infantile — c'est par exemple le cas de Poil de carotte vivant une situation de rejet et d'isolement affectif intenses — abordent le thème du suicide chez l'enfant de façon tout à fait rarissime. Le passage par l'hôpital, même pour une période brève, est un moment privilégié pour que la tentative de suicide soit reconnue en tant que telle par l'ensemble des adultes tant les membres de la famille que les médecins et les thérapeutes; cette reconnaissance est un élément tout à fait fondamental pour enclencher ou préparer une aide psychothérapique durable.

Pour l'enfant, le concept de la mort et de son irréversibilité, tout comme d'ailleurs les notions de temps et de durée, sera d'abord imprécis et inexistant (264). Dire à un jeune enfant que sa mère reviendra dans quelques minutes, dans quelques heures, dans quelques années ou jamais implique peu de différence, ou plutôt la même réalité: il va être séparé de maman. Ce n'est que vers l'âge de sept à huit ans qu'il va progressivement prendre contact avec l'espace temps et que vont pouvoir s'élaborer les notions de séparation définitive et de mort (81). Le concept de suicide chez le jeune enfant, étant donné que la mort n'est pas encore intégrée à son économie personnelle, n'a donc pas encore de sens propre pour lui: il ne prendra pleinement sa place qu'au cœur même de la relation parent-enfant.

Sur le plan sociologique, le passage à une ère de surconsommation audio-visuelle, notamment par l'impact de la télévision dans les familles, est un élément porteur de risque d'augmentation de la «permissivité suicidaire». Dans le monde occidental, l'impact télévisuel dans nos familles est évident et on estime que beaucoup d'enfants européens regardent en moyenne le petit écran deux heures par jour ou plus. Le culte aux images de violence et de force brutale y est bien connu: moins souvent est souligné tout un symbolisme de la mort, fait de pacification, de réassurance narcissique, de surrenforcement à l'égard du défunt. Oubliés les avatars du héros, ses souffrances, sa vie parsemée d'échecs et de solitude! Un gros plan montre d'abord la tombe ensoleillée, abondamment fleurie, puis dans un large travelling la caméra rencontre les visages émus et chaleureux de la veuve, des amis et même de l'un ou l'autre ennemi enfin réconciliés et calmes. Pour un enfant dont l'irréversibilité de la mort, nous l'avons vu, est une notion non intégrée, comment ne pas y voir une tentation fantasmatique de fuite des difficultés, des peurs, de conflits trop effrayants. Cet aura de la mort n'est pas en soi fait nouveau. Traditionnellement, la cérémonie d'enterrement implique ces mêmes attitudes: l'enfant s'habille correctement, il se fait beau, le défunt qui était parfois abondamment critiqué et rejeté de son vivant est louangé, regretté, fleuri, la mort donne même lieu dans certaines ethnies à de véritables fêtes. L'élément neuf n'est donc pas tant en soi ce symbolisme laudatif lié à la mort mais bien sa répétition et sa consommation en quantité massive. Dès lors, l'hypothèse d'une augmentation du nombre d'hospitalisations pour comportement suicidaire de l'enfant, pour autant que ce diagnostic ne soit pas méconnu ou nié, se pose dès à présent et pour les décades à venir.

On observe à l'hôpital tout un gradient de gestes suicidaires infantiles, de gravités très variables. Nous avons retenu deux observations qui nous paraissent tout à fait représentative des deux grands supports psychodynamiques rencontrés dans ce type de situation. Dans le premier cas, il s'agit de l'enfant qui utilise la menace suicidaire en tant que pression sur l'entourage familial, c'est la situation-type dite de chantage. Les facteurs suicidogènes intervenants sont multiples : sociologiques, tels des désordres familiaux, des situations de divorce, des échecs scolaires, ou psychologiques, tels des troubles de l'humeur, des difficultés dans l'affirmation de soi. Le deuxième cas est exemplatif d'enfants présentant des tentatives de suicide en dehors d'un contexte de chantage. Il s'agit moins d'une pathologie relationnelle dominante que d'une problématique bien plus complexe où interviennent directement de graves problèmes de développement avec troubles du narcissisme. Dans ce type de situation, le diagnostic est plus difficile car il transparaît moins dans la dynamique familiale que dans l'observation et l'anamnèse centrées sur l'enfant même.

Observation n° 1 : Pierre, 7 ans

Pierre est amené au service des urgences par les parents après avoir ingéré 5 comprimés d'un tranquillisant benzodiazépinique. C'est à la suite d'une dispute avec la mère qu'il a pris ces cachets, habituellement prescrits à cette dernière. Après lavage gastrique, l'enfant est maintenu en observation pendant 24 heures, puis il est autorisé à retourner chez lui. Cette famille est suivie sur le plan psychothérapeutique en Centre de Guidance : il est vivement conseillé à la famille de recontacter rapidement le centre, il n'est pas prévu d'autres interventions à la sortie d'hôpital.

Il s'agit d'une famille ayant 3 enfants, le père est ouvrier, la mère ménagère. On note que la sœur aînée à l'âge de 21 ans s'est marginalisée sur le plan socio-familial, vivant plus de six mois en secte ; une autre sœur à un problème d'obésité. Pierre a déjà été hospitalisé à deux reprises entre un an et deux ans en raison de crises acétoniques graves. Depuis lors, ce type de crise s'est raréfié et n'a plus nécessité d'hospitalisation. Il présente de l'énurésie nocturne deux à trois fois par semaine. Les parents soulignent les problèmes comportementaux posés par Pierre. Il est très colérique, rebelle à l'adulte tant dans le groupe familial qu'à l'école. Il fait fréquemment des menaces au sui-

Dessins de Pierre

lui-même, fort comme « Goldorak »

sa famille

cide, le plus souvent en voulant se jeter du haut des escaliers ou par une fenêtre. A chaque fois, les parents cèdent à la menace. C'est la première fois que Pierre prend des médicaments et doit passer par l'hôpital.

A plusieurs reprises, la famille, sous l'impulsion de la mère essentiellement, consulte en Centre de Guidance ou auprès de thérapeutes privés. Ces démarches se révèlent surtout de réassurance, de dédramatisation et diverses propositions ou ébauches de thérapies familiales vont avorté.

Un examen psychologique récent met en évidence une personnalité névrotique avec de nombreux traits obsessionnels. Les préoccupations hypochondriaques sont nombreuses. Pierre se montre fort possessif, il privilégie les jeux de compétition, s'identifie à des personnages très puissants comme Goldorak. Dans ses dessins, il se représente lui-même « très fort ».

Peu après, un nouveau contact avec le Centre de Guidance confirme un encadrement thérapeutique à minima lié à l'inconstance des parents, aux divers abandons et changements d'attitude dont ils font preuve.

Observation n° 2: Robert, 6 ans

Robert est hospitalisé en service de pédiatrie après avoir absorbé le contenu d'un flacon de sirop antitussif. Le contexte de cette prise médicamenteuse impulsive est imprécis, le couple parental ne fait pas de référence à une dispute ou une tension familiale spécifique ou inhabituelle. Après deux jours, Robert peut regagner le domicile parental. Il est prévu un suivi thérapeutique en Centre de Guidance.

Le père est ouvrier, la mère est serveuse dans un café. On note dans les antécédents maternels une dépression avec hospitalisation d'un mois en clinique psychiatrique. La sœur, 8 ans, et le frère, 4 ans, sont décrits en bonne santé.

A l'âge de 4 ans, Robert a été également hospitalisé deux jours suite à l'absorption de comprimés de somnifère pris sur la table de chevet de la maman. On note deux autres séjours hospitaliers à l'âge de 3 ans pour mise au point d'un état d'anémie, il y a quelques semaines pour fracture du bras à la suite d'une chute.

LES CONDUITES SUICIDAIRES CHEZ L'ENFANT

Dessins de Robert

Affaires scolaires

sa famille

La récidive de tentative de suicide n'est pas méconnue par les parents en tant que telle. Auto et hétéro-agressivité sont d'ailleurs associés dans la description des troubles comportementaux : Robert est décrit comme un enfant colérique, voleur, violent et agressif, il a à deux reprises tenté d'étouffer son jeune frère sous un oreiller. Robert présente occasionnellement de l'énurésie et de l'encoprésie. Les parents ont consulté spontanément un Centre de Guidance il y a quelques mois : il apparaît que leur demande se centrait uniquement sur l'orientation scolaire, les troubles comportementaux étant banalisés ou ignorés.

L'examen psychologique réalisé lors de cette consultation antérieure souligne des troubles appartenant au registre névrotique avec une carence affective importante face aux images parentales peu disponibles. Le Moi est assez primaire. L'angoisse est une angoisse de castration, elle est particulièrement forte lorsqu'on aborde la dynamique familiale vécue comme très insécurisante et rejetante par rapport à lui. Toute expression d'agressivité est très culpabilisée avec un retour contre soi très net. La puissance virile est imprégnée d'agressivité. L'intelligence est normale. Une orientation vers l'enseignement spécial avait alors été proposée.

Nous avons appris ultérieurement que les parents se sont représentés une fois au Centre de Guidance, qu'ils ont refusé une thérapie familiale et qu'ils ont alors coupé tout contact avec les thérapeutes.

Commentaires

Nous trouvons dans ces deux exemples la reconnaissance par les parents de la dimension suicidaire du passage à l'acte. Dans le premier cas, le comportement autodestructeur est mis à l'avant-plan, il contamine fortement la dynamique intra-familiale, il s'inscrit déjà dans la lignée des tentatives de suicide-chantage bien connue et fréquemment rencontrée dans les gardes d'hôpitaux. Dans le deuxième cas, le geste suicidaire est au contraire inséré dans un ensemble de troubles comportementaux et relationnels propres à un enfant que l'on définit « difficile ».

Notons que la brièveté du séjour est un handicap majeur : il limite les investigations médico-psychologiques, la clarification des problèmes, l'observation du type de personnalité et des mécanismes de défense du Moi. Il rend la stimulation de la famille à un suivi thérapeutique post-hospitalier — et nous savons déjà combien la continuité entre l'hôpital et l'après-hôpital est difficile dans l'ensemble des situations — peu efficace.

La reconnaissance du symptôme suicidaire par les équipes hospitalières est ici privilégiée par la présence régulière d'une pédopsychiatre au sein de l'équipe pédiatrique. En l'absence de pédopsychiatre ou de thérapeutes d'enfants, nous allons bien entendu retrouver les mécanismes de mise à distance, voire de déni par rapport au comportement suicidaire. En ce qui concerne l'adulte, les hôpitaux et cliniques sans département psychiatrique ouvrent de plus en plus leurs portes aux avis et traitements de psychiatres extérieurs. Une telle démarche à un niveau pédiatrique est malheureusement encore exceptionnelle.

Enfin, la thérapie d'une problématique suicidaire de l'enfant est affaire de thérapeutes de l'enfant. Ce n'est ni de notre compétence, ni notre propos. Il s'agit d'ailleurs dans la plupart des cas de « moments thérapeutiques » plutôt que de thérapies vraies c'est-à-dire une période privilégiée où la situation de crise et son authentification par le fait hospitalier permettent de sensibiliser à une prise en charge ultérieure. On citera néanmoins une technique psychothérapique qui se distingue par sa bonne indication et par son efficacité en milieu hospitalier : c'est la thérapie familiale (46, 99, 128, 276). Ce type d'approche permet, parfois dans un délai relativement court, d'accompagner une restructuration des relations de l'enfant avec son entourage, d'éviter les bénéfices secondaires de favoriser l'expression de la culpabilité des parents. Il est réjouissant de constater son développement et son importance croissantes dans les hôpitaux.

5. La psychiatrie de liaison

L'impact psychologique dans les problèmes de santé est généralement bien reconnu par l'ensemble des équipes soignantes (90). L'importance de la «psychologie médicale» pour maintenir une dimension humaine à la médecine — et particulièrement à l'hôpital, monde clos, froid, kafkaïen dans son hypertechnicité, son dédale de couloirs, sa machinerie sophistiquée — est évidente : encore faut-il lui donner une place vraie et efficace. Dans cet objectif, le développement de la psychiatrie de liaison et son impact à l'hôpital général, particulièrement dans la prise en charge des tentatives de suicide, est un élément très important.

La création et le développement d'une telle unité en hôpital général n'est pas simple. Diverses difficultés sont prévisibles. Bien que soutenu par les encouragements de certains et par son propre enthousiasme, on rencontrera la méfiance ou l'hostilité de certains somaticiens, rejetant à priori toute notion de connaissance spécifique et technique en psychologie et se référant uniquement en leur propre bon sens et savoir-faire. Dans les rencontres avec les différents services médicaux et chirurgicaux, on sera souvent écartelé entre deux objectifs paradoxaux : d'une part maintenir, tant par la connaissance scientifique que par le comportement, la place et l'efficacité de médecin à part entière dans la structure hospitalière, d'autre part favoriser la communication par un langage et une conceptualisation claire, loin des clichés traditionnels d'une psychiatrie ésotérique et donc marginalisée.

Sur le plan historique, la psychiatrie de liaison est directement issue du développement du «mouvement psychosomatique» apparu en Europe au début du siècle et trouvant son plein essor aux Etats-Unis entre les années 1930 et 1950. C'est une période où foisonnent théories, études et plans de recherche sur les liens entre émotions et organicité.

Plus tard, le concept d'approche psychosomatique (155, 307) va s'élargir et des ponts multifocaux — biologiques, psychologiques, sociologiques — vont s'établir entre la médecine et la psychiatrie. M.H. Greenhill (122), observant le développement aux Etats-Unis des différentes unités psychiatriques en hôpital général, va définir 6 modèles. Le modèle de *consultation* est le plus souvent rencontré, seul ou en combinaison avec d'autres modèles. Il s'agit d'une consultation psychiatrique au sein de l'hôpital général, le patient y est adressé par le somaticien pour y recevoir une évaluation de l'importance de la composante psychologique, un diagnostic et un traitement éventuels. Dans le modèle de *liaison*, le psychiatre sort de son département et va établir des liens privilégiés avec différents services de médecine et de chirurgie. L'objectif est plus ambitieux, il associe au traitement d'une part une volonté de sensibiliser le médecin non psychiatre à inclure les facteurs psychosociaux dans sa pensée, d'autre part un peu d'enseignement, de recherche commune. Le modèle de *milieu* est une extension du précédent, il implique une intégration et une participation plus prégnante de la dynamique psychiatrique dans différents départements: par exemple, participation active du psychiatre dans les séminaires du service, animation de groupe de malades, clarification et guidance de la dimension inter-relationnelle au sein de l'équipe soignante dans le cadre d'espace. Dans le modèle *critique*, le psychiatre est pleinement intégré à l'équipe soignante. Il participe directement au traitement, quelque soit le type d'approche utilisée: biologique, comportementaliste, analytique. C'est un modèle que l'on rencontre dans des unités où l'impact psychologique est pleinement reconnu dans la maladie, tels des départements traitant des patients cancéreux, hémo-dyalisés, coronariens. Le modèle *biologique*, aspect particulier et spécifique du modèle précédent, prend une importance grandissante ces dernières années. S'il est en effet très privilégié par le développement de la psychiatrie biologique et pharmacologique, il permet aussi sur le plan socio-culturel un processus d'identification entre le psychiatre et les autres médecins facilitant leur collaboration.

Enfin, le modèle *intégral* laisse une place prépondérante à l'intervention psychologique chez toute personne malade mais en laissant entièrement l'initiative de la réflexion et de l'intervention psychosociale au médecin non psychiatre. Ce modèle, séduisant sur le plan théorique, pose une double difficulté dans sa mise en pratique : la nécessité d'une meilleure formation à la connaissance psychologique dans le cadre des études médicales et le risque d'interventions psycho ou sociothérapeutiques maladroites voire dangereuses par un médecin insuffisamment formé. Le modèle du groupe balint en extra-hospitalier est assez proche de ce modèle hospitalier : là aussi, intéressant dans son principe, il rencontre une réponse et un effet limités chez les médecins traitants.

Comme on le voit, ces 6 modèles sont parfois fort proches l'un de l'autre, ou même recoupent entre eux certains aspects spécifiques. En cours de développement d'une unité de psychiatrie de liaison, le passage de l'un à l'autre modèle est fréquent. Prenons un exemple, souvent rencontré en hôpital général. Le modèle de consultation est fréquemment appliqué dans un premier temps : le psychiatre a un bureau au sein du département de médecine interne, il y reçoit les demandes d'avis psychiatrique, il y consulte chaque matin les patients. La réponse est notée au dossier, il n'y a aucun contact direct entre le psychiatre et les autres équipes traitantes. Le modèle de liaison peut ensuite prévaloir. Le psychiatre sort du bureau, il circule à travers les différents services, il est doté d'un appareil portatif d'appel permettant des contacts immédiats. Très vite, la relation entre le psychiatre et les autres services se modifie. Médecin-itinérant, passant du chevet du malade aux salles de réunions et de soins, il devient connu des différents services. L'intégration, voire la simple acceptation, est bien entendu variable. Certains départements se révèlent réticents, ne demandant son intervention qu'en situation de crise aiguë et limitant fort le contact avec l'équipe non psychiatrique. Ailleurs, l'appel est beaucoup plus fréquent, dans un contexte souvent moins dramatisé et avec une ouverture directe aux médecins et aux infirmières.

Il est évident que la participation du psychiatre est facilitée dans certaines unités, telles la garde et les soins intensifs : les états de crise psychologique, notamment les tentatives de suicide, y sont fréquents. Néanmoins, c'est la personnalité des médecins et des infirmiers, particulièrement des chefs, leur plus ou moins bonne tolérance à la réflexion psychologique, leur méfiance ou leur déni éventuels du rôle médical du psychiatre qui sont les éléments déterminants dans la collaboration, bien plus que le type de pathologie traitée.

Dans un temps ultérieur est parfois privilégié le modèle biologique. Cette évolution implique plus de technicités, plus de participation humaine aussi : les divers examens, tests, analyses biologiques, contrôles nécessitent une collaboration bien plus importante des équipes médicales et para-médicales. On observe dès lors que les liens entre le psychiatre de liaison et les non psychiatres qui étaient dans la deuxième phase répartis à travers les différents services de l'hôpital privilégient alors un à deux services. Si son rôle de médecin dépanneur des situations de crise persiste, sa fonction humanisante et formative à la sensibilisation psychologique est plus limité car il laisse davantage de place à la participation aux travaux de recherche scientifique.

Fauman (96) investigue la relation entre le psychiatre de liaison et les autres services. Il se réfère à un questionnaire adressé à 206 internistes et chirurgiens. Ceux-ci estiment que 14 % de leurs patients présentent des problèmes psychiatriques. La symptomatologie la plus fréquemment décrite est la dépression. La tentative de suicide, par rapport à différents désordres tels que problématique psychosomatique, trouble de la personnalité, abus éthylique, toxicomanie, est le symptôme le plus rare, il vient par exemple après les décompensations psychotiques ou les états d'agitation psychomotrice aiguë. Nous retrouvons donc là un élément déjà abordé, à savoir une probable méconnaissance du fait suicidaire chez beaucoup de patients. Le psychiatre, particulièrement lorsqu'il sort de son bureau et pénètre dans les différents services, a la surprise de découvrir un nombre non négligeable de tentatives de suicide ignorées tant par le médecin que par l'équipe soignante.

Il s'agit par exemple de chute ou d'ingestion volontaires présentées comme accidentelles, parfois même le médecin traitant est dans la confidentialité et il a accepté la demande du patient de masquer le contexte suicidaire. Le psychiatre, appelé au chevet du malade pour évaluation d'un état dépressif ou prescription d'un somnifère approprié, reçoit l'information le plus souvent aisément et de façon spontanée : le soulagement des patients à lever le secret et à parler de leur tentative est évident.

La même enquête souligne de façon très significative une meilleure identification du problème psychiatrique chez les médecins que chez les chirurgiens.

Les somaticiens appellent le plus souvent le psychiatre en situation d'agitation psychomotrice. Ceci n'a rien d'étonnant et est très explicite de l'intolérance devant l'expression de l'hétéro-agressivité, et de la banalisation et du désintérêt devant le geste auto-agressif qu'est la tentative de suicide.

Il est prioritaire de privilégier les bons contacts et une relation de confiance entre le psychiatre de liaison et ses confrères hospitaliers. Ceci doit non seulement améliorer la qualité de son travail mais permettre aussi un abord plus large et plus complet de l'ensemble des problèmes psychosociaux rencontrés chez le malade hospitalisé en service de médecine ou de chirurgie.

Kaplan De-Nour (154), enquêtant auprès de 77 médecins pratiquant en hôpital général, pensent que les problèmes émotionnels du consultant psychiatre, notamment son ambivalence par rapport à sa profession, est un élément important dans les tensions et difficultés relationnelles avec les autres médecins. Par exemple, la résistance à une prise en charge psychothérapique serait plus facilement attribuée à l'ignorance et à des facteurs personnels aux patients; par contre, dans le cadre hospitalier, le psychiatre associerait plus facilement les facteurs de résistance à l'influence du somaticien.

D'autres facteurs entrent probablement en jeu, notamment la méfiance et le doute à l'encontre de l'efficacité d'une intervention psychiatrique ou encore l'impact financier, car que ce soit sous forme d'un partage d'honoraires dans l'hôpital même ou dans le cadre du développement concurrentiel d'une clientèle post-hospitalière, le psychiatre peut, par exemple dans le traitement d'un état dépressif modéré, devenir le concurrent du médecin interniste.

Dans l'observation et le traitement des tentatives de suicide hospitalisées, on définira trois fonctions principales du psychiatre de liaison.

La première concerne le diagnostic, les conseils et aides pratiques, l'orientation post-hospitalière éventuelle. Il est important de dépister les faits suicidaires mais aussi la persistance d'une idéation suicidaire, d'un risque de récidive à court ou long terme. L'hospitalisation est un moment de crise où le patient, face à l'accentuation de sa souffrance, est plus disponible au dialogue, à l'écoute chaleureuse. Le psychiatre de liaison, cumulant son savoir et son expérience d'une part, sa mobilité et sa disponibilité d'autre part, est un acteur privilégié pour lui apporter cette aide.

Ensuite, la fonction d'enseignement et de formation. Face à la problématique suicidaire, les aidants médecins et para-médicaux sont mal informés, le plus souvent non formés, insécurisés, sans tactique thérapeutique cohérente. Il faut les informer et les rassurer: dans le cadre de séminaires, d'exposés, de participation aux staffs, mais aussi par le dialogue direct, par la répétition des consignes, par l'écoute des interrogations et de la résonance des équipes soignantes.

Enfin, la troisième fonction est celle de la recherche scientifique. C'est peut-être la plus ingrate car le psychiatre de liaison est un homme pressé et harcelé, un spécialiste des situations d'urgence, peu disponible au travail de notation, de relevé de résultats et d'observations, d'expérimentation structurée.

Son importance ne fait pourtant aucun doute, nous en prendrons deux exemples pour preuve. Le premier est la découverte de nombreuses tentatives de suicide hospitalisées en médecine ou en chirurgie sans avoir été examinées et anotées par le psychiatre de garde. Aussi, lors du développement d'une unité de psychiatrie de liaison, nous avons rapidement observé une augmentation du nombre de suicidants hospitalisés. Ceci correspondait non pas à une élévation des chiffres réels mais bien à un relevé plus précis et plus complet.

Le second est apparu lors du développement psychiatrique au sein d'une unité de soins intensifs d'un hôpital général. Il faut savoir que celle-ci se situe au 6ᵉ étage, alors que le service de garde, y compris l'unité d'hospitalisation provisoire, est au sous-sol. Il va de soi que toute arrivée d'un patient ayant réalisé une tentative de suicide implique un examen par le psychiatre de garde. Lorsque l'état de santé est gravement altéré, et seulement dans ce cas, le malade est directement amené au 6ᵉ étage. C'est un territoire tout à fait séparé de la garde, tant par la distance géographique que sur le plan psychodynamique, les équipes infirmières étant indépendantes l'une de l'autre. Après quelques jours, il arrivait souvent que le patient fasse une sortie d'hôpital, un transfert en service de médecine ou de chirurgie, ou encore décède sans que le psychiatre consultant ne soit informé. Nous avons privilégié alors les liens entre la psychiatrie et les soins intensifs, notamment par un passage quotidien du psychiatre de liaison au 6ᵉ étage. Cette simple mesure a permis une observation et un relevé nettement différents des comportements suicidaires. Par exemple, nous avons eu un nombre nettement plus élevé de tentatives par armes à feu : précédemment la fréquence des décès, l'orientation des survivants vers le service de neurochirurgie, département peu ouvert à la psychiatrie, nous faisait apparaître à tort un type de tentative comme tout à fait exceptionnel.

Il est certain qu'une psychiatrie de liaison efficace est un atout majeur dans le traitement des suicidants admis en hôpital général.

Malheureusement de telles unités, développées dans des centres hospitaliers importants et universitaires, sont loin d'être installées dans tous les hôpitaux. Trop souvent, elles sont pauvres en moyens humains et techniques : le psychiatre bénéficie rarement d'une collaboration par d'autres travailleurs de santé mentale, il est un homme seul à la disponibilité forcément limitée. Enfin, les obstacles psychologiques, socioculturels, mais aussi financiers sont réels : en-dehors peut-être du modèle biologique, il s'agit d'une aide médicale peu technique et donc coûteuse. La période de crise actuelle pose de nombreux points d'interrogation par rapport au fonctionnement futur des hôpitaux : l'un d'eux, particulièrement aigu et préoccupant, est celui du maintien et du développement de la psychiatrie de liaison.

6. L'hôpital psychiatrique et la psychothérapie hospitalière

Bien plus que l'hôpital général, l'hôpital psychiatrique est un territoire isolé, marginalisé, coupé du monde extérieur. Ilôt social, bien qu'établissant quelques ponts privilégiés avec le monde non-psychiatrique surtout par l'intermédiaire de son service social ou de ses médecins, il a son rythme et ses règles de fonctionnement propres. Une anecdote est très illustrative de cet isolationnisme. En pleine période de conflit linguistique dans une commune bruxelloise, alors que les revendications de parités linguistiques prenaient places dans un contexte très revendicatif et agité dans tous les secteurs publics et notamment ceux de la santé, une importante clinique psychiatrique située au centre de la commune était étrangère à ce remous : le monde de la folie, qu'il ait ou non murs et grillages, reste en partie la cité interdite.

Explorer cette cité serait un autre ouvrage. L'importance de son rôle et de son action dans la prise en charge hospitalière des patients suicidaires est évidente : nous allons donc, en référence à l'hôpital général, observer les similitudes et les divergences dans leur traitement.

Lors de la tentative de suicide, l'admission peut se faire directement en hôpital psychiatrique. C'est une démarche moins fréquente et qui implique deux préalables : sur le plan médical, il faut un état somatique satisfaisant qui ne nécessite pas une surveillance stricte : sur le plan psychosocial, il s'agit de patients déjà marginalisés par des antécédents psychiatriques, par un statut ethno-social ou socio-familial défavorisé, éventuellement par une pression extra-médicale, par exemple de la famille proche, pour une telle décision.

Il est assez étonnant que ce ne soit pas nécessairement l'agitation psychomotrice intense avec risque de récidive qui va impliquer une orientation directe en psychiatrie, la plupart des hôpitaux utilisant d'ailleurs une chambre d'isolement appellé parfois le cabanon.

Par rapport à l'hôpital général, le traitement du suicidant est différent par plusieurs aspects. On observe pas le désir, conscient ou non, de camoufler, de banaliser: il s'agit ici d'un comportement reconnu, fréquemment rencontré. Lorsqu'on prend une population au hasard de patients en hôpital psychiatrique, on note une incidence élevée d'antécédents d'une ou de plusieurs tentatives de suicide. On observe aussi que les équipes sont mieux encadrées tant sur le plan de l'infrastructure hospitalière que sur le plan de la formation professionnelle: il y a des chambres d'isolement, des sections fermées, une utilisation habituelle de camisole médicamenteuse, une implication plus grande des infirmières dans la prévention des risques de récidive, par exemple par la surveillance ou la fouille du patient.

L'association ou non d'un diagnostic psychiatrique au comportement suicidaire est un facteur qui va influencer directement la prise en charge en hôpital général, nous avons souligné antérieurement: ici, il n'y a aucune ambiguïté et le patient a d'emblée son statut psychiatrique. Celui-ci persistera d'ailleurs à la sortie soit sous forme d'une maladie psychiatrique, soit que l'on fera référence à des troubles de la personnalité.

Il est difficile de comparer les durées d'hospitalisation. En effet, si les séjours psychiatriques sont habituellement plus longs, l'association d'une pathologie grave, telle une psychose, est également plus fréquente: on ne peut donc comparer valablement. On notera souvent une préparation meilleure à la sortie et à la prise en charge thérapeutique post-hospitalière.

Comme la problématique suicidaire est davantage reconnue, la continuité dans le traitement psychothérapique ou socio-thérapique est plus régulièrement programmée, les liens avec les travailleurs de santé mentale extra-hospitaliers sont meilleurs. La collaboration entre l'hôpital psychiatrique et les secteurs, les centres de santé, certains services communaux, bien qu'elle se développe parfois lentement et avec difficulté, prend un essor réel et irréversible.

A côté de ces différents aspects spécifiques à l'hôpital psychiatrique, volontairement abordés succinctement, qu'en est-il de l'aide psychothérapique hospitalière au patient suicidaire ? La psychothérapie (139, 162), particulièrement sous certaines formes, est abondamment étudié et décrite dans d'autres chapitres de ce livre. Ce qui sera traité ici, c'est son entrée et son implantation parfois massive sur le terrain hospitalier, mais aussi l'impact de l'hôpital sur le processus psychothérapique lui-même.

Neill et Ludwig (210) examinent la relation entre psychiatrie et psychothérapie dans une perspective historique. Au milieu du 20e siècle, c'est-à-dire vers les années 50, le psychiatre détient un monopole virtuel sur la thérapie psychanalytique. Il connaît une ère de paix et de prospérité professionnelles. Cette situation fait suite à une évolution lente et progressive que l'on peut définir par trois étapes successives. Tout d'abord, à la fin du 19e siècle et au commencement du 20e siècle, on observe la médicalisation de la démarche psychothérapeutique : celle-ci est alors assurée essentiellement par les neurologues. Entre 1910 et 1930, ce rôle passe aux psychiatres et c'est l'avènement du monopole psychiatrique en psychothérapie. Enfin, la période de 1920 à 1940 verra la médicalisation de la psychanalyse, celle-ci est alors assimilable à une spécialité médicale.

Dès les années 1955-1960, le concept psychothérapique va profondément évoluer. Il y aura d'abord la révolution psychopharmacologique.

La découverte de l'action anti-psychotique de la Chlorpromazine marque le début de la psychiatrie spécifiquement pharmacologique. Ensuite l'étude en laboratoire, longtemps confondue avec la psychologie clinique, reprend ses droits avec la réapparition de l'intérêt dans les applications cliniques du behaviorisme et dans la recherche de la nature et des effets de la psychothérapie. C'est la période où la désensibilisation systématique, thérapie dérivée du laboratoire, apporte les preuves de son efficacité, spécifiquement dans le traitement des phobies. Enfin, les années 1960-1965 voient l'apparition de l'idée que des non-médecins convenablement préparés et expérimentés sont capables d'assumer pleinement le rôle psychothérapique. Il résulte de tout ceci une évolution sociale et professionnelle majeure ces 20 dernières années, une modification des rapports entre la psychiatrie et la psychothérapie, rapports qui sont encore en mutation actuellement.

La dimension sociale de la psychothérapie prend une importance croissante. Ce n'est plus uniquement le traitement du symptôme, source de souffrance, c'est aussi une meilleure intégration du patient dans la société et dans son cadre de vie habituel.

Le caractère pédagogique, c'est-à-dire éducationnel de la transaction ou de la fonction thérapeutique prend souvent le pas sur la composante médicale. Les paramètres sociaux sont mis en exergue par rapport aux paramètres biologiques dans la compréhension et le traitement de la maladie mentale. Parfois de façon excessive: les problèmes de statut familial, d'instabilité professionnelle ou de chômage, les difficultés économiques risquent de masquer les facteurs psychopathologiques. On va confronter le patient sur ses potentialités de changement, le dynamiser, le stimuler à sortir de son rôle de «victime de la société». Pour répondre à cet objectif de meilleure intégration sociale, on voit apparaître de nouvelles formes de thérapie. Ainsi l'essor de la thérapie de groupe montre bien l'enrichissement apporté par le caractère expérentiel de la thérapie: avec la permission et la protection du thérapeute, le malade s'exerce dans les sessions à de nouveaux types de relation positive avec les autres.

Cette recherche d'épanouissement personnel en groupe se retrouve très présente dans les équipes soignantes: il apparaît d'autres modes relationnels, privilégiant les notions d'égalité, de partage de l'information. Ceci va nettement à l'encontre de la tradition médicale et entraîne souvent des difficultés dans la mesure où le rôle et les fonctions des membres de l'équipe deviennent parfois imprécis.

Des non-médecins, — psychologues, infirmières psychiatriques, travailleurs sociaux — vont assumer le rôle psychothérapique au départ d'une formation complémentaire à leur diplôme de base: c'est une évolution qui apparaît dès les années 1960. Si la formation à la relation est un outil précieux, voire indispensable, ce partage de la fonction psychothérapique sera souvent source de difficultés dans les équipes: problèmes de compétition de pouvoir, de confusion de rôle, de difficulté de partage de l'information.

Face à un tel bouleversement, assurer la psychothérapie d'un patient suicidaire hospitalisé nécessite des normes claires, un cadre précis qui délimitera la fonction du thérapeute tant au niveau du processus que de l'objectif. Les choses doivent être claires et bien définies, quelqu'en soient les parts explicites ou implicites. On observera dès lors un développement important des techniques thérapeutiques dites contractuelles (12). En effet, un contrat délimite le cadre de référence, les règles de fonctionnement, le ou les buts à atteindre. Son importance est d'autant plus grande que la structure hospitalière, par les modifications fondamentales des conditions de vie tant d'ailleurs pour le patient suicidaire que pour le thérapeute employé par l'institution, risque de peser lourdement et d'influencer à tout moment cette relation bilatérale.

Aussi, certains paramètres psychothérapeutes seront marqués nettement par le contexte hospitalier. Nous en mettrons six en évidence (12).

1. La durée: dans un contrat commercial, les transactions entre les personnes sont définies dans le temps. Le contrat commence à un certain moment et s'éteint à un autre moment: dans l'exemple d'un achat, l'acquisition d'un meuble ou d'un service, l'obtention d'une coupe de cheveux, le contrat prend fin lorsque le meuble est payé ou livré et lorsque la chevelure est coiffée. C'est le même processus qui se passe dans le cadre de psychothérapies brèves, qui vont être focalisées sur un problème particulier avec un objectif thérapeutique limité: il peut s'agir par exemple de la concrétisation d'un contrat non-suicide définitif, ou encore de résoudre les difficultés familiales ou professionnelles qui sous-tendent l'idéation suicidaire. Une fois l'objectif atteint, le contrat thérapeutique prend fin. Ultérieurement, à l'hôpital ou en suivi post-hospitalier, une autre transaction peut être programmée et un nouveau contrat réalisé. Chaque nouvelle transaction est ainsi individualisée avec une durée limitée bien définie. Cette notion de psychothérapie brève, visant la disparition du risque de récidive suicidaire et la réinsertion rapide dans le cadre de vie habituel, a pleinement sa place en hôpital psychiatrique. Elle utilise avec succès des méthodes de type analyse transactionnelle ou thérapie comportementale.

2. La fréquence des entretiens: la fréquence est extrêmement variable non seulement suivant le type de techniques utilisées mais aussi en fonction de la personnalité des thérapeutes. Le contrat d'emploi hospitalier du thérapeute le rend généralement fort disponible, dépendant d'un horaire précis. Ceci permet une modulation adéquate de la fréquence en fonction des besoins des patients, des troubles présentés. Il s'agit manifestement d'une situation privilégiée par rapport aux psychothérapies extra-hospitalières, permettant chez des patients à problématique suicidaire importante un encadrement intensif avec plusieurs séances de psychothérapie par semaine.

3. L'argent: la gratuité de l'acte psychothérapique est la règle dans l'hôpital psychiatrique, de même que dans certaines structures de thérapie telles des centres de santé mentale et des centres de guidance.

Ce problème du paiement est difficile, souvent ambigu. Même à l'extérieur de l'hôpital, une série de variables vont le moduler: ainsi le thérapeute-médecin, à l'inverse du non-médecin, pourra faire bénéficier son patient d'une importante contribution de la part de la communauté à savoir le remboursement payé par l'assurance maladie-invalidité. Cette contribution variera même suivant certains critères sociaux : la veuve, l'orphelin, le pensionné bénéficient d'un remboursement plus important, voire complet.

Pour certains thérapeutes, particulièrement chez les psychanalystes, la thérapie implique un effort financier réel pour le patient, pour lui et pour personne d'autre : d'innombrables complications vont se présenter si le paiement de l'analyse dépend de la largesse d'un parent, d'un ami, d'une fondation. Pour d'autres, l'important sera la réalisation de l'objectif, l'implication personnelle sur le plan financier étant un aspect accessoire et non nécessaire : c'est bien entendu le cas chez les psychothérapeutes hospitaliers.

4. La protection du patient : l'hospitalisation psychiatrique entraîne par définition une meilleure protection du malade. C'est un élément de réassurance non négligeable, facilitant le travail psychothérapique. Il va de soi que le thérapeute sera néanmoins attentif aux risques de passage à l'acte auto ou hétéro-agressif. Les contrats non-suicides ou non-violences, destinés à protéger non seulement au niveau du risque suicidaire mais aussi au niveau de comportements dangereux, ont leur place autant dans qu'en-dehors de l'hôpital.

5. La disponibilité du thérapeute : classiquement la disponibilité du thérapeute est limitée à la durée des séances. Etant donné sa présence au sein de l'hôpital, elle sera plus grande chez le thérapeute hospitalier. Son écoute et son aide en-dehors de la structuration des séances et dans une situation de détresse ou d'urgence est un appoint précieux pour certains patients.

Ainsi dans les premiers temps suivant la réalisation d'un contrat de non-suicide, une disponibilité authentique et large est indispensable.

6. L'entourage : le voisinage des autres malades, la présence des équipes médicales, la multiplicité des examens psychomédicaux stimule l'attention et l'intérêt du malade sur sa problématique. De plus la structure hospitalière, le rythme des visites facilitent la prise de contact avec les proches et la famille : c'est un élément positif car l'information des réactions et des perturbations possibles en cours de traitement peut avoir un effet dédramatisant. Par contre, les désavantages liés à la situation hospitalière vont surtout s'exprimer à la sortie de clinique : difficultés de s'affirmer, voire simplement d'exister en-dehors du statut de malade, risque d'abandon d'une relation psychothérapique qui est moins admise et moins valorisée sur le plan socio-culturel.

Conclure ce chapitre implique de revenir à son titre. En effet, par rapport à l'hôpital général, le support thérapeutique principal que l'hôpital psychiatrique présente spécifiquement aux patients suicidaires est un soutien psychothérapique large et adapté. Cet élément très positif se développe largement et il contribue à sortir la psychiatrie hospitalière d'une étiquette archaïque d'enfermement et d'inefficacité.

7. Conclusion

L'hôpital est un territoire exceptionnel. Cette notion de territoire a sans cesse marqué notre observation du thérapeute hospitalier de patients suicidaires, elle a influencé à tout moment le contexte thérapeutique.

L'hôpital est un endroit aux multiples facettes qui défilent et s'entremêlent parfois comme les images dans un kaléidoscope. Hôpital général ou hôpital psychiatrique, problèmes d'urgences au sein des services de garde, équivalents suicidaires, conduites suicidaires chez l'enfant et tant d'autres aspects variables d'une même problématique : le comportement suicidaire. Nous pensons que cette diversité est bien à l'image du thérapeute hospitalier. Sa technique et son savoir psychothérapique ne sont pas utilisés dans le calme d'un cabinet feutré ou dans la structuration tranquille d'une consultation de Centre de Santé mais bien en un lieu où difficultés et multiplicité des problèmes s'entrechoquent et se surajoutent.

Que l'hôpital va jouer un rôle important dans nombre de comportements suicidaires, c'est une réalité et nous nous en sommes accommodés. Notre objectif n'a pas été de faire une critique comptable des éléments positifs ou négatifs afin d'en tirer un bilan, voire une justification ou une condamnation. Au contraire, nous avons voulu éclairer certains aspects, proposer des solutions ou des améliorations prioritaires, éviter de tomber dans certains pièges.

Finalement, en voulant clarifier certains problèmes ou répondre à des questions, d'autres interrogations sont apparues et nous nous trouvons au bout de notre chemin avec bien des portes encore ouvertes.

Ceci nous apparaît logique car, en même temps que des praticiens suicidologues investiguant et affinant leur outil psychothérapique, nous avons aussi été les explorateurs du monde hospitalier.

PRISE EN CHARGE THERAPEUTIQUE DES SUICIDAIRES : LA PSYCHOTHERAPIE CENTREE SUR LE CLIENT DE CARL ROGERS

Gaston Demaret. Licencié en Psychologie et en Logopédie, Psychothérapeute «Centré sur le Client» (Rogers) et membre de la «Vereniging voor Client - Centered Psychotherapie»; Directeur du Centre de Prévention du Suicide de Bruxelles.

Introduction

Client : Je ne vais pas bien.
Thérapeute : Vous n'allez pas bien.
Client : Je crois que je vais me suicider.
Thérapeute : Vous allez vous suicider.
Client : Je me lève et j'ouvre la fenêtre.
Thérapeute : Vous vous levez et vous ouvrez la fenêtre.
Client : Je me jette par la fenêtre.
Thérapeute : Vous vous jetez par la fenêtre.
Client : Plouf !
Thérapeute : Plouf !

Reflet caricatural de la thérapie centrée sur le client, ce dialogue bien connu met parfaitement en lumière les deux notions qui viennent habituellement à l'esprit quand on évoque les travaux de Rogers en psychothérapie : la non-directivité et la réponse reflet. Les exemples sont nombreux. Nous n'en reprendrons qu'un à titre illustratif. Il est extrait de l'ouvrage de Ey, Bernard et Brisset (92) : « Il (Rogers) décourage le transfert par une attitude constamment impersonnelle qui repousse en quelque sorte le sujet vers lui-même. Aussi ne fournit-il jamais la moindre interprétation. Il se contente de faciliter la formulation des expériences du sujet par une reprise en d'autres termes de ses émois ou sentiments essentiels ». Comme le rappelle Mucchielli (204) « La non-directivité est devenue un concept à la mode et il est souvent compris comme le non-interventionnisme, donc le parfait laisser-faire ».

Cette image de la thérapie en réduit considérablement la portée. Elle met l'accent sur «une technique» en passant sous silence les idées maîtresses de Rogers à savoir le pouvoir qu'a l'individu de se réaliser pleinement s'il jouit d'un climat psychologique qui lui donne la «possibilité de libérer chez lui la capacité de se comprendre lui-même, de changer l'idée qu'il a de lui et d'organiser sa vie». Nous avons retrouvé cette conception «réductrice» dans l'article que Diamond (75) consacra à la prise en charge des clients suicidaires par la psychothérapie non-directive. Après avoir passé en revue une série de techniques possibles avec les clients suicidaires (compréhension dynamique du problème, réassurance, raisonnement, réveil de motivations positives, étalage de connaissances, mise en évidence du fait que le suicide a tendance à être moins romantique dans son exécution que dans son projet), cet auteur envisage «le reflet des sentiments» comme technique. Cette méthode s'est révélée particulièrement efficace dans son expérience clinique. «Je poursuivrai le problème aussi loin qu'il me le permet, choisissant toutes mes réponses autant que possible dans le pattern décrit comme reflet de sentiments». Il ne tient aucun compte des points qui nous paraissent essentiels à savoir les trois conditions nécessaires et suffisantes pour créer ce climat bien défini dont parle Rogers : l'authenticité (la congruence), la considération positive inconditionnelle et la compréhension empathique.

Si nous nous basons sur notre expérience clinique, nous constatons que ces idées se révèlent être riches en possibilités avec les clients suicidaires. Nous allons les développer de la façon suivante :

Dans une première partie, nous présenterons brièvement la théorie de la personnalité, telle que la décrit Rogers en mettant l'accent sur les concepts fondamentaux à savoir la tendance actualisante, le processus organismique valorisant, la considération positive, les personnes critères et la formation du Moi.

Les mécanismes de défense développés par l'individu en réaction à un climat de considération positive conditionnelle nous permettront de comprendre ce que Rogers entend par personnalité pathologique. En fonction des concepts développés pour décrire la personnalité normale et pathologique, nous tenterons de cerner ce que peut être une personne suicidaire.

A notre connaissance, aucune étude n'a, jusqu'à ce jour, décrit ce type de personnalité en fonction de l'approche Rogérienne.

La deuxième partie abordera le problème de la relation d'aide thérapeutique avec les clients suicidaires. Nous rappellerons d'une part, les conditions nécessaires et suffisantes à la relation d'aide et leur dynamisme interne et d'autre part, la manière dont se structure la relation d'aide.

La troisième partie traitera du processus de changement de la personnalité.

Des exemples cliniques étaieront l'exposé et illustreront les thèses avancées.

Dans le cas de personnes suicidaires, la thérapie centrée sur le client telle qu'elle est décrite dans ce chapitre, semble offrir des avantages non négligeables.

Les relations d'aide les plus répandues avec les suicidaires (diagnostiques, évaluatives, prescriptives et même punitives) font jouer au thérapeute un rôle que les parents, les professeurs et les amis ont joué avant lui. Comme le souligne Diamond (75) le client semblera accéder à la sagesse du thérapeute alors qu'en fait, il développe un mur de défenses, se sentant incompris et encore plus seul qu'avant.

La thérapie centrée sur le client telle que nous l'avons appliquée de façon originale avec les suicidaires prend distance par rapport à ces types d'aide en mettant l'accent tant sur les deux personnes en relation dans un climat bien défini que sur les relations que chacune d'elles entretient avec elle-même.

Le risque de récidive est toujours important après une tentative de suicide. Les mesures de soutien ponctuel mises en œuvre pour éviter un nouveau passage à l'acte (chimiothérapie, intervention au niveau de l'entourage...) peuvent se révéler efficaces face à un problème crucial que le patient ne sait pas résoudre. La thérapie centrée sur le client permet d'aider l'individu à se développer afin de faire face aux problèmes actuels et à des problèmes ultérieurs d'une façon mieux intégrée et plus autonome. «S'il peut parvenir à une intégration suffisante pour traiter un problème de façon plus indépendante, plus responsable, moins confuse, plus organisée, il traitera également de la même façon les nouveaux problèmes qui se présentent à lui» (258).

La thérapie centrée sur le client a, en outre, le mérite de pouvoir offrir une contribution à la recherche en suicidologie, dans la ligne des travaux empiriques de Rogers et de ses collaborateurs. L'analyse des comptes rendus de thérapie contribue à la compréhension des mécanismes en jeu dans la relation avec la personne suicidaire (l'importance de la structuration, par exemple, comme nous le développerons plus loin). Elle permet également d'écouter chaque cas de tentative de suicide dans son originalité. Cela rejoint l'idée de Douglas et Baechler: l'étude du suicide doit partir « non des corrélations statistiques mais de l'analyse des cas individuels ». Nous ne nous situons plus au « niveau macrosocial mais redonnons la parole à l'acteur lui-même » (6).

Nous terminerons cette brève introduction en évoquant les limites de notre étude. Nous exclurons de notre travail:

1. Les cas où la tentative de suicide est liée à un problème organique. Une thérapie psychologique ne s'y révélerait d'aucune utilité (exemple: dépression liée à une lésion organique décelable, tumeur cérébrale).

2. Les équivalents suicidaires (refus de traitement médical, anorexie mentale, automutilations par exemple) ainsi que les cas d'alcoolisme et de toxicomanie généralement admis comme étant des formes concomitantes de comportements suicidaires.

3. Les cas de tentatives de suicide chez les enfants et les adolescents.

4. Les cas de clients présentant des troubles psychotiques.

Nous ne partageons pas, à ce sujet, l'avis de Rogers pour qui « les étiquettes de diagnostic sont tout à fait hors de propos » (258). Notre expérience clinique nous a prouvé à plusieurs reprises que parler du suicide avec certains psychotiques, loin de lui enlever sa charge émotionnelle, avait tendance à réduire la distance qu'ils prenaient encore par rapport à l'acte suicidaire et qui les protégeait de leurs tendances autodestructrices.

5. Les cas de débilité et de démence. Comme le soulignait Rogers (256) « la relation d'aide est une méthode plus appropriée et dont les chances de succès sont meilleures avec certains niveaux d'âge et d'intelligence ». Les affections mentales définitives (oligophrénies, démences séniles...) ne relèvent pas de la psychothérapie.

1. Théorie de la personnalité et personnalité suicidaire

1. Théorie de la personnalité

La théorie de la personnalité élaborée par Rogers se fonde sur une intuition fondamentale : celle de la capacité du client. « L'individu est capable de se diriger lui-même » (248). Dès ses premiers écrits (1940) concernant la thérapie qu'il appelle non-directive, Rogers décrit sa conception de la personnalité. Pour lui, la personne humaine est une totalité, un organisme indépendant et autonome, où les sentiments[1] jouent un rôle important et cette personnalité possède une capacité, une tendance à se développer, à croître, à se connaître, à se diriger, à s'adapter et à trouver un équilibre.

Dans les années '50, Rogers va développer une véritable théorie de la personnalité. Cette théorie sera remodelée en fonction du concept « d'expérience immédiate »[2] qu'il empruntera à Gendlin et que nous

---

[1] La notion de sentiment « englobe non seulement des expériences de nature émotionnelle ou affective (angoisse, honte, haine, amour etc.). Elle s'étend à tout ce qui tend à révéler l'angle perceptuel — personnel, subjectif — de l'expérience, tout particulièrement de l'expérience qui se rapporte à l'image du Moi. Les intentions, les impressions, les croyances, les attitudes tombent donc toutes sous la notion de sentiment » (254). Ce concept s'oppose à celui de « faits » qui se réfère aux éléments matériels ou sociaux servant de véhicule ou de contexte aux sentiments.
[2] Nous avons repris à Herbert la traduction de experiencing par expérience immédiate. de la Puente traduit ce concept par l'expérience vécue.

expliciterons ultérieurement. Soulignons que dans son œuvre, Rogers mettra plus l'accent sur le changement de la personnalité et les conditions permettant ce changement que sur une théorie de la personnalité elle-même.

Il n'entre pas non plus dans ses objectifs de réaliser une étude différentielle des caractéristiques de personnalités pathologiques. Cependant, comme il le dit lui-même, «quiconque travaille la dynamique du comportement humain se voit dans la nécessité d'entrer dans la théorie de la personnalité» (252).

C'est à partir de son expérience thérapeutique que Rogers va élaborer sa théorie. Il base celle-ci sur «un modèle cognitif se référant à la consistance des perceptions» (146).

Il s'intéresse au présent et privilégie l'expérience consciente. Rappelons brièvement que la notion d'expérience «a trait à tout ce qui se passe dans l'organisme à un moment quelconque et qui est potentiellement disponible à la conscience; autrement dit tout ce qui est susceptible d'être appréhendé par la conscience» (254).

a) *Personnalité normale: théorie de la personnalité qui s'organise (l'enfant)*

Pour expliquer la possibilité qu'a l'individu de se diriger lui-même, Rogers postule l'existence de deux caractéristiques innées chez tout être humain: la tendance actualisante de l'organisme d'une part, la capacité de régulation de l'organisme par lui-même d'autre part. L'organisme est ici conçu comme une totalité (corps, capacités psychiques et fonctions psychosociales) qui interagit avec l'environnement.

La tendance actualisante est une force de croissance de l'organisme. Elle tend à développer «toutes ses potentialités et à les développer de manière à favoriser sa conservation et son enrichissement» (254). L'enfant possède déjà ce système inné de motivation propre à tout être vivant, cette tendance à se réaliser pleinement qui vise à satisfaire autant les besoins physiques que les besoins intellectuels, affectifs et sociaux de la personne. L'individu va réagir vis-à-vis de la réalité qu'il perçoit en fonction de cette tendance à l'actualisation. «Son comportement présente un effort constant et orienté de l'organisme en vue de satisfaire ses besoins d'actualisation tels que la personne les perçoit dans la réalité» (254). S'il peut se réaliser sans entraves, remarque Huber (146), l'enfant «évolue dans le sens de la maturité, c'est-à-dire vers une différentiation, une autonomie, une expansion et une socialisation croissante».

L'enfant possède aussi un système régulateur appelé « capacité de régulation de l'organisme » ou bien encore « processus organismique valorisant ». Celui-ci permet à l'individu de distinguer les expériences qui sont favorables à son organisme, celles qui le développent des expériences qui sont défavorables, qui ne le développent pas. L'enfant attachera une valeur positive aux expériences qu'il perçoit comme favorables et une valeur négative aux autres. C'est donc un processus d'évaluation qui fonctionne dès la prime enfance. « Cette évaluation peut s'appeler organismique en ce que c'est la tendance actualisante qui sert de critère » (254).

Pages résume la pensée rogérienne en disant : « La notion de développement désigne donc un ensemble de deux systèmes couplés : un système motivationnel unifié, la tendance actualisante et un second système d'évaluation d'expérience, qui fonctionne comme régulateur du premier » (217).

Ces deux systèmes permettent également d'expliquer le fait que l'individu a le pouvoir de poursuivre des fins qui lui sont propres et d'adapter son action aux fins qu'il poursuit. Il nous semble utile de rappeler qu'une des caractéristiques essentielles de l'enfant est sa tendance à percevoir son expérience comme étant la réalité. La réalité pour l'enfant, c'est la représentation qu'il s'en fait.

A un certain moment du développement de l'enfant « un segment de l'expérience se différencie et se symbolise dans la conscience » (146). C'est la perception que l'individu a de lui-même ou la conscience d'exister ou encore l'expérience du Moi. Rogers, en effet, « s'intéresse davantage aux vicissitudes d'un processus unique, le développement, toujours à l'œuvre, à ses conditions générales d'inhibition ou de facilitation, qu'à la description détaillée de ses différents avatars ; l'histoire de l'individu ne l'intéresse pas en tant que telle mais en tant qu'elle met en œuvre des processus toujours actuels » (217).

Grâce à l'interaction entre l'organisme et le milieu, cette conscience d'exister va s'organiser pour former le Moi[3] de la personne. Peu à peu, le Moi se complexifie et devient « un échantillonnage (pattern) ou modèle organisé de perception de soi et de soi en relation aux autres et à l'environnement. Cette configuration ou cette Gestalt est dans ses détails, une chose fluide et changeante, et qui est nettement stable dans ses éléments basiques » (248).

---

[3] Le concept de Moi (self) est une notion-clef de la théorie rogérienne. Elle fait référence à une « structure perceptuelle, c'est-à-dire un ensemble organisé et changeant de perceptions se rapportant au sujet lui-même » (254).

Rogers signale également que ce Moi, ce noyau, est constamment utilisé comme cadre de référence quand on doit faire des choix.

Il sert alors à réguler le comportement et peut servir à rendre compte des uniformités observées dans la personnalité. Cette Gestalt, cette configuration est généralement disponible à la conscience.

Comme le rappelle Benoit (19) « ce qu'on appelle conscience se calque sur une activité principale de représentation, de « symbolisation » verbale et non verbale ».

« La conscience, c'est la perception de l'expérience, c'est l'expérience symbolisée. Elle englobe tout ce dont le sujet se rend actuellement compte ainsi que toutes les expériences passées ou périphériques capables d'entrer immédiatement dans le champ de la perception sous l'influence d'une stimulation adéquate que cette stimulation soit externe (physique) ou interne (provenant d'associations d'images, de pensées etc. » (254).

Les expériences non symbolisées, non disponibles à la conscience sont de deux ordres:

1. Les expériences non symbolisées mais symbolisables

Ce sont les expériences dont la symbolisation est empêchée en raison de leur signification menaçante par rapport à l'image du Moi. Un individu, par exemple, qui porte en lui un sentiment d'échec, dont l'image de soi est fondamentalement négative, attribuera toute réussite à des facteurs extérieurs pour ne pas remettre en cause cette image « j'ai obtenu cette place parce qu'il n'y avait pas d'autres candidats », « si j'ai réussi cet examen, c'est que les questions étaient faciles ».

2. Les expériences non symbolisées et non-symbolisables

Ce sont les expériences sans signification. Elles sont définitivement inaccessibles à la conscience, soit en raison du fait qu'elles étaient perçues par le sujet comme n'ayant pas d'importance par rapport au Moi, soit en raison de leur intensité trop réduite pour franchir le seuil de la perception.

Rogers utilise la notion de Moi idéal lorsqu'il décrit les résultats de la thérapie ou les recherches empiriques concernant l'évolution du client. En ce qui concerne la théorie de la thérapie et la théorie de la personnalité, la notion de Moi idéal est intégrée au concept du Moi. Cette notion (Moi idéal) se réfère « à l'ensemble des caractéristiques que le sujet voudrait pouvoir réclamer comme descriptif de lui-même » (254). C'est le Moi que le sujet voudrait avoir.

N.B. Pour cerner davantage la dynamique du changement de la personnalité, Rogers, à la place du concept « d'expérience » utilisera, à partir des années '60, celui « d'expérience immédiate » empruntée à Gendlin.

« Il s'agit de la formulation d'un nouveau 'construct' (concept construit) théorique qui, au lieu de tenir compte du 'contenu' de l'expérience (ancienne notion 'd'expérience') s'attache davantage à la 'manière' dont se déroule les phénomènes internes qui la composent » (64).

L'expérience immédiate est l'accessibilité de son expérience pour le sujet.

En 1960, Rogers définit l'expérience immédiate comme « un processus de sentiments ressentis, qui a lieu dans le présent immédiat, qui est de nature organismique préconceptuelle, qui contient des significations implicites et auquel l'individu peut se référer pour former les concepts ».

Le concept d'expérience immédiate change la façon de percevoir le conscient et l'inconscient. Rogers situe « l'expérience » en dehors de la conscience tandis que « l'expérience immédiate » est un processus conscientisé.

Remarquons avec de la Puente (64) que « Rogers continue à recourir à des termes tels que « conscience » et « inconscience » mais dans un autre sens, dans un sens strict. Il semble appeler « inconscient » l'experiencing indifférencié, qui se trouve déjà présent dans la conscience mais dont la personne n'a pas pris une connaissance directe, par opposition à « l'experiencing » différencié, dont l'individu a une connaissance claire, qu'il appelle « conscient ». Dans un sens large, la « conscience » comprend tant le « conscient » que l'« inconscient ». Les significations « conscientes » (ou de la « conscience consciente ») se trouvent déjà « implicites » dans « l'experiencing organismique » (ou dans la « conscience inconsciente »).

Parallèlement au développement de la notion du MOI, l'individu éprouve le besoin d'une considération positive de la part des autres. La considération positive inclut généralement les sentiments, les attitudes de chaleur, d'accueil, de sympathie, de respect et d'acceptation. L'enfant éprouve d'abord ce besoin de considération positive de la part d'autrui, ensuite ce besoin s'exerce à l'égard de lui-même. Les personnes pour qui l'enfant éprouve une considération particulièrement positive seront ce que Rogers appelle les personnes critères.

«L'individu qui cherche l'attention positive d'autrui et qui l'obtient ou non, à propos des expériences qu'il poursuit, en vient à devenir pour lui-même son autrui significatif, se distançant ou se frustrant d'attention positive» (217). L'enfant éprouve donc un besoin de considération positive, d'acceptation, d'amour qui est satisfait essentiellement par les parents. Si ceux-ci manifestent «une considération positive inconditionnelle» pour leur enfant et valorisent toutes les expériences qu'il peut faire de lui-même, ils lui permettront de vivre toutes ses expériences comme valables. La personne critère peut influencer le processus d'évaluation organismique propre à l'individu et devenir une force directrice plus importante que ce processus.

La considération positive d'autrui et plus particulièrement de ces autruis significatifs que sont les personnes critères peut être de deux types, soit inconditionnelle, soit conditionnelle c'est-à-dire sujette à des conditions de valeur.

Dans le premier cas (la considération positive inconditionnelle), autrui considère toutes les expériences relatives à l'idée que le sujet se fait de lui-même comme également dignes de considération positive. La personne se sent estimée en tant que personne et le processus organismique valorisant permettra à la tendance au développement de l'organisme de s'actualiser. L'individu se sentira libre, sans crainte ni angoisse, pour atteindre sa maturité psychologique et sociale. Il est évident que liberté ne signifie pas que l'enfant va pouvoir satisfaire n'importe quelle expérience. Il se sent libre de reconnaître son expérience.

Cette liberté expérientielle suppose que le sujet ne se sente pas obligé de nier ou de déformer ses opinions et attitudes intimes pour maintenir l'affection ou l'appréciation des personnes importantes pour lui.

Dans le deuxième cas (considération positive conditionnelle), les expériences de soi de la personne sont jugées ou valorisées par les personnes critères de façon sélective. La considération positive de la personne à l'égard d'elle-même devient alors sélective c'est-à-dire qu'elle se valorisera conditionnellement. En fait, comme le remarque de la Puente (64) il s'agit de désadaptation potentielle:

- L'individu peut très bien n'avoir aucune conscience de sa situation et fonctionner sans avoir aucune sensation de tension ou de déséquilibre intérieur.
- Les expériences ne sont pas toutes «symbolisées» dans la conscience. Rogers, pour cette raison, insiste sur le fait que toute expérience

est à la disposition de la «conscience» et pas nécessairement dans la conscience.

La considération positive conditionnelle de la part d'autrui et ses conséquences sont essentielles pour comprendre le processus de désadaptation de la personne dans la théorie de Rogers.

b) *Personnalité pathologique ou la théorie de la personnalité qui se désorganise*

Les troubles de la conduite et de la personnalité trouvent leur origine dans le désaccord qui s'installe entre ce que ressent l'individu dans son expérience et l'évaluation qu'il a faite sienne de cette expérience par autrui. Rogers évoque à ce propos le concept de considération positive conditionnelle. «Quand les expériences de soi d'un sujet donné sont jugées par certaines personnes — critères comme étant — ou n'étant pas dignes de considération positive, il s'ensuit que la considération positive du sujet à l'égard de lui-même devient également sélective» (254).

L'individu devient incapable alors de prendre face à lui-même et ses expériences «une attitude positive indépendante des conditions externes». Il préfère être accepté par autrui que réaliser son expérience. Pour cela, il va attacher une valeur positive à des comportements qu'il n'éprouve pas vraiment comme positifs et une valeur négative à des comportements qu'il éprouve comme agréables et conformes à son besoin d'actualisation. Il sera incapable de prendre, face à lui-même et à ses expériences, une attitude positive indépendante des conditions externes.

Même si l'individu ne s'en rend pas compte, il en vient «à désavouer» ou «à déformer» quelques-unes de ses expériences personnelles écrit de la Puente (64). Il ajoute «Le concept du Moi du sujet sera donc formé de représentations et de valeurs qui ont une double origine à savoir l'origine organismique personnelle et l'origine sociale extérieure». Il y a déviation du processus organismique d'évaluation. L'expérience est évaluée en termes des attitudes prises par les personnes-critères (en particulier les parents et la fratrie) comme si «elles étaient basées sur l'évidence de l'équipement sensoriel et viscéral de soi-même et non expérimentées comme attitudes d'autrui» (71).

L'anxiété apparaît chaque fois que l'individu se comporte de manière contradictoire c'est-à-dire s'il se conduit tantôt selon son désir, tantôt selon le jugement d'autrui intériorisé qui le désapprouve.

C'est l'exemple classique de l'enfant qui, par peur de perdre l'amour de ses parents, ne peut exprimer verbalement la frustration qu'il ressent lors de la naissance d'un cadet. Il n'est plus libre d'éprouver son expérience d'agressivité à l'égard du plus jeune. L'interdiction porte à la fois sur l'expression du sentiment et la perception de ce sentiment par le sujet.

N.B. En principe, cette déviation du processus d'évaluation n'est pas inévitable. Prenons l'exemple d'un enfant qui bat un cadet dont il est jaloux :

- Si l'enfant se sent apprécié dans ce qu'il est, si les parents acceptent toujours ses sentiments bien qu'ils ne tolèrent pas toujours leur expression par voie de comportements, le mode d'évaluation conditionnelle ne se produit pas.

- Au lieu de symboliser de façon déviée en vue de préserver l'image menacée du Moi « je perçois le fait de battre mon frère comme mauvais et moi, battant mon frère comme non aimable », l'enfant peut symboliser correctement s'il y est aidé « je perçois mes parents comme faisant l'expérience de cette conduite (battre mon frère) en tant qu'insatisfaisante pour eux ».

Comme l'expliquent Rogers et Kinget (254) « à partir du moment où l'évaluation de son expérience est conditionnelle, le comportement est réglé tantôt par le Moi tantôt par certains éléments d'expérience qui ne sont pas incorporés dans la structure du Moi (...). Les expériences qui ne sont pas conformes à la structure du Moi et aux conditions qui dominent le processus d'évaluation sont reconnues au niveau de la subception[4] comme menaçantes.

L'angoisse constitue la réaction de l'organisme à la subception de cet état de désaccord et au danger de prise de conscience qu'exigerait une modification de la structure du Moi ».

Des mécanismes de défense visent à réduire le désaccord entre le Moi et l'expérience. Rogers en distingue deux :

---

[4] Rogers a repris la notion de subception à Mccleary et Lazarus ('49). Il s'agit de la discrimination d'excitants sans représentation consciente.
Rogers (250) remarque que cette notion explique « la capacité de l'individu de distinguer le caractère menaçant d'une expérience sans se rendre pleinement compte de son caractère menaçant » c'est-à-dire sans le symboliser, sans en avoir de représentation consciente.

1. La déformation, mécanisme par lequel «l'individu réagit en déformant ou en falsifiant la signification de l'expérience de manière à la rendre conforme au Moi» (254). L'individu admet l'existence de l'expérience, il la symbolise mais il en transforme la signification pour la rendre compatible avec l'image qu'il a de lui-même.

Si la structure du Moi de l'individu, par exemple, comporte l'élément «je ne vaux rien» et s'il réussit les épreuves de sélection pour un emploi déterminé, il déformera cet élément d'expérience en se disant qu'il a eu de la chance.

2. La dénégation, «mécanisme par lequel l'individu désavoue l'expérience afin d'écarter toute menace à la structure du Moi» (254). Il ne symbolise pas l'expérience. En refusant de comprendre l'organisme s'arrange pour échapper à la réalité.

Cette activité défensive donnera naissance à la conduite de rigidité bien décrite par Rogers (254): «Le sujet qui perçoit de façon rigide a tendance à se représenter son expérience en termes absolus et inconditionnels, à généraliser indûment, à se laisser guider — sinon dominer — par des opinions, des croyances et des théories, à confondre les faits et les jugements de valeur, à se fier à des abstractions plutôt qu'à affronter la réalité; bref, les réactions de cet individu ne sont pas ancrées dans le temps et dans l'espace, elles ne s'enracinent pas dans la réalité «concrète».

Signalons enfin, sans entrer dans le détail: si l'individu perçoit clairement son incongruence, il se trouvera dans un état de désorganisation totale. Toute personnalité désorganisée peut aboutir à une phase de réorganisation à condition que soient réunies certaines conditions interpersonnelles que «Rogers synthétise dans le concept de considération positive inconditionnelle assumée dans la thérapie par la personne du thérapeute» (64).

Deux remarques s'imposent:

1. La théorie de la personnalité élaborée par Rogers peut paraître un peu pauvre. S'il est vrai que l'intérêt de Rogers résidait davantage dans l'étude des changements de la personnalité au cours de la psychothérapie, il nous semble, à la suite de Huber (146) qu'il néglige de parler «des problèmes posés par le désir, par l'agressivité et par l'état d'incapacité à s'assumer dans lequel peut se trouver le patient et qui peut nécessiter la 'directivité' du thérapeute». Comme nous le verrons dans la suite de ce chapitre, cela s'avérera particulièrement d'actualité dans les cas de personnes suicidaires.

2. Les catégories diagnostiques d'usage courant dans la pratique psychothérapeutique n'entrent pas en ligne de compte dans l'élaboration de la théorie de la personnalité. «Il n'est pas établi qu'il soit nécessaire pour le bon déroulement de la psychothérapie que le thérapeute ait un diagnostique psychologique précis du client» (249). Comme le rappelle Huber, «Rogers ne différencie pas les différents types de troubles de la conduite et les aborde tous de la même manière» (146).

Résumé

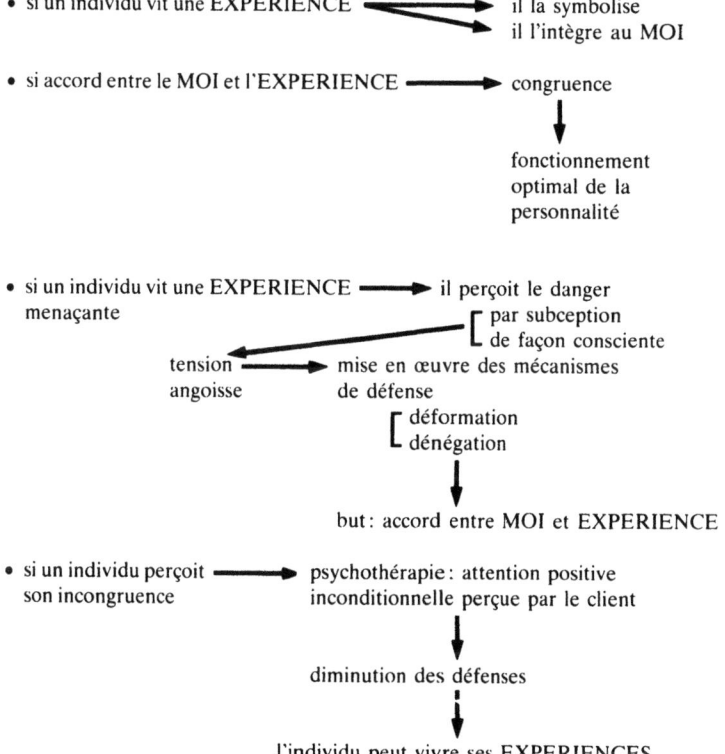

2. La personne suicidaire

En nous basant à la fois sur les concepts mis en lumière par Rogers pour élaborer sa théorie de la personnalité (tendance actualisante —

personnes — critères — congruence en particulier) et sur notre expérience clinique, nous avons tenté d'élaborer une théorie de la personnalité suicidaire.

Dans un premier temps, nous tenterons de comprendre pourquoi un individu est susceptible de devenir suicidaire. Dans un deuxième temps, nous approcherons le problème de la crise et de la crise suicidaire.

a) Le terrain prédisposant

Rejetant les théories psychanalytiques, Rogers met l'accent, comme nous l'avons déjà souligné précédemment, sur les tendances positives de la personnalité. L'individu est tourné vers son épanouissement. Si l'atmosphère dans laquelle il baigne est faite d'acceptation et d'amour, il devient capable d'utiliser son énergie vitale pour entrer en contact avec la réalité et « à y trouver matière pour l'accroissement de son être ».

A notre point de vue, la tentative de suicide comme les idées suicidaires s'inscrivent dans le cadre du dysfonctionnement de la personne. N'ayant pas joui d'une atmosphère d'acceptation inconditionnelle au cours de son enfance, l'individu n'est plus capable de développer un processus organismique valorisant.

Le Moi se construit en fonction de la manière dont l'enfant se sent perçu par les personnes importantes de son entourage, ce que Rogers appelle les personnes-critères. Une remarque s'impose ici: à la suite de l'évolution de notre monde occidental, seule la famille est censée fournir à l'enfant le sentiment de sa sécurité et de sa valeur. Dans le cadre de la famille nucléaire contemporaine, seuls les parents et la fratrie constituent des personnes critères de référence importantes. Si on suit Aries, il n'existe plus à l'heure actuelle de structures alternatives soit à la suite de la disparition du «milieu», soit parce que l'école ne prend en charge l'enfant que fort tard dans son évolution. L'aménagement affectif de chaque individu est de ce fait et pour sa plus grande part, décidé à l'intérieur du cadre familial et comme le remarque Baechler (8) «il existe des stratégies intrafamiliales qui admettent dans leur panoplie le suicide». Cet auteur fait référence à la perspective systématique qui vise à conceptualiser la conduite suicidaire en termes de «système familial en interaction». Richman (243) par exemple, analyse les modèles d'interaction particuliers à certaines familles et en font des familles à tendance suicidaire. Selon lui, la conduite suicidaire serait un acte basé sur un ensemble de facteurs parmi lesquels prédominent les tensions familiales. Il ne s'agit plus de comprendre l'individu

isolément mais de le situer dans le contexte familial dans lequel il évolue. En se basant sur des expériences cliniques, il a pu mettre en évidence un pattern unique appelé le «système familial suicidaire» qui se caractérise notamment par:
- une inaptitude à accepter le changement (rigidité) se manifestant par une intolérance à la séparation, une symbiose sans empathie, l'instabilité des relations;
- une fixation aux figures parentales et aux modèles de relations infantiles;
- une fixation aux rôles sociaux primaires.

Le besoin le plus fondamental de l'enfant est de se sentir aimé et accepté par les autres. Si l'acceptation par les personnes critères est conditionnelle, il expérimentera comme siennes et positives pour lui des valeurs introduites de l'extérieur n'allant pas nécessairement dans le sens de son épanouissement.

Ainsi, pour en revenir à la personne suicidaire, si un enfant est traité par ses parents comme n'étant pas digne de considération, n'ayant de valeur qu'à la condition de ne pas «exister», il ne se considérera comme aimable qu'à la condition de ne pas exister. Pour être aimé et s'aimer lui, il devra renoncer à vivre.

«Je ne me sentais aimée par ma mère que lorsqu'on ne me voyait pas, on ne m'entendait pas... en fait je devais être comme morte... surtout qu'on ne me remarque pas...» nous disait une cliente.

Ce renoncement peut prendre des formes multiples allant de la fixation à un stade infantile de dépendance, un refus de «changer» jusqu'aux idées ou tentatives de suicide et même le suicide effectif.

Cette situation qui semble paradoxale se rencontre fréquemment. Nous n'en citerons que quelques exemples extraits de la littérature ou issus de notre expérience avec des clients suicidaires.

Certains sont tributaires des circonstances extérieures. C'est le cas par exemple, de parents qui ne parviennent pas à assumer le deuil d'un enfant mort. Pour celui qui reste, capter l'affection des parents ne semble pas pouvoir se faire sans problème. L'enfant se sent exclu de la relation avec le disparu et se perçoit lui-même, dans sa quête d'amour, comme peu digne d'être aimé. «On semble m'oublier, on ne m'attache pas d'importance». Le malaise engendré chez l'enfant par la perception qu'il a de lui-même comme peu aimable (évaluation qu'il a faite sienne de son expérience par autrui) le fait agir de façon qui renforce le comportement rejetant des parents et leur fait dire: tu es insupportable puisque tu ne fais que des bêtises alors que nous avons tant de chagrin». L'enfant introjecte: «je ne suis pas aimable et pas digne de vivre. Il ne me reste plus qu'à être mort pour devenir objet d'amour».

La personne qui a d'elle-même une image négative, se rejette et devient incapable de s'aimer elle-même et d'aimer les autres. Meerloo (188) en cite un exemple: «puisqu'il me faut être mort pour avoir l'affection de ma mère, je mourrai». Il poursuit en citant l'exemple de Van Gogh, «victime d'une mère inconsolable de la mort d'un fils, son aîné prénommé Vincent avant lui, et qui a fini par se suicider».

Cette situation se rencontre également en cas de carence parentale que l'absence soit effective ou affective, dans le cas d'enfants non désirés et non acceptés et de façon plus subtile et plus courante dans le cas de parents névrosés qui n'arrivent pas à synthétiser dans leur comportement un sentiment de rejet qu'ils éprouvent, souvent sans s'en rendre compte, vis-à-vis du comportement de leur enfant et la norme intériorisée: «il faut aimer ses enfants».

Ils ne peuvent reconnaître en eux des sentiments négatifs, des sentiments qui paraissent inacceptables socialement et agissent comme si tout sentiment était positif. En d'autres termes, ils refusent de reconnaître en eux un sentiment de non-acceptation d'un comportement irritant pour eux sans se rendre compte de la dualité du message qu'ils font passer.

Ne pouvant dire «je ne te supporte pas quand tu te conduis de cette manière», ils communiquent en fait «je t'aime» et ce qui passe dans le message c'est «je te déteste». On constate une contradiction entre le dire et le faire, entre le ressentir et le dire. Les parents s'efforcent en vain d'actualiser un Moi qui ne s'accorde pas avec ce qu'ils éprouvent réellement (incongruence).

L'enfant ressent confusément et symbolise de façon déviée une non-acceptation de lui-même en tant que personne alors que c'est l'expérience de sa conduite qui est insatisfaisante pour les parents. L'indécision où se trouve le sujet concernant sa propre valeur et sa capacité de plaire et d'être aimé le conduira alors à adopter vis-à-vis d'autrui une attitude revendicatrice d'approbation et de reconnaissance. L'image qu'il se fait de lui-même dépend du jugement d'autrui.

Soumis à une telle atmosphère de considération positive conditionnelle, l'individu utilise son énergie vitale à développer des défenses pour lutter contre son angoisse. Celles-ci restreignent sa capacité d'épanouissement et de liberté et donnent naissance à une conduite rigide qui a l'avantage pour lui de le protéger contre les menaces réelles ou imaginaires de l'environnement. Si ces défenses se révèlent inefficaces, l'individu va se trouver confronté à la crise.

b) La crise suicidaire

La subception d'un désaccord entre le Moi et l'expérience engendre chez l'individu un état de tension et d'anxiété qui a tendance à se développer et à placer l'individu en état de crise. Mobilisant son énergie vitale pour lutter contre l'angoisse, l'individu ne peut plus faire face aux difficultés qui se présentent à lui (perte d'emploi, deuil, déception, rupture, etc.).

L'individu considère rationnellement ces difficultés qu'il rencontre comme étant à l'origine de la crise. En fait, il projette son angoisse sur l'événement extérieur (épiphénomène). Cela lui permet de canaliser l'angoisse et d'éviter le danger de la prise de conscience manifeste de son état d'incongruence. Cette prise de conscience serait source de désorganisation de la personnalité. Moron (198) soulignait déjà que le facteur déclenchant était en fait une rationalisation dont se servait le sujet pour donner une explication satisfaisante à son acte.

Si l'individu se vit en situation de crise à cause d'un événement particulier, il va rechercher des solutions à son problème. Ces solutions se solderont souvent par des échecs répétés parce que ce n'est pas l'événement déclenchant qui est à l'origine de la crise mais l'état d'incongruence de l'individu.

Les personnes qui, dans l'enfance, ont développé un terrain prédisposant au suicide, peuvent considérer celui-ci comme la meilleure et la seule solution possible.

En émettant des idées suicidaires ou en réalisant une tentative de suicide; il s'agit pour l'individu de tenter de cacher à la conscience son état d'incongruence (alors qu'il dit avoir commis cet acte parce qu'il était confronté à une difficulté à laquelle il ne trouvait pas de solution). Il espère, en outre, attirer l'attention des autres sur lui. Il fait appel à une reconnaissance (considération positive), réponse à un besoin fondamental d'amour qui est resté ignoré.

Cette solution (idées suicidaires, tentative de suicide) est renforcée d'une part, par le fait que chaque membre de la famille acquiert d'autant plus de valeur pour les autres que celle-ci est restreinte et d'autre part, par la peur et l'angoisse qu'un tel comportement éveille chez l'entourage lui-même confronté parfois à ce problème.

Cette façon d'envisager la problématique suicidaire se distingue des autres théories (Farberow, Caplan...) en mettant l'accent non sur l'événement déclenchant de la crise mais sur l'état d'incongruence de la personne. L'état de tension existe déjà chez l'individu avant toute apparition de motif de crise.

Notre théorie permet d'expliquer que certains individus développent une personnalité suicidaire sans que les idées ou le comportement suicidaire ne soient clairement définis dans la conscience ou sans qu'il n'y ait jamais de passage à l'acte. Ayant été confronté à des personnes-critères qui n'étaient pas à l'écoute de leurs sentiments et avaient scotomisé en elles le processus d'évaluation organismique, ces individus ont introjecté une norme impérative: « on ne peut pas se tuer ». Les valeurs étant introjectées à partir de l'extérieur, ils développent une conduite rigide et sans spontanéité qui explique le non-passage à l'acte suicidaire. Il existe chez eux un conflit entre les différents aspects du Moi, entre ce qu'ils pensent, disent et expérimentent.

D'autre part, l'interdit peut ne pas être intégré parce que le sujet a été confronté au comportement suicidaire d'une personne-critère. Il a introjecté un mode de comportement qu'il aura tendance à reproduire dans des circonstances similaires, dans ses relations significatives. Même si la personne-critère verbalise clairement un interdit du suicide, il existe une contradiction entre le dire et l'agir. L'individu « apprend » un comportement au cours de son enfance. Dans la gamme variée des comportements qui s'offrent à lui, il réagira en choisissant celui qui a été prégnant. Il a pu constater qu'il était rentable. En cédant au chantage au suicide, par exemple, l'entourage peut renforcer ce type de comportement.

Cette perspective offre l'avantage, en dégageant le suicide des catégories nosographiques et socio-culturelles de recourir à des notions psychologiques en faisant du suicide un comportement individuel, complexe et significatif.

N.B. Une situation que l'on rencontre souvent aujourd'hui semble être problématique. Les personnes-critères, qui dans un souci de libéralisme mal compris satisfont les besoins affectifs mais ne font preuve d'aucune autorité, n'imposent aucune norme, « font peser sur leurs enfants le poids écrasant de trouver eux-mêmes leurs valeurs et leur projet de vie » (8). Elles multiplient les incertitudes et renforcent l'insécurité et l'angoisse.

La crise suicidaire

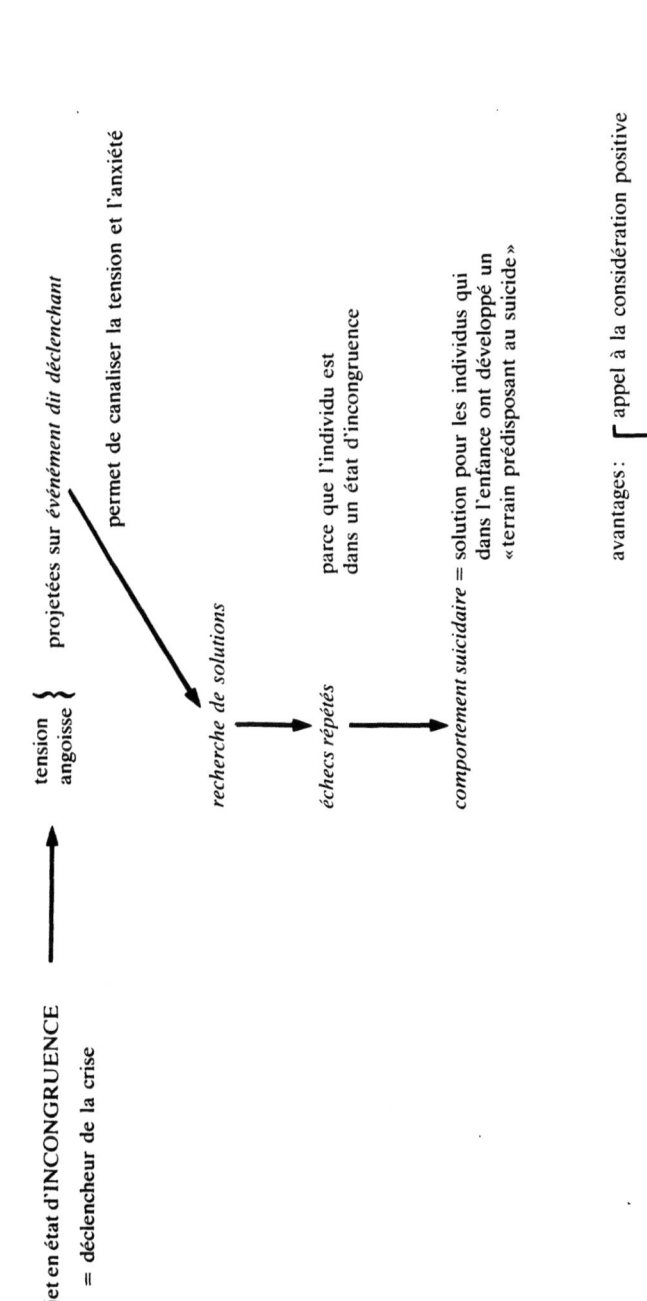

L'individu ne peut se structurer qu'à la condition de se trouver confronté à des personnes congruentes qui portent en elles leur propre système de valeur et leurs propres limites.

Si les parents acceptent tout sans rien dire, l'enfant ne rencontre que le vide.

Ce qui est négatif dans les interdictions, c'est la confusion qui se fait généralement entre ce que la personne ressent, dit et agit. L'interdit ne porte pas uniquement sur le comportement mais sur le ressenti. Si la personne par exemple, éprouve un sentiment de tristesse voire de dépression, on lui dit: «tu ne peux pas être triste alors que nous faisons tout pour que tu sois gaie».

Reconnaître comme vrai le sentiment tout en n'acceptant pas toujours les comportements qui lui sont concomitants n'empêche pas le développement de la personne. Sutter et Luccioni ont observé que les sujets victimes de ce qu'ils appellent le «syndrome de carence d'autorité» n'ont aucune notion de la valeur d'une vie humaine. L'incapacité à déterminer une échelle de valeur rend inapte à apprécier ce qui est important ou non. «Le courage et la continuité dans l'effort indispensables pour surmonter les obstacles leur font cruellement défaut. Le suicide est souvent la seule voie qu'ils trouvent pour combler le vide de leur existence.

2. La relation d'aide thérapeutique avec les suicidaires

La psychothérapie centrée sur le client peut se définir avec de Peretti comme «la psychothérapie selon laquelle le praticien fonde dans le client les chances de son automatisation croissante, sans cesser de vivre sa propre subjectivité engagée dans leur relation» (71).

Le but de la psychothérapie avec les clients suicidaires est, dans un premier temps, de réduire le risque de passage à l'acte. Le travail le plus important et le seul valable à long terme est d'aider le client, en état d'incongruence, à se reprendre en charge dans le but de favoriser la réorientation et la réorganisation de son Moi et d'arriver ainsi à un changement plus global de la personnalité. Ce qui est fondamentalement aidant dans la relation thérapeutique c'est la qualité de la relation c'est-à-dire ce que va vivre le client face au thérapeute qui lui permet de laisser émerger son expérience et ses sentiments.

Dans ce sens, le but de la thérapie n'est pas d'éliminer les sentiments négatifs tels que la haine, l'agressivité etc. mais de permettre au client de les reconnaître en lui, de les verbaliser et de les vivre comme non angoissants pour lui. De même, il ne s'agit pas au cours de la thérapie de supprimer les défenses élaborées par le Moi du client mais de les rendre inutiles.

Dans un premier paragraphe, nous allons reprendre à Rogers les conditions nécessaires et suffisantes à la relation d'aide en mettant l'accent sur les problèmes particuliers que cette relation pose avec les clients suicidaires.

Dans un deuxième paragraphe, nous développerons davantage les procédés techniques utiles à l'évolution du client.

Quelques remarques préliminaires s'imposent :

- Le comportement du thérapeute sera différent en fonction de la situation (aide au téléphone, relation de face à face ; tentative de suicide, situation d'urgence ou idées suicidaires) et de l'âge du client (le comportement du thérapeute sera différent face à un enfant, un adolescent, un adulte).

- Si dans les différents cas rencontrés, la façon d'intervenir, « la technique » est particulière, les attitudes du thérapeute doivent toujours viser au but mentionné ci-dessus. Il ne faut pas perdre de vue que les techniques sont secondaires. Seules les attitudes du thérapeute sont essentielles dans la relation d'aide centrée sur le client. Appliquer de façon systématique la réponse-reflet, par exemple, ne sert à rien et peut même être néfaste. Elle ne prend son sens que dans la mise en œuvre d'attitudes.

- Le thérapeute établit un terrain favorable au développement du client. Cependant, c'est ce dernier qui effectue sa propre thérapie, c'est lui l'acteur de son évolution. Ceci n'implique pas le non-interventionnisme, ni la passivité du thérapeute.

- La thérapie centrée sur le client est une thérapie centrée sur la personne et non sur le problème ou sur des faits objectifs. « La seule réalité, c'est l'Univers du patient, tel qu'il est véritablement et tel que nous l'appréhendons par l'expression de ce patient lui-même, aux niveaux verbaux et non-verbaux » souligne avec beaucoup de justesse Mucchielli (205). Le thérapeute ne se contente pas d'être attentif à ce que dit le client, il le comprend empathiquement et comprend aussi ce qui se passe dans l'ici et maintenant de la relation. « Le thérapeute doit toujours faire attention au malade dans son unité, dans son comportement total, sans jamais isoler pour les prétendues nécessités de sa compréhension tel ou tel fragment ou tel ou tel aspect de l'expression du client » (205).

- Nous sommes obligés, pour analyser la situation, de discerner les divers éléments qui entrent en jeu dans la relation. Nous ne pouvons cependant pas perdre de vue que reste primordiale « l'affirmation du caractère global et indissociable de la situation mise en œuvre avec, à la fois, ses conditions d'établissement et son aspect relationnel propre » (298).

1. Les conditions nécessaires et suffisantes à la relation d'aide

La pratique psychothérapeutique centrée sur le client s'inscrit dans le cadre d'une conception spécifique de l'homme et de la personnalité. Le thérapeute ne peut développer une attitude de type rogérien s'il ne croit pas fondamentalement en la capacité de s'auto-développer que possède l'individu.

Dès les années '40, Rogers va décrire l'atmosphère thérapeutique et les attitudes du thérapeute en insistant sur différents éléments. Nous les reprenons à de la Puente (64):
1. un élément affectif: chaleur, identification, sensibilité, attachement;
2. un élément d'acceptation: ouverture, acceptation, tolérance, liberté;
3. un élément compréhensif: aider à éclaircir et à reconnaître donner des informations qui facilitent «l'insight» du client.

En 1957, Rogers décrit les six conditions «nécessaires et suffisantes» qui permettent un changement chez le client:
1. qu'il y ait une relation ou un contact entre deux personnes: le client et le thérapeute;
2. que le client se trouve en état «d'incongruence»;
3. que le thérapeute se trouve en état de «congruence»;
4. que le thérapeute développe et maintienne à l'égard du client une attitude de «considération positive inconditionnelle»;
5. qu'il ressente envers lui une compréhension empathique;
6. que le client perçoive les attitudes développées par le thérapeute.

En 1965, Rogers va redéfinir et réduire à trois les conditions thérapeutiques. Il retient la congruence, le regard positif inconditionnel posé sur le client, l'empathie ou compréhension empathique du client par le thérapeute. Ce sont des «conditions attitudinelles dont l'évocation peut donner des «repères» pour mesurer les mouvements affectifs et émotionnels que le thérapeute doit vivre de façon organismique, mais en observant leur surgissement progressif face à autrui et en raison de lui afin de les optimiser en termes «d'indications» libres de situation et de mouvement» (71). Ces conditions ne sont pas indépendantes mais dynamiquement liées. Reprenons à ce sujet ce qu'en dit Rogers: «Nous pouvons dire que, si le thérapeute est congruent dans la relation (authentique, intégré dans la relation, son «expérience immédiate» harmonisée à la connaissance qu'il a de son «expérience immédiate»); s'il a un regard positif inconditionnel pour le client (un regard positif sans conditions ni «liens qui attachent»); s'il manifeste de l'empathie pour les sentiments du client tels que celui-ci les éprouve, alors il existe une haute probabilité pour que la relation soit effective et aidante et que le changement thérapeutique de la personnalité et du comportement apparaisse».

La congruence

Définie comme l'accord entre le Moi et l'expérience, et ensuite comme la conscience de son «expérience immédiate», la congruence est un concept-clé chez Rogers et l'attitude de base du thérapeute.

Elle signifie que, dans la relation thérapeutique, l'aidant éprouve réellement les sentiments qu'il montre et qu'il communique. Il est fidèle à sa propre expérience subjective. Il est «exactement ce qu'il est et non pas une façade, un rôle ou une prétention» écrit Rogers (255).

Il poursuit en expliquant qu'il a utilisé le terme congruence pour désigner l'affrontement précis de l'expérience vécue en pleine lucidité. «C'est quand le thérapeute est pleinement et correctement conscient de ce dont il vit immédiatement l'expérience dans la relation avec autrui qu'il est pleinement congruent» (255). Pour que son aide soit efficace, le thérapeute ne peut se contenter d'agir «comme si», comme s'il éprouvait des sentiments chaleureux, comme s'il acceptait le client tel qu'il est, comme s'il ne le jugeait pas.

La congruence désigne l'accord de l'expérience, de la conscience et de la communication. «Il s'agit de «se vérifier», de se mettre en mesure d'être vrai, réel, de sonder ses sentiments, ses idées et d'assumer ses valeurs telles qu'elles sont. Il s'agit de savoir être la complexité de ses sentiments, sans crainte. Le thérapeute se place avec lui-même et tout lui-même en état de disponibilité, en contact potentiel avec toutes ses régions d'accessibilité» (71).

Il va de soi que le thérapeute ne saurait être congruent une fois pour toutes. Lui aussi est ancré dans la vie et susceptible d'incongruence. Cela implique que «la thérapie est un processus continu, étroitement relié au propre combat du thérapeute pour sa croissance personnelle et son intégration» (248). L'évolution du client en est tributaire.

Cette situation semble paradoxale: la condition fondamentale de la thérapie est la centration sur le soi de l'aidant. Comme l'écrit de Peretti «Il s'agit de prendre appui, référence sur soi et de se disposer à être tout simplement naturel, 'authentique' dans la relation à l'autre, simple et pourtant prêt à suivre toute la subtilité des évolutions de sentiments et d'idées que l'expérience, naissante et fraîche, au contact de l'autre va mettre en marche» (71).

Faut-il communiquer ses sentiments au client?

L'expression ou non des sentiments ne saurait être systématique. Il va de soi que le thérapeute ne peut encombrer son client avec l'expression ouverte de ses sentiments. «Les sentiments seront présentés à autrui quand ils affleurent naturellement, sans irruption impulsive, sans surcharge, sans aspect réactionnel» (71). Si le thérapeute constate que ses sentiments s'imposent à lui au point de le rendre incapable de se centrer sur le client, il importe de les exprimer sous peine d'entraver la mise en œuvre d'une attitude thérapeutique.

En ce qui concerne la thérapie avec les clients suicidaires, il est absolument indispensable que le thérapeute ait pu réfléchir et soit au clair avec sa propre problématique suicidaire.

Si l'aidant n'a pas accompli ce travail de remise en question personnelle, il risque d'être trop impliqué dans la relation et de projeter sur le client ses difficultés personnelles. Il a tendance, dans ce cas, à nier les idées suicidaires du client ainsi que ses appels à l'aide ou encore à ne pas les entendre, éventuellement même à les renforcer. Il peut aussi s'angoisser en même temps que le patient et «se perdre» dans la relation thérapeutique.

Les conséquences d'une telle situation ne peuvent être que fâcheuses pour le client.

La considération positive inconditionnelle

Reprenant ce concept de Rogers, de la Puente (64) le définit «comme l'acceptation chaleureuse de chaque aspect de l'expérience du client, comme s'il était propre, sans poser de conditions à cette acceptation, de manière à procurer au client une atmosphère de sécurité et de liberté d'expression». Dans ce sens, le psychothérapeute ne privilégie aucun des éléments du comportement immédiat ou possible, en fonction de ses goûts à lui, ou même de ses impressions. Il maintient une distance entre lui et le client et le reconnaît comme autre ayant une valeur propre. Rogers le rappelle «si j'accepte l'autre comme une chose figée, déjà diagnostiquée et classée, tout à fait définie par son passé alors je joue un rôle dans la confirmation de cette hypothèse limitée. Si je l'accepte comme un processus en devenir, alors je suis en train de faire ce que je peux pour confirmer ou rendre réelles ses potentialités» (255).

L'aidant accepte les comportements de son client mais sans les approuver ou les désapprouver. Il n'y a pas de jugement de valeur dans le sens où, pour recevoir l'attention du thérapeute, le client ne doit pas penser ou se comporter de telle ou telle manière.

Accepter inconditionnellement un suicidaire, c'est l'accepter en tant que personne ayant des idées ou une problématique suicidaire mais c'est aussi l'accepter et le reconnaître comme ayant la potentialité de se développer, de croître, de s'épanouir, en d'autres termes de changer. C'est l'accepter dans son devenir d'individu n'ayant plus besoin du suicide pour se situer face aux autres et résoudre les problèmes vitaux.

L'empathie

L'empathie consiste à comprendre le client «du-dedans», à comprendre de l'intérieur la conscience que le client a de ses expériences. Elle se réfère à l'appréhension des aspects cognitifs et émotionnels de l'expérience d'autrui. Il va de soi que le thérapeute demeure émotionnellement indépendant dans sa participation à l'expérience intime du client.

L'empathie est la manifestation concrète de l'attention positive inconditionnelle. C'est parce que le thérapeute accorde une valeur positive à tout ce qu'exprime le client qu'il cherche à le comprendre de l'intérieur, qu'il lui communique «ses formulations comme des hypothèses afin de progresser lui-même dans sa compréhension du client qui est une valeur pour lui. C'est donc en cherchant à comprendre le client, en lui communiquant cette compréhension qu'il peut témoigner de la valeur positive qu'il lui accorde et de cette façon seulement» (217).

Il nous paraît important de souligner que la compréhension empathique authentique n'est pas assimilable à la répétition des paroles du client. Il ne suffit pas, contrairement à ce que pensait Berge (20), «que le thérapeute offre à son patient un miroir dans lequel celui-ci découvre son image reconstituée et présentée sous un jour suffisamment favorable pour que la paix revienne en lui».

La compréhension vise les sentiments, les significations, les intentions sous-jacentes aux paroles. Elle implique de percevoir la totalité de la personne, son comportement mais aussi le type de relation qu'elle établit avec le thérapeute (relation de dépendance par exemple).

Comprendre le suicidaire ne signifie pas adhérer à ce qu'il dit ou être d'accord avec ce qu'il dit. Si un client démontre que le suicide, dans les circonstances qu'il vit, est la seule solution possible, qu'il n'y a pas d'autre issue pour lui, il importe que le thérapeute soit libéré des tendances subjectives qui pourraient devenir des facteurs de distorsion personnelle et l'amèneraient à se dire qu'effectivement la vie ne vaut pas la peine d'être vécue.

Le thérapeute non congruent ne peut être empathique et ne prend pas distance par rapport à l'autre. Le client (et ses problèmes) n'est plus considéré comme différent de soi. L'empathie consiste à comprendre la signification du vécu du client (il ne voit pas ou fait en sorte de ne pas voir une autre solution) et non à accepter, comme lui, le suicide comme seule possibilité.

Cet exemple montre combien les attitudes sont liées dynamiquement entre elles, la congruence du thérapeute étant la plus fondamentale.

Il est très important que le client perçoive réellement l'attention positive inconditionnelle et la compréhension empathique du thérapeute soit dans ses paroles, soit dans ses attitudes.

2. La relation d'aide

Après avoir développé les attitudes fondamentales du thérapeute, nous allons passer en revue quelques aspects de la relation d'aide avec les suicidaires.

Il est clair que la relation thérapeutique doit être une relation structurée (cf. ouvrage de Rogers publié en 1942) (256). Bien que la liberté d'expression du client soit complète, des limites déterminées s'imposent cependant à lui.

Plus la relation est définie, plus elle est aidante parce qu'elle crée un climat de sécurité et de confiance qui permet à l'aidé de prendre en charge sa propre thérapie.

C'est ainsi que le thérapeute, dès les premiers entretiens, définit à la fois la situation thérapeutique et les contingences matérielles qui y sont liées. Nous pouvons illustrer cette position par deux exemples. Le premier est repris à Curran (59). Il montre comment peut débuter l'entretien : « On ressent fréquemment le besoin de parler à quelqu'un, en toute liberté, de façon à pouvoir chercher des solutions à ses problèmes. Nous nous apercevons souvent qu'en réfléchissant à deux, on est mieux armé, mieux outillé pour arriver à résoudre beaucoup de difficultés personnelles ». L'autre est extrait du célèbre « entretien » de Rogers et Gloria. Il commence la relation par ces mots : « Voulez-vous prendre place ? Nous avons une demi-heure devant nous, je ne sais pas du tout ce que nous allons en faire. Je serais heureux d'apprendre ce qui vous concerne » (253). Le client est averti du fait que le thérapeute ne possède pas la réponse à son problème. La relation thérapeutique lui fournira un lieu où lui-même pourra découvrir ses propres solutions.

Il est important que se pose au départ le problème du choix de l'aide. Une psychothérapie individuelle, par exemple, n'est pas toujours la plus indiquée. Les pressions familiales sont parfois trop importantes pour permettre à la personne de changer. Une intervention sur le groupe familial dans son entièreté est parfois nécessaire. Pour qu'une relation d'aide soit efficace, il importe d'y intégrer ce que Carkhuff appelle les variables contextuelles et environnementales, susceptibles de modifier le processus relationnel (45). En effet, « la relation thérapeutique ne se déroule pas en vase clos; elle prend place dans un cadre matériel et psychosocial particulier et celui-ci est notamment constitué par l'environnement de l'aidé, d'où il vient et où il retourne éventuellement. Cet environnement présente des caractéristiques susceptibles de favoriser ou au contraire d'entraver le développement entrepris dans la relation d'aide » (111, 151, 265).

Après qu'un accord ait été établi avec le client sur l'adéquation d'entretiens psychothérapeutiques individuels, il est souhaitable de structurer la relation d'aide dans le temps et dans l'espace.

Les séances de thérapie sont établies suivant un calendrier et un horaire fixe (en moyenne une heure, une ou deux fois par semaine). L'espacement des séances permet au client d'assimiler ce qu'il a vécu dans la relation. La régularité des rencontres précisées au départ « donne aux séances un caractère de durée qui favorise l'apparition de la relation thérapeutique » (267). En outre, fixer une limite temporelle fait de l'entretien un « microcosme de l'expérience courante : la vie est pleine de limitations et de restrictions » écrit Curran (59) « c'est un signe de maturité de les respecter ». Cette structuration spatio-temporelle permet aux suicidaires d'accorder leur confiance à une personne qui ne les trahira pas. A chaque séance, ils trouveront quelqu'un qui, sans chantage ni menace, sera disponible pour écouter leur problème et les aider à le résoudre.

La discussion des honoraires entre également dans le cadre de la structuration des entretiens. Rogers signale que, pour lui, il n'existe pas de grandes différences dans le déroulement ou dans les résultats de la thérapie entre les clients qui ont payé et ceux qui n'ont pas payé.

Il écrit : « Toute la procédure thérapeutique d'ensemble est telle qu'elle met en valeur son autonomie fondamentale, base de son respect de lui-même. De là vient qu'il peut utiliser cette atmosphère d'aide de façon constructive, sans penser qu'il est obligé d'apporter une contribution financière» (256). Nous pensons que le paiement des honoraires offre cependant trois avantages réels :

1. Il s'agit d'une mesure précise de la responsabilité que le client peut décider d'accepter ou de rejeter. «Il assume par là l'effort initial nécessaire à affronter sa situation» (256).

2. Il encourage l'individu à progresser plus rapidement.

3. Il permet au client de ne pas se sentir dépendant ou reconnaissant envers le thérapeute lorsque la relation est terminée.

Le climat sécurisant qui découle de ces limitations spatio-temporelles auxquelles il faut ajouter la discussion des honoraires et le respect du secret professionnel est important et, en particulier au début de la relation quand le client est en proie, et cela arrive très fréquemment avec les suicidaires, à une angoisse aiguë.

Schneider (267) y voit un autre avantage : «Ces facteurs représentent des points d'ancrage du traitement, qui tranquillisent et réassurent le patient mais en même temps le mettent dans une situation de contrainte acceptée et même désirée».

Un des principes de base énoncé par Rogers est que le client «dirige» son évolution et son changement au cours de la thérapie. Ceci n'implique pas que le thérapeute se laisse «mener» par le client, ni accepte tout de lui. Un thérapeute sans consistance insécuriserait le client et serait un facteur supplémentaire de déstructuration. Ainsi, le thérapeute n'acceptera jamais de passages à l'acte de la part du client, que ceux-ci soient amoureux ou agressifs. Il va de soi que l'expression de ces états est acceptable mais doit être symbolisée ou médiatisée par le langage ou l'utilisation de procédés techniques (jeux de rôle, par exemple). Le thérapeute est le garant de la distinction entre le ressenti, le dit et l'agi. Réapprendre cette distinction fait partie de la thérapie pour le client.

Il est nécessaire d'envisager au départ des réponses à la situation vécue comme critique par le client suicidaire même si le thérapeute est bien conscient que ne réside pas là le véritable problème. Notre expérience clinique nous a montré que le travail thérapeutique ne donnait peu ou pas de résultats si le client était très angoissé parce qu'il ne trouvait pas de solution à un problème immédiat et quand la relation n'était pas bien établie.

Le point suivant concerne les positions plus directives qu'il convient parfois d'adopter avec les clients suicidaires. C'est une lapalissade que de dire «pour aider un suicidaire, il vaut mieux qu'il soit en vie».

Ce point précis semble poser de sérieux problèmes aux psychothérapeutes «centrés sur le client».

Diamond (75), par exemple, préfère ne plus se considérer comme thérapeute rogérien plutôt que ne pas intervenir en cas de tentative de suicide. Il ne peut admettre que chaque client dispose de sa propre vie comme bon lui semble au point de ne pas souhaiter prévenir toute possibilité de suicide. Il poursuit en relevant que chacun de nous reconnaît en lui un point à partir duquel il cesse de se sentir libre d'autoriser le client à décider de ses propres actions. Pour certains, il s'agira du moment où le client use de violences vis-à-vis d'autrui, pour d'autres, quand il usera de violences vis-à-vis de lui-même. A ce moment, nous sentons que nous devons faire quelque chose, écrit-il, alors qu'être non directif semble impliquer ne rien faire.

Mury (208), en revanche, écrit: «De même, comme psychothérapeute rogérien, je ne dois rien faire pour empêcher par la force un client d'aller où il veut, de se suicider par exemple. Ce qui m'interdirait d'être médecin. Les déontologies ne sont pas les mêmes. Mais il va de soi que si un membre de ma famille prétendait se tirer une balle dans la tête, j'interviendrais aussitôt. Et en cas de besoin, j'appellerais au secours.

Nous pensons personnellement que ces auteurs s'attachent davantage à la lettre qu'à l'esprit de la pensée rogérienne.

Si un client suicidaire vient en thérapie, il est évident que la mort n'est pas un choix définitif pour lui, même si cela n'est pas clairement défini dans la conscience.

L'ambivalence reste fondamentale entre le désir de mourir et le désir de vivre, le désir de croissance dont parle Rogers. Ce dernier dit explicitement (256): «l'entretien d'aide non directif est fondé sur l'hypothèse que le client a le droit de choisir SES PROPRES BUTS VITAUX, même s'ils sont en contradiction avec les buts que l'aidant aurait choisis pour lui».

Si le client demande ou accepte une aide psychologique, le thérapeute se doit de prendre sa demande en considération et de mettre tout en œuvre pour favoriser sa «croissance». Nous avons répété à suffisance que la présence chez le thérapeute d'attitudes particulières vis-à-vis du client et une certaine conception des relations humaines étaient plus importantes que la présence ou l'absence de directives. Rogers s'est abstenu de toute forme de direction, non pas dans son comportement extérieur mais comme mode d'approche du client. L'essence de la thérapie non directive ou plus exactement centrée sur le client ne consiste pas tant en une façon d'agir qu'en une manière d'être. Si son comportement n'est pas l'expression de convictions profondément enracinées (la vie est une valeur) jointe à l'absence de tout jugement évaluant (il est condamnable de penser au suicide), le thérapeute n'arrivera pas à déclencher, chez le client, le processus de croissance personnelle.

Il est parfois nécessaire, quand une personne est très suicidaire et qu'elle n'a pas assez de force dans son Moi pour s'interdire de passer à l'acte, de lui formuler de manière énergique comme un interdit du suicide, interdit qu'elle n'a pas introjecté dans l'enfance pour des raisons que nous avons évoquées antérieurement. Cet interdit ne va certes pas supprimer toute idée ou toute tentative de suicide mais va permettre d'avoir suffisamment de temps pour amorcer un travail thérapeutique valable. Il faut avoir présent à l'esprit que ne plus parler du suicide n'implique pas pour le client un renoncement à toute idée de suicide.

L'expression de cet interdit ne donnera des résultats qu'aux conditions suivantes :
- Le thérapeute doit affirmer l'interdit du suicide avec force.
- Le thérapeute doit y croire fermement. Il faut, en plus, que ce soit la personne unifiée du thérapeute qui le dise c'est-à-dire que ce soit vrai pour lui au niveau du senti, du dit et de l'agi. S'il verbalise cette interdiction par simple technique, cela ne donnera aucun résultat.
- Cet interdit ne peut se présenter comme un chantage et plus particulièrement un chantage de type affectif, ni comme une pression de la part du thérapeute : «cela me ferait plaisir que vous ne vous suicidiez pas» par exemple.

En prenant cette position directive, le thérapeute reconnaît et affirme que la vie est une valeur.

Exemples :

Monsieur X. est un homme de 55 ans. Il est divorcé depuis plusieurs années. Il a eu deux fils (dont un est décédé) et une fille. Il n'a plus aucun contact avec ses enfants ni avec son ex-femme. Il est resté attaché à celle-ci de manière très ambivalente : il veut qu'elle reprenne la vie commune mais à d'autres moments, il voudrait la tuer.

Il vit très seul, ne voyant que deux ou trois amis et son médecin généraliste. Il a perdu sa mère il y a peu de temps. C'était la seule personne qui avait de l'importance pour lui. Après sa mort, «plus rien ne le retenait sur terre».

Il est dépressif chronique. Très régulièrement, il émet des idées suicidaires et suit un traitement psychiatrique épisodique.

Je le vois une fois par semaine. Le but de la thérapie n'est pas d'arriver à une modification de la personnalité (il ne le souhaite pas en ce moment) mais de lui offrir un soutien psychologique. S'il arrête de venir, tout s'effondre pour lui. Il n'arrive pas à structurer sa vie. Psychologiquement, il a une colonne vertébrale en caoutchouc et se place toujours en situation de dépendance.

Quels sont les objectifs des entretiens?

1. Favoriser l'expression des sentiments qu'il ressent en lui et en particulier les sentiments négatifs:

- l'agressivité qu'il n'exprimait au départ que de manière explosive et non nuancée «je vais la tuer»;

- la tristesse. A la mort de sa mère, il était bien décidé à se tuer. Après un travail de thérapie, il parvient à exprimer ce qu'il ressent: «Je suis terriblement triste... j'ai envie de pleurer mais je ne sais pas. Il vaut peut-être mieux que je ne pleure pas maintenant ainsi, non?...».

Nous avons constaté que le fait de pouvoir communiquer ses sentiments vrais avait pour lui une valeur cathartique et améliorait son état dépressif.

2. L'aider à réfléchir les décisions qu'il est amené à prendre.

3. Le protéger de ses réactions dépressives et agressives. C'est dans ce cadre que j'ai été amené à lui formuler un interdit de suicide lors de la mort de sa mère. Son Moi, à ce moment, était totalement déstructuré. Ma position directive lui a permis:
- de se sécuriser;
- de libérer son angoisse.

Tout cela a été rendu possible parce qu'il savait qu'il avait de l'importance pour moi, tel qu'il était. Je l'estime et il le sait.

4. L'aider à aménager sa vie pour qu'elle soit moins insatisfaisante pour lui.

J'ai été amené à verbaliser ce même interdit du suicide à d'autres clients et en particulier à Madame W. Cette cliente a 28 ans et vit maritalement avec un homme de 15 ans son aîné, cadre supérieur dans une grande entreprise. Elle a noué avec lui une relation de dépendance qui reproduit celle qu'elle avait autrefois avec ses parents. Elle a deux enfants.

Elle est venue me voir à la suite d'une tentative de suicide. Elle ne sait pas qui elle est. Elle se sent étouffée par les autres. Toute sa vie, elle a répondu à des attentes, celles de ses parents: être une fille «bien», celles de son mari: être une femme soumise. Elle est incapable de reconnaître en elle le moindre désir. Elle n'ose rien entreprendre dans la vie, certaine que ses réalisations seront vouées à l'échec. Elle a déjà commis plusieurs tentatives de suicide, seule façon de communiquer «héritée» de sa mère. «Ma mère a fait plusieurs tentatives de suicide devant moi et je crois que ça me revient maintenant... parce que ça va très mal pour l'instant». Le fait de lui avoir dit clairement qu'on ne se suicidait pas a motivé Madame W. à poursuivre la relation thérapeutique et à trouver une solution à ses problèmes.

Le thérapeute doit pouvoir résister à toutes les pressions exercées sur lui par le client. Il n'est jamais thérapeutique de céder au chantage et plus particulièrement au chantage au suicide. Ce serait confirmer à la personne que «jouer avec sa vie» est un bon moyen d'obtenir ce qu'elle veut et accentuer un comportement inadéquat «appris» au cours de l'enfance. Il ne faut pas non plus nier le chantage. Il s'agit là d'une difficulté de la personne à prendre en considération.

Le thérapeute n'est pas responsable du comportement de son client, de ses tentatives de suicide par exemple, mais il est responsable de son propre comportement au cours de la relation thérapeutique et du type de relation qu'il établit avec son client.

Le suicidaire, comme l'a montré Ringel, élabore un mode de pensée magique analogue à celui de l'enfant. Son comportement n'est plus ancré dans le réel. Ses désirs, ses rêves deviennent (ou prennent le pas sur) la réalité. Le thérapeute se doit d'être le garant de la «réalité» dans la relation thérapeutique. Il ne peut le faire qu'en introduisant dans la relation le respect des conditions imposées par le réel: temporisation, conformité aux lois du monde extérieur, etc.

Nous ne pouvons terminer ce paragraphe sans parler des moyens dont dispose le thérapeute pour mettre en œuvre les attitudes décrites par Rogers. Il ne suffit pas, en effet, d'avoir les attitudes voulues, encore faut-il savoir les exprimer de façon efficace.

Le thérapeute doit montrer qu'il a compris le sentiment exprimé par le client et pour cela, il doit faire la distinction entre le donné matériel de la communication et le sentiment qui y est exprimé.

- La réponse s'adresse au sentiment et non aux événements.
- La réponse s'intéresse à la personne du client et non à son problème.

«Puisque le thérapeute rogérien ne vise ni à juger, à interroger ou à rassurer, ni à explorer ou à interpréter, qu'au contraire il vise à participer à l'expérience immédiate du client, il s'ensuit tout naturellement que ses réponses doivent épouser la pensée de celui-ci au point de la reprendre et de la lui rendre sous une forme équivalente ou tout au moins reconnaissable comme sienne. D'où la réponse caractéristique de l'approche rogérienne s'indique du nom de «reflet» (254).

Refléter consiste à résumer, à paraphraser ou à accentuer la communication soit manifeste soit implicite du client. Le reflet ne peut être un simple écho. Le thérapeute qui s'ouvre aux paroles de son client est en mesure de répondre de façon intimement empathique sans devoir «répéter» ses paroles. Il reflète alors «les sentiments tacites soit inhérents à la communication soit dénotés par celle-ci» (254).

La réponse reflet peut présenter diverses modalités:

a) La réitération s'adresse au contenu manifeste de la communication. Elle facilite le processus en donnant au sujet le sentiment de se sentir parfaitement compris et respecté.

b) Le reflet de sentiment ou reflet proprement dit, de caractère plus dynamique, «vise à extraire l'intention, l'attitude ou le sentiment inhérent à ses paroles et à les lui proposer sans les lui imposer» (254).

c) L'élucidation consiste «à capter et à cristalliser certains éléments qui, sans faire manifestement partie du champ l'imprègnent néanmoins» (254).

Elle vise à relever des sentiments et des attitudes qui ne découlent pas directement des paroles du client mais qui peuvent raisonnablement être déduits de la communication ou de son contexte.

3. Le processus thérapeutique

Au début de la relation thérapeutique, le client tend à appliquer à sa relation avec le thérapeute le mode de réaction qu'il avait adopté vis-à-vis de son entourage. Rencontrer un thérapeute congruent, authentique, empathique représente une expérience nouvelle pour le client. Elle va lui donner la possibilité de dépasser ses limites, de réorganiser et de renforcer son Moi, de donner libre cours à ses sentiments, de s'accepter sans défense, de trouver des solutions à ses problèmes et de prendre des décisions sous sa responsabilité.

Rogers a développé plusieurs descriptions du processus thérapeutique.

En 1940, il met en évidence le caractère dynamico-totalisant du processus. Pour lui, la thérapie n'est pas préparation au changement, «elle est le changement lui-même». Le processus thérapeutique a lieu dans la situation présente. «Son efficacité se base principalement sur le phénomène connu de «transfert de formation»: la personne apprend à bien vivre dans un fragment de son expérience (dans la thérapie), et on présume qu'elle sera préparée à vivre mieux dans d'autres segments de sa vie» (64).

En 1942, Rogers distingue trois phases dans le processus thérapeutique: la catharsis, l'insight et les actions positives.

a) La catharsis

Entendue au sens classique du terme, la catharsis est une «technique psychothérapeutique visant à la disparition des symptômes par l'extériorisation verbale, actorielle, émotionnelle des traumatismes refoulés» (231).

Pour aider la personne à exprimer en toute liberté ses sentiments, le thérapeute s'efforce de répondre au contenu affectif de l'expression du client plutôt qu'au contenu intellectuel et ce, quel que soit le type d'attitude affective (hostilité, découragement, confiance en soi...).

La catharsis permet au client:

1. De pouvoir libérer librement les sentiments et les attitudes qu'il avait réprimés auparavant. La détente physique est souvent concomitante à cette libération.

Ringel aussi disait qu'il était toujours soulagé quand un suicidaire pouvait vider toute son agressivité devant lui; il se sentait alors déchargé.

2. D'explorer sa situation de manière plus satisfaisante pour lui qu'avant.

«Même quand les facteurs affectifs sont minimum, parler de ses propres problèmes, dans une ambiance étudiée pour rendre l'attitude défensive inutile, tend à clarifier les ajustements qui sont à réaliser, à donner une image plus claire des problèmes et des difficultés, à attribuer aux choix possibles leurs vraies valeurs en fonction de ses sentiments» (256).

3. D'affronter son Moi sans rationalisation ni refus (attitudes hostiles et attachements positifs, désir de dépendance ou d'indépendance...).

4. D'accepter son Moi comme le sien propre. «Le client développe une acceptation de ses forces et de ses faiblesses comme point de départ réaliste et commode pour le progrès vers la maturité» (256).

Le client découvre qu'il y a plus d'avantages pour lui à être ce qu'il est authentiquement que de chercher désespérément à être ce qu'il n'est pas.

La catharsis permet au client de découvrir que «la libre expression lui procure la libération de nouvelles forces en lui-même, forces qui auparavant avaient été utilisées à entretenir des réactions de défense» (256).

C'est la base de la compréhension de soi (insight).

La catharsis favorise chez le suicidaire la découverte et l'expression (actualisées en les médiatisant) des sentiments et plus particulièrement des sentiments agressifs envers autrui. Son auto-agressivité sera explorée également en relation avec les différents aspects de sa vie. L'expression de l'agressivité en diminue la force et le risque de passage à l'acte. Peu à peu, il découvrira de manière plus large sa situation, ses sentiments, ses contradictions et le «champ de conscience» s'élargira (rappelons que la «restriction du champ de conscience» est un des éléments du syndrome présuicidaire de Ringel).

b) L'insight

Pour Carmichael, «l'insight, ici est équivalent à la saisie autonome et spontanée d'un nouveau sens par l'expérience personnelle, de telle sorte que les relations de cause et d'effet sont reconsidérées d'un tout autre point de vue. Sont éliminés par ce moyen les symptômes comportementaux qui auparavant avaient déconcerté, effrayé ou déprimé le client. Il s'agit donc de la perception d'un nouveau sens dans l'expérience de l'individu. Cette prise de conscience est une expérience qui doit être atteinte par le sujet et non une expérience qui doit être imposée par le thérapeute» (256). L'aidant se doit d'encourager l'expression des attitudes et des sentiments du client jusqu'à ce que la compréhension intuitive apparaisse spontanément.

Rogers distingue trois types de perception :

1. Perception des rapports qu'entretiennent des faits antérieurement connus. Des éléments variés sont tout d'un coup perçus dans une relation nouvelle (expérience «eurêka»).

Exemple : Madame W. qui se plaint «d'être coincée» par un mari autoritaire et paternaliste et qui, au cours d'une séance, saisit que c'est elle qui se met dans cette situation de dépendance.

«Au fond, c'est vrai, quand je rentre, je me sens en faute d'être en retard... je m'attends à être grondée!»

2. Acceptation de tous les sentiments, y compris les sentiments qui paraissent inacceptables socialement ou qui ne s'accordent pas avec le Moi Idéal. La personnalité sera moins divisée.

Exemple : Madame W. «Cela me paraît invraisemblable que moi je sente de telles choses... et pourtant oui, c'est vrai (long silence)... je la déteste (sa mère) (pleurs)».

3. Choix de buts plus satisfaisants pour le client. Le suicidant se caractérise par son inaptitude à construire des plans et à se donner des buts. Toute prise de décision personnelle sera une étape de la thérapie.

c) *Les actions positives*

Au fur et à mesure que la compréhension de soi se développe, le client va prendre des décisions suivies d'actions. Celles-ci l'orienteront vers des buts nouveaux.

«Ses actions positives créent chez le client une confiance et une indépendance nouvelles et renforcent la nouvelle orientation qui s'est produite par une prise de conscience accrue» (256). Elles ont le sens d'une indépendance croissante. Les actions que la personne décide de faire paraissent parfois de peu de portée. L'important est qu'elles témoignent d'une initiative personnelle.

Exemple: Madame W. après quelques séances de thérapie décide de s'offrir un bouquet de roses au risque de se voir reprocher ce gaspillage par son mari.

Ce geste semble insignifiant. Chez elle, il s'inscrit dans une nouvelle façon de vivre plus autonome.

Par là, il devient significatif.

Le fait que son mari ait admiré le bouquet, a valorisé son geste et l'a encouragée à prendre d'autres initiatives.

Dès 1958, en se basant sur son expérience de thérapeute, de client et de chercheur, Rogers décrit de façon originale le processus de changement de la personnalité à l'aide du concept de continuum. Celui-ci est un mouvement thérapeutique qui se développe à «partir d'un point fixe vers le changement, à partir d'une structure rigide vers une fluidité, à partir d'un état de stabilité vers un processus évolutif» (255).

En conceptualisant le processus de changement de la personnalité en psychothérapie, Rogers suppose un ensemble optimal de conditions favorisant le changement, conditions que nous avons développées antérieurement et que nous rappelons succinctement: le client doit s'éprouver lui-même comme étant pleinement accepté et cela quels que soient ses sentiments. Cela implique congruence du thérapeute, compréhension empathique et acceptation inconditionnelle.

Qu'il s'agisse de clients suicidaires ou non, le processus observé est toujours le même.

Le processus comprend plusieurs lignes de force séparables au début mais qui forment de plus en plus une unité au fur et à mesure que la thérapie se poursuit.

Nous reprenons le résumé qu'en donne Rogers (255).

1. Sentiments et significations personnelles

Ce mouvement implique une détente des sentiments. Au plus bas du continuum, ils sont décrits comme lointains, non reconnus et non présents, ensuite comme des objets présents et quelque peu revendiqués par le sujet.

Bientôt leur appartenance se fait plus précise et s'exprime en des termes bien plus proches de l'expérience immédiate. Encore plus haut sur l'échelle, ils sont exprimés et éprouvés dans le présent le plus immédiat et ce, avec une répugnance décroissante. De plus à ce point, même les sentiments qui ont été antérieurement refusés à la conscience commencent à surgir, sont éprouvés et plus reconnus par les sujets.

Au sommet du continuum, au sein même de l'expérience immédiate, un flux sans cesse changeant de sentiments vécus librement dans leur richesse et leur immédiateté caractérise désormais l'individu.

2. Le style d'expérience

Le processus implique un changement dans la manière de s'éprouver.

Le continuum débute par une fixité où l'individu se trouve très éloigné de son expérience immédiate et dans l'incapacité d'en tirer ou d'en symboliser la signification implicite.

Cette expérience doit être bien reléguée dans le passé avant qu'elle puisse être comprise, et le présent est interprété selon les termes des significations anciennes. Eloigné de son expérience, l'individu avance vers la reconnaissance de cette expérience comme d'un processus troublant qui se déroule en lui-même. Elle devient graduellement un critère interne mieux accepté, auquel on peut se référer pour obtenir des significations de plus en plus exactes. Finalement le sujet devient capable de vivre librement et en s'acceptant dans le mouvement fluide de son expérience affective, l'utilisant avec sécurité comme critère majeur de son comportement.

3. La congruence

Le continuum évolue à partir d'un maximum de « non-congruence » dont l'individu est parfaitement inconscient. Il passe par des stades intermédiaires où la reconnaissance des contradictions et des dissonances existant en lui-même va croissant, pour en arriver à l'acceptation de cette « non-congruence » dans le présent immédiat de telle sorte qu'elle se résorbe.

Au sommet de ce continuum, il n'y a jamais plus qu'une « non-congruence » temporaire entre le vécu immédiat et la conscience, puisque l'individu n'a plus besoin de se défendre contre les aspects menaçants de son expérience immédiate.

4. La communication de soi-même

Le processus implique un changement dans la manière dont l'individu est capable et désireux de se communiquer lui-même dans un climat d'acceptation et une augmentation du volume de ses communications.

5. La manière de structurer l'expérience

Le processus implique un assouplissement dans la topographie intellectuelle que le sujet assigne à son expérience. Partant d'une expérience construite de manière rigide, selon des schèmes perçus comme des faits extérieurs, le client tend à développer des schèmes mouvants, plus lâches, modifiables avec chaque événement.

6. La relation aux problèmes personnels

Il se produit un changement dans la relation de l'individu avec ses problèmes. A une extrémité du continuum, les problèmes ne sont pas reconnus, et il n'y a pas de désir de changement. Puis peu à peu, on reconnaît qu'ils existent.

A l'étape suivante, l'individu reconnaît qu'il est pour quelque chose dans ces problèmes, qu'ils ne sont pas entièrement d'origine extérieure. Le sentiment de responsabilité s'accroît.

A mesure que l'on s'élève dans le continuum, quelques aspects de ces problèmes commencent à être bel et bien vécus. La personne les vit d'une manière subjective, se sentant responsable d'avoir contribuer à leur développement.

7. Les relations interpersonnelles

Il s'opère un changement dans la manière d'établir des relations avec autrui.

A l'une des extrémités du continuum, l'individu évite les relations étroites qui sont perçues comme dangereuses. A l'autre extrémité, il vit ouvertement et librement avec son thérapeute et avec d'autres personnes, réglant sa conduite sur son expérience immédiate.

En général, le processus part d'un point fixe où tous les éléments et toutes les lignes de force décrites ci-dessus sont facilement discernables et compréhensibles séparément, jusqu'au point culminant de la cure où toutes les lignes de force en viennent à former un mélange complètement homogène.

Dans la nouvelle manière de s'éprouver spontanément qui survient à de tels moments, impressions et cognition s'interpénètrent le Moi est subjectivement présent dans l'expérience vécue, la volonté n'est plus que la poursuite subjective d'un équilibre harmonieux dans le sens de la personnalité. Ainsi, à mesure que le processus atteint ce point, la personne devient une unité en mouvement. Elle a changé, mais — chose significative — sa capacité de changer fait maintenant corps avec elle.

Conclusion

Si la thérapie atteint son maximum de succès, le client accédera à ce que Rogers appelle «la vie pleine». Il en donne deux descriptions : une, négative, ce qu'elle n'est pas, l'autre positive, ce qu'elle est.

La vie pleine n'est pas un état fixe de contentement, de bonheur, de réduction de tension. «Ce n'est pas un état dans lequel l'individu est adapté ou comblé ou actualisé» (255).

La vie pleine est un processus et non un état, c'est une direction et non une destination. «Cette direction est choisie par l'organisme total quand il y a liberté psychologique de se mouvoir dans n'importe quelle direction. C'est une vie en actualisation continue, en devenir continu qui se caractérise essentiellement par une ouverture accrue à l'expérience et une confiance accrue dans son organisme» (255).

Nous avons essayé de montrer que les tendances suicidaires ne proviennent pas d'un instinct de mort mais d'un instinct de vie dévié ou faussé, que les personnes suicidaires n'ont pas reçu «la permission de vivre».

Dans ce sens, le but de la thérapie avec les personnes suicidaires n'est pas de supprimer les défenses organisées par le Moi mais de les rendre inutiles. L'expérience ne sera plus traduite ou déformée pour «s'ajuster à une structure préconçue du Moi». Les «conditions de valeurs» s'affaibliront et disparaîtront. La personne aura une confiance accrue dans son organisme et arrivera à actualiser toutes ses potentialités. En somme, écrit Rogers (255) : « La personne devient plus apte à éprouver l'ensemble de ses sentiments et elle a moins peur d'eux ; elle filtre son expérience elle-même, et se montre plus ouverte aux témoignages venant de toutes les sources ; elle est complètement engagée dans le processus qui consiste à être et à devenir soi-même, et découvre ainsi qu'elle est profondément et sainement un être social ».

La personne devient libre et créatrice. Elle agit de façon constructive. Même très malheureuse, elle a en elle les ressources psychologiques suffisantes pour avancer vers le développement de soi. On en arrive à ce que Pages (217) appelle le paradoxe central de la liberté : « l'expérience pleinement assumée des angoisses fondamentales de la solitude, de la séparation, de la mort (...) est paradoxalement l'expérience de leur contraire. Accepter son individualité, sa contingence, sa mort, c'est accepter de changer et accepter de vivre ».

Le processus de vie pleine implique le développement de toutes les possibilités et le « courage d'exister car il signifie qu'on se jette en plein dans le courant de la vie » (255).

L'approche rogérienne offre des possibilités de travail psychologique intéressantes avec les clients ayant une problématique suicidaire.

Elle implique de la part du thérapeute, et ceci nous semble essentiel, une reconnaissance profonde de la vie comme valeur, une mise en œuvre des attitudes fondamentalement aidantes décrites par Rogers (congruence, considération positive inconditionnelle et compréhension empathique) et bien évidemment une confiance dans la possibilité de croissance et d'autodéveloppement du client. Et, comme le disait Buber « accepter toutes les potentialités de l'autre (...) reconnaître en lui, connaître en lui la personne qu'il devait devenir dès sa création (...) le confirmer en moi-même et puis par rapport à ses potentialités qui peuvent maintenant se développer et évoluer » (cité par Rogers, 255).

L'ANALYSE TRANSACTIONNELLE

Martine Duvivier, 33 ans. Licenciée en Psychologie, psychothérapeute, membre clinicienne agréée de l'International Transactional Analysis Association. Co-directrice du Centre de Prévention du Suicide de Belgique.

1. Introduction

« *Celui qui se tue court après une image qu'il s'est forgée de lui-même : on ne se tue jamais que pour exister.* »

André Malraux

Plusieurs analystes transactionnels (Goulding, Thomson, Boyd, English, etc.) ont consacré au problème du suicide des articles et des séminaires, mais il n'existe pas, à notre connaissance, de travail exhaustif traitant spécifiquement du suicide dans la perspective de l'Analyse Transactionnelle*.

Dans ce chapitre, nous rassemblons les éléments développés par différents auteurs et livrons nos réflexions à ce sujet. D'un point de vue clinique, nous voyons comment un thérapeute et un patient traitent et résolvent des problèmes suicidaires, avec l'Analyse Transactionnelle comme méthode de psychothérapie.

En premier lieu, nous présentons les principes de base et les caractéristiques de l'A.T. Nous définissons le suicide selon cette approche. Ensuite, nous décrivons l'évolution de la thérapie de personnes suicidaires : premiers entretiens, travail cognitif, travail émotionnel et régressif, travail de redécision, fin de la thérapie. Nous insistons sur les aspects concrets et les techniques utilisées en psychothérapie. Finalement, nous nous centrons sur le psychothérapeute lui-même dans sa relation au suicidaire.

---

* N.B. : nous désignerons le plus souvent l'Analyse Transactionnelle par les initiales : A.T.

Les clients dont nous nous occupons ici sont des névrosés, des borderlines, des personnes souffrant de dépression réactionnelle ou de type névrotique, qui mènent une vie suffisamment fonctionnelle pour bénéficier d'un traitement ambulatoire. Nous excluons les pathologies lourdes telles que la psychose maniaco-dépressive, la mélancolie, la schizophrénie, qui peuvent, par ailleurs, engendrer des problèmes suicidaires graves. Nous laissons également de côté l'alcoolisme, la toxicomanie, l'anorexie mentale, qui constituent des équivalents suicidaires. Ces pathologies posent des problèmes particuliers et nécessitent souvent un traitement de type médical et une hospitalisation.

2. L'analyse transactionnelle comme méthode de psychothérapie

1. Origine et développement de l'A.T.

Américaine d'origine, l'A.T. a été introduite et développée en Europe dans les années 70. Elle répond visiblement à des attentes. Elle s'applique dans différents secteurs : on l'utilise tout d'abord en Psychologie clinique et en Psychothérapie, on la trouve également dans le domaine de l'Education et dans celui de l'Entreprise.

Son fondateur est Eric Berne, né en 1910 et mort en 1970. Eric Berne était médecin-psychiatre et s'intéressait particulièrement à la psychanalyse. Il s'est peu à peu distancié de la théorie et de la pratique psychanalytique, pour créer une méthode nouvelle qu'il a développée à partir de 1950.

Wilmotte (27) rappelle que pour Berne, l'A.T. constitue à la fois une théorie de la personnalité, une théorie de l'action sociale et une méthode clinique de psychothérapie. Praticien et chercheur, Berne a communiqué ses réflexions dans des séminaires et des ouvrages. Son livre «Games People Play» (traduit par «Des Jeux et des Hommes») eut un très grand succès aux Etats-Unis.

De nombreux successeurs ont repris les idées d'Eric Berne en y amenant des contributions personnelles et originales : Claude Steiner, Stephen Karpman, Bob et Mary Goulding, Jacqui Schiff, Taibi Kahler, pour n'en citer que quelques-uns.

Nasielski (163) souligne qu'il existe actuellement quatre grandes écoles d'A.T. : l'Ecole de San Francisco, l'Ecole de la Redécision, l'Ecole de l'Institut Cathexis, et l'Ecole de la Fondation Asclepeion.

Les concepts classiques de l'A.T. sont principalement utilisés dans l'Ecole de San Francisco.

Le travail de type cognitif centré sur la pensée et les comportements y est prédominant.

La préférence est donnée à l'ici-maintenant. John Dusay, Stephen Karpman et Claude Steiner font partie de cette école.

L'Ecole de la Redécision a été fondée par Bob et Mary Goulding. Ils emploient l'A.T. avec la Gestaltthérapie de Fritz Perls et se sont ainsi écartés de l'école strictement Bernienne.

L'Ecole de l'Institut Cathexis a été créée par Jacqui Schiff qui a élaboré une théorie et une approche thérapeutique pour le traitement des psychotiques : le « reparentage ». Celui-ci se pratique au sein d'une communauté thérapeutique. Certaines techniques propres à cette école peuvent cependant être utilisées avec des clients moins perturbés.

La dernière école est celle de la Fondation Asclepeion dirigée par Martin Groder, spécialisée dans le traitement des psychopathes et des délinquants.

Les notions classiques utilisées par l'Ecole de San Francisco sont utiles en début de psychothérapie avec une personne suicidaire. Les techniques employées par l'Ecole de la Redécision ainsi que celles utilisées par l'Ecole de l'Institut Cathexis sont essentielles dans le travail avec les suicidaires.

2. Principes de base

a) Les états du moi

Comme le dit Harris (132) : « tout au long de l'histoire, une seule notion sur la nature humaine est restée constante, c'est que la nature de l'homme est multiple ». L'état du moi, concept principal de l'A.T., rend compte de cela.

Pour Berne (24), « l'intérêt fondamental de l'A.T. réside dans l'étude des états du moi, systèmes cohérents de pensées et de sentiments, mis en évidence par des types de comportements correspondants ».

Chez tout être humain, on peut observer trois états du moi:

- *L'état du moi Parent* dérive des personnages parentaux. Lorsque cet état du moi est investi, la personne pense, agit, parle, comme le faisait l'un de ses parents jadis. Le Parent influence le comportement en remplissant notamment des fonctions de conscience morale. Il est constitué des valeurs, des principes, des jugements de la personne.

- Avec *l'état du moi Adulte*, la personne examine objectivement son environnement et la réalité. Elle récolte des informations, calcule les probabilités et les possibilités en fonction des événements actuels — internes et externes — et sur base de l'expérience passée. L'Adulte fonctionne comme un ordinateur.

- *L'état du moi Enfant* est construit avec ce que nous étions et ce que nous avons vécu étant enfant. Il est constitué surtout de nos besoins fondamentaux, de nos sentiments, de nos sensations. Berne (3), souligne que l'Enfant est la partie la plus riche de notre personnalité.

On emploie des majuscules pour désigner les états du moi Parent (P), Adulte (A), Enfant (E), afin de les distinguer des personnes réelles.

Schématiquement, on représente la personnalité comme suit:

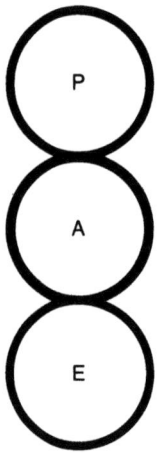

Une analyse détaillée peut mettre en évidence des subdivisions dans les états du moi.

L'analyse fonctionnelle des états du moi distingue le Parent Nourricier et le Parent Normatif (ou Critique), l'Enfant Libre (ou Naturel) et l'Enfant Adapté qui peut être Soumis ou Rebelle.

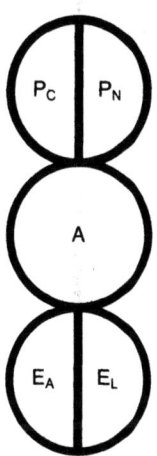

L'analyse structurale des états du moi montre trois subdivisions :

L'Enfant dans l'Enfant (E 1) est la partie innée et spontanée de la personnalité. L'Adulte dans l'Enfant (A 1) est ce qu'on appelle « le Petit Professeur ». Très tôt, l'enfant comprend et interprète les désirs de ses parents et le monde dans lequel il vit. Ses possibilités d'appréhension du monde sont limitées à une compréhension intuitive en fonction de laquelle il adapte son comportement et prend des décisions déterminantes. A 1 désigne cette composante intuitive et créatrice.

Le Parent dans l'Enfant (P 1) correspond à l'enregistrement interne des messages reçus et des décisions prises par l'enfant, qui seront réactivés tout au long de sa vie. On décrit P 1 comme une électrode qui réagit de manière automatique.

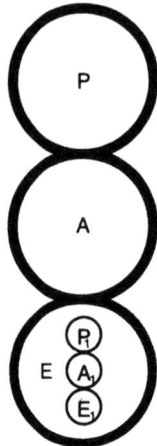

Pour Woolams, Brown et Huige (316) une personne peut réagir dans une situation donnée avec des préjugés venant de son Parent, une pensée logique émanant de son Adulte ou des sentiments de son Enfant.

Les états du moi décrits par Berne ne correspondent pas aux concepts psychanalytiques de Surmoi, Moi, Ca. Malgré des similitudes apparentes entre l'Adulte et le Moi, le Parent et le Surmoi, l'Enfant et le Ca, il s'agit en fait de notions bien distinctes. Les états du moi sont des entités observables. En voyant les attitudes d'une personne ou en l'entendant s'exprimer, on peut identifier quel état du moi est actif. Les concepts de Moi, de Surmoi et de Ca ne sont pas observables en tant que tels. Par exemple, on ne peut accéder au Ca c'est-à-dire l'Inconscient, que par les rêves, les actes manqués, les lapsus, etc.

Le Surmoi est toujours une instance répressive, alors que le Parent peut être protecteur, nourricier, permissif. De plus, le Parent et l'Enfant peuvent collaborer alors que le Surmoi et le Ca sont toujours en opposition. L'Adulte et le Moi (c'est-à-dire le conscient) traitent la réalité, mais ne sont pas semblables pour autant. Certains auteurs, comme Nasielski (163), disent que les états du moi correspondent au Moi freudien et que l'A.T. est une psychothérapie du Moi dans la mesure où elle s'intéresse au Conscient. Pour le transactionnaliste cependant, la notion de Moi faible n'existe pas. Chaque personne a la capacité d'utiliser pleinement ses trois états du moi.

Une intervention thérapeutique est nécessaire quand il existe une *pathologie des états du moi: contamination* ou *exclusion*, trop grande *labilité* ou, au contraire, *rigidité* des états du moi, *perméabilité des frontières*.

Quand les normes du P ou les sentiments de l'E sont présentés comme des faits réels ou des données de l'A, on dit que l'A est contaminé.

Il y a contamination de l'A par le P dans le préjugé présenté comme un fait réel.

Exemple «il faut beaucoup de courage pour se suicider» ou «se suicider c'est lâche».

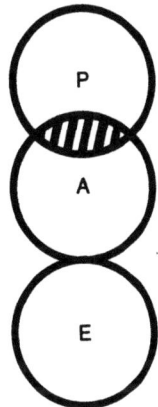

Il y a contamination de l'A par l'E dans les phobies, les superstitions, les délires, les exagérations, les sentiments présentés comme la réalité objective. Exemple «j'ai envie de mourir puisque mon mari m'a quittée. C'est logique».

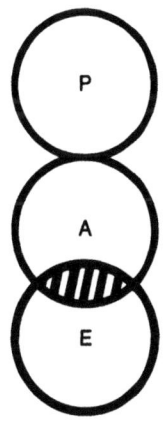

Le plus souvent, on observe une double contamination. A la fois, des croyances et des sentiments empêchent l'A de bien fonctionner. Exemple «personne ne m'aimera jamais. Il est normal que j'ai envie de me suicider dans cette situation».

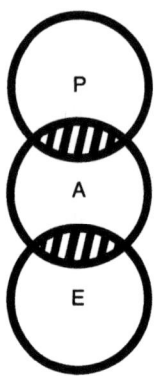

L'exclusion est une autre forme de pathologie qui signifie qu'un des états du moi semble inexistant ou exclu. La personne se comporte de façon stéréotypée, comme si elle ne pouvait choisir d'utiliser l'état du moi approprié à la situation. Exemple «le monde et la vie sont absurdes, la seule chose logique et sensée à faire est de se suicider». Le développement de ces idées peut aboutir à un suicide «pseudo-rationnel». La personne raisonne sans du tout tenir compte de ses sentiments et peut, de cette manière, exclure l'état du moi E.

Les problèmes de labilité, rigidité, perméabilité des frontières empêchent également une utilisation souple et harmonieuse des 3 états du moi, adaptée aux situations vécues par la personne.

En début de thérapie, le travail consiste le plus souvent à décontaminer l'Adulte.

b) Les transactions

Pour Berne (23), l'A.T. est «l'analyse de toutes les transactions possibles entre deux personnes ou plus, sur la base d'états du moi définis spécifiquement».

Berne (23) définit une transaction comme « une unité de rapport social ». Le fait d'adresser la parole à une personne constitue un stimulus transactionnel et la réponse une réaction transactionnelle. Les transactions sont donc un moyen de communication. Berne (24) encore, justifie l'expression « transaction » en disant que « chacune des deux parties en présence y gagne quelque chose, raison pour laquelle elles s'y livrent ».

En bref, on peut distinguer trois catégories de transaction : les transactions complémentaires, les transactions croisées, les transactions clandestines ou à double sens.

Dans la *transaction complémentaire*, la réponse vient de l'état du moi auquel le stimulus est adressé. Seuls deux états du moi sont en relation, les transactions sont parallèles et la communication est continue.

Exemple :

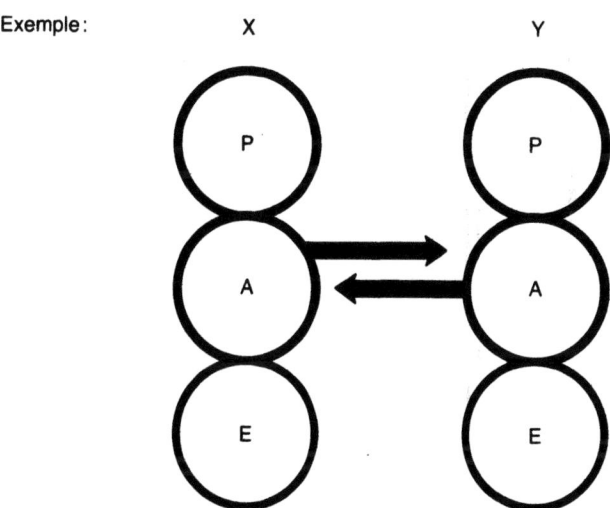

X : quelle heure est-il ?   Y : 10 h du matin

La transaction est croisée quand la réponse est donnée par un autre état du moi que celui auquel est adressé le stimulus. Un troisième état du moi est donc impliqué et la communication est modifiée.

Exemple:

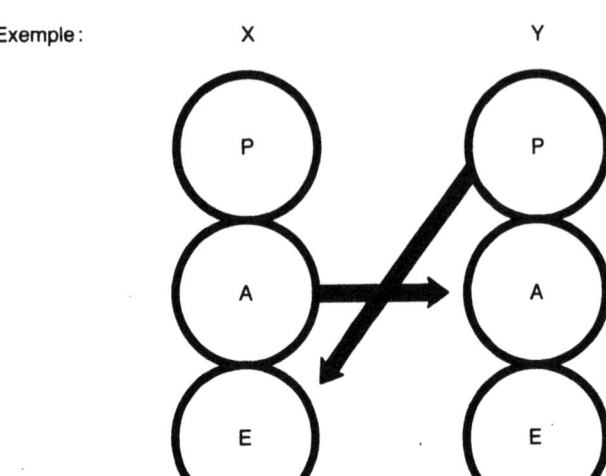

X: quelle heure est-il? Y: il n'est pas normal que tu sois toujours en retard!

Dans la transaction clandestine (ou à trouble sens), il y a un message social évident et un message psychologique secret. Le niveau psychologique est déterminant pour l'issue de la relation.

Exemple:

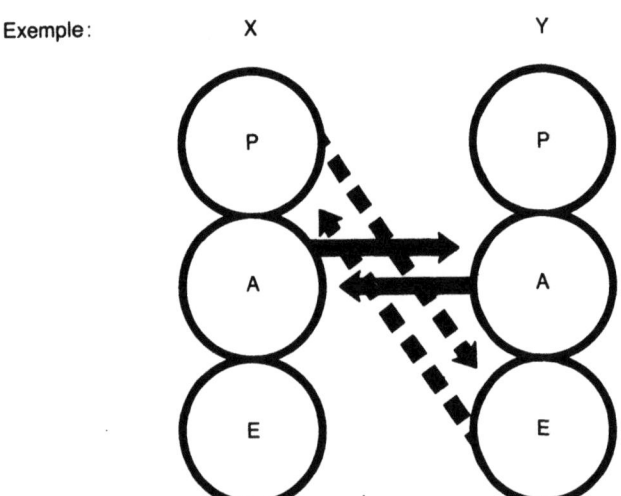

X: (fronçant les sourcils): quelle heure est-il?
Y: (rouge de confusion): 10 h du matin

c) Les positions de vie

Nous définissons la position de vie (ou position existentielle) comme la manière fondamentale dont la personne appréhende le monde. Les analystes transactionnels ont dégagé quatre positions de vie :
1. je suis OK - tu es OK (+ +);
2. je suis OK - tu n'es pas OK (+ −);
3. je ne suis pas OK - tu es OK (− +);
4. je ne suis pas OK - tu n'es pas OK (− −).

«Etre OK» implique l'acceptation fondamentale de soi-même et des autres. Cette notion rejoint celle de respect inconditionnel tel que le conçoit Rogers.

Pour la plupart des transactionnalistes, la position de vie «je suis OK - tu es OK» est celle présente à la naissance. Par la suite, les expériences précoces, liées notamment à la satisfaction des besoins, jouent un rôle décisif dans l'établissement de la position de vie préférentielle.

L'adoption d'une position existentielle n'est pas absolue. On parle de position préférentielle dans le sens où la personne adopte momentanément d'autres positions selon les conditions dans lesquelles elle se trouve.

Toutefois, pour maintenir la position existentielle qu'elle a préférentiellement adoptée, la personne interprète sélectivement le monde, les événements, les relations, quitte à distordre la réalité.

La position de vie préférentielle des suicidaires est souvent «je ne suis pas OK, les autres sont OK» (− +).

d) Les caresses

Berne (23) cite les recherches de Spitz qui montrent que le nourrisson a besoin de stimulation pour survivre. Chacun a fondamentalement besoin d'être reconnu et stimulé. Toute marque d'attention physique, verbale ou non verbale est une unité de reconnaissance ou «caresse» (traduction du mot anglais stroke). Les caresses peuvent être positives ou négatives, elles peuvent être conditionnelles c'est-à-dire liées à ce qu'une personne fait, ou inconditionnelles c'est-à-dire liées à ce qu'une personne est. En fonction de sa position existentielle, l'individu développe une «économie de caresses» qui lui est propre. L'économie de caresses est fonction de la façon dont la personne procède aux quatre opérations suivantes : donner, demander, accepter, refuser des caresses.

Les suicidaires se privent souvent de valorisations et méconnaissent leur besoin d'estime et d'affection. Ils recherchent les caresses négatives et renforcent ainsi l'image négative qu'ils ont d'eux-mêmes.

e) Le scénario existentiel et les issues tragiques de scénario

Un autre principe de base de l'A.T., très important pour notre propos, est la notion de scénario de vie.

Berne (24) dit que «tout le monde crée sa propre vie. Ainsi chacun décide dans sa petite enfance comment il vivra et comment il mourra. Ce projet qu'il transporte dans sa tête où qu'il aille est appelé son scénario. Ses faits et gestes courants obéissent peut-être à la raison, mais ses décisions importantes sont déjà prises».

Woolams, Brown et Huige (316) définissent le scénario comme «un plan de vie personnel qu'un individu *décide* dans son tout jeune âge en fonction de l'interprétation qu'il donne à des événements extérieurs. Un jeune enfant est en effet extrêmement vulnérable à son environnement et à l'influence parentale». Cette vulnérabilité rend les messages parentaux très puissants.

Un enfant reçoit de ses parents des directives explicites, des messages permissifs et des messages inhibiteurs (négatifs). Ces derniers sont appelés injonctions et peuvent former la base d'un scénario destructeur.

A partir de leur expérience clinique, Goulding et Goulding (119) ont établi une liste de 12 catégories d'*injonctions* principales. Généralement, un scénario est construit en réponse à plusieurs de ces injonctions :

- N'existe pas;
- Ne sois pas toi-même;
- Ne sois pas un enfant;
- Ne grandis pas;
- Ne réussis pas;
- Ne fais pas;
- Ne sois pas important;
- N'aie pas d'attache;
- Ne sois pas proche;
- Ne sois pas sain (d'esprit, de corps);
- Ne pense pas;
- Ne ressens pas.

Il ne s'agit pas là d'une conception déterministe. Ces auteurs font remarquer: «personne n'est déterminé par des messages de scénario

(...). Chaque enfant prend des décisions en réponse à des messages réels ou imaginaires de telle sorte qu'il détermine lui-même son scénario».

Certains transactionnalistes ont établi une typologie des scénarios selon leurs caractéristiques qualitatives et la gravité des problèmes qu'ils occasionnent.

Berne (24) parle de scénarios gagnants, perdants et banaux. Les fins tragiques, comme le suicide, caractérisent les scénarios dramatiques.

Il définit les scénarios: «Avant», «Après», «Toujours», «Jamais», «Sans cesse». Pour Steiner (286) il existe des scénarios «Sans Amour», «Sans Joie», «Sans Raison».

Berne (24) note que l'idée de scénario n'est pas entièrement nouvelle. Il rappelle que «Freud parle de compulsion de répétition et de compulsion de destin mais ses continuateurs n'ont pas développé suffisamment ses idées pour les appliquer au cours entier de la vie de leurs patients. Erikson reste le psychanalyste le plus attaché à l'étude systématique du cycle de la vie humaine, de la naissance à la mort. L'analyse de scénario corrobore naturellement beaucoup de ses découvertes (...)». Berne (24) ajoute que, de tous ceux qui ont précédé l'A.T., Alfred Adler est le plus près de parler comme un analyste de scénario. Il le cite: «si je connais le but de quelqu'un, je sais en gros ce qui va se passer. Je me trouve en mesure de remettre à sa place chacun des mouvements successivement accomplis (...). Nous devons nous rappeler que la personne en observation ne saurait que faire d'elle-même si elle ne pouvait s'orienter vers un but qui détermine le sens de son existence (...).

Si l'on cherche à comprendre une personne à partir d'un phénomène psychique, on ne peut voir en celui-ci que la préparation d'un certain objectif, une volonté de compensation finale préméditée par un plan (secret) de vie.

Le plan de vie demeure dans l'inconscient afin que le patient puisse continuer à croire qu'un destin implacable et non un plan conçu et préparé de longue date, et dont il est le seul responsable, est à l'œuvre».

Les transactionnalistes insistent sur l'*aspect décisionnel* du scénario de vie. L'enfant prend des décisions indispensables pour s'adapter et survivre dans sa famille. A l'âge adulte, ces décisions se révèlent souvent inadéquates et sont susceptibles d'être changées. Le concept de décision peut prêter à discussion. En effet, il recouvre surtout l'idée de modalités d'adaptation destinées à la survie du sujet dans son univers familial.

Il existe différentes *issues tragiques* de scénario. La majorité des auteurs en citent trois principales : le suicide, l'homicide, la folie. Glende (110) parle de la maladie comme quatrième issue de scénario. Elle souligne que : « une issue secrète ou issue tragique de scénario est un échappatoire en cas de stress intolérable. Elle supprime les tensions accumulées par la personne à force d'être exposée à des sources de stimulation sans résoudre les problèmes. Sa forme peut être active comme le suicide ou l'homicide, ou bien passive ». Dans cette dernière catégorie, elle range non seulement la maladie mentale mais également la maladie physique ou psychosomatique. Elle fait remarquer que le caractère passif de ces deux issues engendrent l'illusion d'une absence de responsabilité. Elle ajoute : « le suicide et l'homicide sont des actes agressifs qui relâchent de manière activement destructrice la tension accumulée. La folie ou la maladie résultent, elles, d'actes inhibiteurs amoncelant la tension sur un mode passivement destructeur ».

Cowles-Boyd (57) souligne que « les issues secrètes de scénario, en dépit de leurs qualités tragiques, sont des inventions de l'Enfant pour solutionner des problèmes intolérables ».

f) Les sentiments parasites et les stratagèmes

Woolams, Brown et Huige (316) expliquent que les sentiments parasites et les stratagèmes possèdent beaucoup de caractéristiques communes. Il s'agit de sentiments et de comportements appris. Ils constituent une manière indirecte d'obtenir des signes de reconnaissance. Ils sont répétitifs et destinés à la réalisation du scénario.

Les *sentiments parasites* sont des sentiments substitutifs appris dans l'enfance. Dans certaines familles, il n'est pas acceptable d'exprimer certaines émotions (par exemple la colère). L'enfant apprend alors à réprimer ces sentiments et à les remplacer par d'autres mieux acceptés. Il obtient ainsi des marques d'attention mais non la satisfaction qui serait consécutive à une véritable élimination de la tension. Les sentiments parasites sont manipulateurs, répétitifs et inadéquats par rapport à la situation vécue.

On définit le plus souvent *le stratagème** comme une série continue de transactions complémentaires clandestines ayant une fin précise, déterminée et prévisible. Cette fin est appelée la « prime » du stratagème et elle consiste toujours en un sentiment parasite désagréable pour chacun des participants. Le stratagème requiert la participation d'au moins deux personnes responsables à part égale.

On peut classifier les stratagèmes selon trois degrés :

Les stratagèmes du *premier degré* se déroulent dans un cadre social large. Les désagréments sont légers, d'ordre émotionnel et peu durables.

Les stratagèmes du *deuxième degré* ont un enjeu plus considérable. Ils se passent habituellement dans un cercle intime. Les sentiments désagréables sont plus importants et ont généralement des conséquences plus graves. Ils impliquent des modifications significatives et durables dans les relations. Par exemple : une rupture, un divorce, un licenciement, un déménagement, ...

Au *troisième degré*, il y a dommage physique et le stratagème se termine soit en prison, soit à l'hôpital, soit à la morgue.

Les personnes suicidaires se livrent généralement à des stratagèmes du troisième degré. Par exemple, des problèmes conjugaux peuvent donner lieu à un chantage au suicide et se terminer par une hospitalisation d'un des conjoints suite à une tentative de suicide.

Les manières les plus courantes d'analyser la dynamique d'un stratagème sont les suivantes :

- L'une d'elles consiste à examiner les liens qui existent entre les partenaires du stratagème. Il s'agit toujours de relations de type symbiotique c'est-à-dire de prise en charge. Chacun réagit à la situation sans tenir compte de ses capacités réelles ni de celles des autres.

- On peut également étudier le diagramme transactionnel du stratagème en reprenant toutes les transactions échangées et en mettant au clair les messages cachés (ou transactions clandestines).

- Une troisième analyse possible est d'utiliser le triangle dramatique de Karpman (316) dont les trois pôles représentent les rôles de Persécuteur, de Sauveteur et de Victime.

---

* N.B. : nous préférons le terme « stratagème » à celui de « jeu » pour traduire le mot anglais « game » qui indique une notion de piège et désigne en A.T. une réalité relationnelle qui n'a rien de ludique.

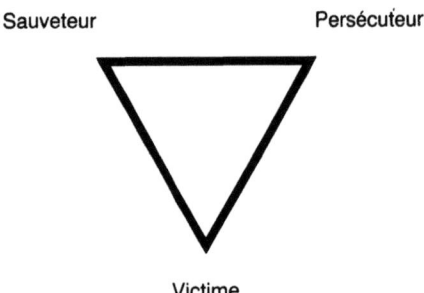

Chaque personne tient dans la vie un rôle favori et cherche des partenaires qui jouent un rôle complémentaire au sien. Cependant, chacun occupe successivement toutes les positions du triangle : au fur et à mesure qu'un stratagème se déroule, les partenaires changent de position, les rôles alternent ou s'inversent.

Les suicidaires tiennent généralement le rôle privilégié de «Victime». Certains déprimés occupent la place de «Sauveteur» en prenant en charge les besoins des autres au lieu de s'occuper des leurs.

- Berne (23) a étudié les bénéfices secondaires des stratagèmes en distinguant les «avantages» psychologiques, sociaux et existentiels qu'ils offrent.

- Berne (23) a mis au point une formule qui permet de décrire l'évolution d'un stratagème. Cette formule G est explicitée dans son livre «Games People Play» traduit par «Des Jeux et des Hommes».

- Berne (23) a classé et décrit les stratagèmes les plus courants. Il leur a donné des noms de manière à les identifier facilement.

Ainsi les suicidaires «jouent» souvent à «Epuisé», «Pauvre de moi», «Jambe de bois», «Donne-moi des coups», «Regarde ce que tu me fais faire», «Oui mais», «Voyez bien comme j'ai essayé», etc... Ces stratagèmes sont également décrits dans le livre «Des Jeux et des Hommes».

g) La structuration du temps

Les analystes transactionnels ont mis en évidence les modalités selon lesquelles on structure le temps : le retrait, les rituels, les passe-temps, l'activité, les stratagèmes, l'intimité. La structuration du temps est liée au scénario existentiel, à la position de vie et à l'économie des caresses.

Les personnes suicidaires structurent le temps de manière peu équilibrée, elles évitent l'intimité, recherchent le retrait ou les stratagèmes.

h) *Méconnaissances, comportements passifs et symbiose*

Les notions de méconnaissance, comportements passifs et symbiose ont été développées par J. Schiff et l'Ecole de l'Institut Cathexis.

Selon Mellor et Schiff (189): «une personne qui fait une méconnaissance croit et agit comme si un aspect d'elle-même, des autres ou de la réalité était moins significatif qu'il ne l'est en fait. L'impact est minimisé, habituellement à dessein, en vue de maintenir un cadre de référence, de faire avancer le scénario et de tenter d'imposer ou de renforcer des relations symbiotiques avec d'autres. La méconnaissance est un mécanisme interne qui est reconnu grâce à des indices transactionnels et comportementaux».

Une personne peut méconnaître des stimuli, des problèmes ou des options, au niveau de leur existence, de leur importance, de la possibilité de les changer ou de ses capacités personnelles à les modifier.

Voici, par exemple, comment un suicidaire peut méconnaître un problème selon ces quatre niveaux et en ordre décroissant de gravité:

1. Après avoir fait des accidents de voiture graves et répétés, une personne déclare: «mais non, je ne suis pas un suicidaire, cela arrive à tout le monde». Il s'agit-là d'une méconnaissance de l'*existence* même du problème.

2. L'automobiliste qui dit: «je provoque des accidents et je sais que c'est suicidaire, mais ce n'est pas grave, je finis toujours par en sortir», méconnaît l'*importance* ou la gravité du problème.

3. Le troisième niveau de méconnaissance concerne l'éventail des *solutions possibles*. C'est le cas du conducteur qui déclare: «je prends des risques en voiture et c'est très grave. Les accidents que j'ai eus auraient pu être mortels mais il n'y a pas moyen de faire autrement dans la circulation et avec mon rythme de vie».

4. «J'ai un problème, j'ai trop d'accidents de voiture. C'est grave parce que c'est une manière de mettre ma vie en danger et de me suicider. Je pense qu'il y a moyen de faire autrement et de rouler sans avoir d'accident, mais moi je n'y arriverai pas». Cette méconnaissance porte sur la *capacité personnelle* de mettre en œuvre les solutions possibles.

Comme le dit Nasielski (209): «l'aboutissement du phénomène de méconnaissance est d'arriver à prouver qu'il n'y a 'objectivement' pas de solution. En effet, quand le client a méconnu sa capacité personnelle, il finit par démissionner et cesse de chercher une solution au problème qui ne peut alors que croître et pourrir. Il abolit la conscience de ses besoins. Cette méconnaissance n'empêche pas ses besoins d'exister».

Les méconnaissances conduisent la personne à adopter des comportements passifs. Ceux-ci sont le reflet de méconnaissances internes.

J. Schiff (266) a dégagé quatre types de *comportements passifs*:

- *L'inaction* consiste à «ne rien faire» par rapport à un problème ou à sa résolution. Par exemple: certains déprimés se négligent complètement, refusent de s'habiller, se laver, manger et doivent finalement être hospitalisés.

- *La suradaptation* est un comportement par lequel la, personne s'adapte à ce qu'elle imagine que l'autre attend.

Par exemple: une personne s'épuise à imaginer comment faire plaisir aux autres qui ne lui demandent rien, en fait, et ne tient pas compte d'elle-même.

- *L'agitation* est un comportement moteur stéréotypé qui implique une certaine décharge d'énergie. Il donne au sujet l'impression de productivité ou de soulagement alors qu'il est inefficace par rapport à la résolution du problème. Fumer cigarette sur cigarette, faire les cent pas, travailler à l'excès en sont des exemples.

- *L'invalidation* consiste à se rendre «invalide» ou «incapable»: la tentative de suicide est une forme d'invalidation.

Quand une personne adopte un comportement passif, ses besoins restent insatisfaits. Elle méconnait ses capacités à identifier et résoudre les problèmes. Le comportement passif constitue une invitation à l'intervention d'autrui. Il est qualifié «d'appel symbiotique». Les comportements passifs ont pour finalité l'établissement ou le maintien d'une relation de prise en charge.

Comme le rappelle J. Schiff (266) «la *symbiose* est un phénomène normal du stade oral dans le développement d'un enfant». Une symbiose est pathologique lorsqu'elle se produit entre deux personnes capables d'autonomie, se comportant comme si elles n'étaient plus qu'une seule personne.

La structure d'une symbiose se présente comme suit:

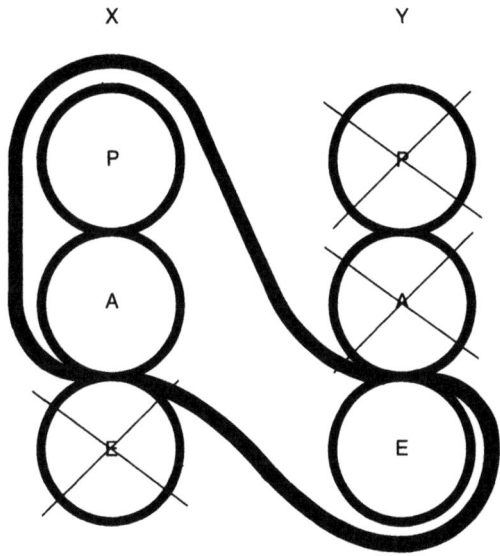

X prend Y en charge: il emploie pour cela son Parent et son Adulte en méconnaissant ses besoins personnels, tandis que Y qui est pris en charge, n'emploie que son Enfant et méconnaît ses capacités personnelles à employer son Parent et son Adulte. Il y a donc deux individus mais au lieu d'avoir six états du moi impliqués, il n'y en a que trois. Nasielski (209) note «qu'il est difficile d'évaluer la pertinence d'une prise en charge symbiotique parce que les clients, en état de crise, viennent avec une amplification de leurs émotions et de leurs besoins. Il est parfois malaisé de savoir si réellement quelqu'un, à ce moment, n'a plus aucun moyen de se débrouiller et, dans quelle mesure c'est bien au thérapeute d'agir à sa place. Si nous disons d'emblée que nous allons nous occuper des problèmes, nous consolidons la croyance du client dans son incapacité à résoudre lui-même ses problèmes. C'est une attitude de surprotection qui est dangereuse, invalidante». Les analystes transactionnels s'attachent à discerner de très près dans quelle mesure un client n'est vraiment pas en état de se passer de leur intervention directe. Bien sûr, dans le cas d'une tentative de suicide engagée, le thérapeute a le devoir d'intervenir en demandant, par exemple, une hospitalisation.

i) La notion d'impasse

Partant de la thérapie Gestalt et des concepts développés par Perls, les Goulding ont développé la théorie des impasses qui s'applique particulièrement bien à la compréhension des problèmes suicidaires.

Pour Thomson (292) il y a impasse lorsqu'un individu ressent une incapacité à agir de façon autonome et qu'il se sent coincé.

Goulding et Goulding (119) ont mis en évidence trois degrés d'impasses consécutives à des décisions prises par la personne à certains moments de sa croissance. Mellor (193) met en relation les types d'impasses et les étapes du développement génétique :

- Les impasses de premier degré mettent en jeu les contre-injonctions du scénario (ou messages contraignants); elles se développent lorsque l'enfant est assez grand pour saisir le langage (c'est-à-dire à partir de deux ans).

- Les impasses de deuxième degré concernent les injonctions (ou messages inhibiteurs); leur origine est plus ancienne (de quatre mois à quatre ans).

- Les impasses de troisième degré renvoient à des expériences archaïques, peut-être même prénatales (elles se développent de la conception à un an).

Description de l'impasse de premier degré

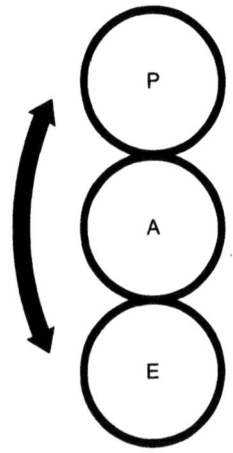

L'impasse de premier degré se caractérise par un conflit entre le Parent (ce que l'on doit faire) et l'Enfant (ce qu'on a envie de faire). Exemple : « je dois travailler mais j'ai envie d'aller me promener ». Il y a impasse lorsque la personne ne fait ni l'un ni l'autre et s'immobilise. Les impasses de premier degré sont donc liées à des comportements. Lorsqu'elles deviennent chroniques, la personne peut se sentir dépressive car elle utilise son énergie pour ne rien faire et s'empêcher d'agir. En fait, il n'y a pas moyen de satisfaire le Parent et l'Enfant en même temps. Le conflit peut se résoudre à partir de l'Adulte : la personne va établir des priorités. La solution adoptée peut être partiellement insatisfaisante mais permet à la personne de sortir de l'impasse engendrée par le conflit interne et d'agir.

L'impasse de premier degré s'illustre aussi par un dialogue « Je-Tu » : pour parler de choses vécues comme contraignantes, la personne dit souvent « Tu » au lieu de « Je ». Elle cite son Parent interne, ayant incorporé un message externe d'un de ses parents.

Une patiente consultant pour des problèmes d'angoisse et d'insomnie s'exprime ainsi : « je suis angoissée, je n'arrive pas à dormir, pourtant je me dis tout le temps : tu as tout pour être heureuse, tu ne devrais pas être angoissée ».

Description de l'impasse de deuxième degré

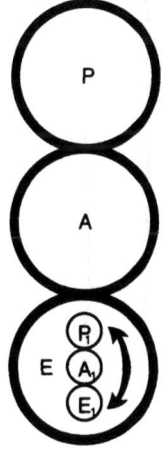

L'impasse de deuxième degré se caractérise par un conflit entre P1 et E1 (c'est-à-dire entre le Parent et l'Enfant dans l'Enfant). L'impasse de deuxième degré est liée aux injonctions et met en jeu des comportements et des sentiments. Elle s'illustre par un dialogue «Je-Je (Tu)». Les injonctions sont vécues comme issues de la personne elle-même et non comme des messages reçus de l'extérieur, généralement des parents. Le refus de se soumettre à l'injonction entraîne de la culpabilité dont la personne ne perçoit pas l'objet. Ces éléments caractérisent l'une des ambivalences du suicidaire: il a à la fois envie de vivre et de mourir. Le plus souvent, les impasses de deuxième degré remarquées chez les suicidaires sont liées à l'injonction «N'existe pas». La résolution de l'impasse de deuxième degré nécessite la prise de conscience du caractère extérieur de l'origine des injonctions ainsi qu'un travail de «redécision». En effet, toute décision peut faire l'objet d'une nouvelle décision ou redécision. Goulding et Goulding (119) ont mis au point un travail de Gestalt permettant la redécision à partir de scènes de l'enfance revécues par le patient.

Description de l'impasse de troisième degré

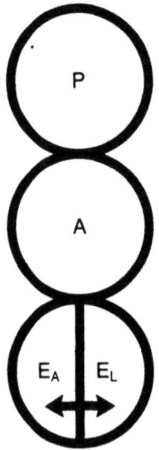

Les Goulding (119) recourent à l'analyse fonctionnelle pour décrire l'impasse de troisième degré comme un conflit entre l'Enfant Libre et l'Enfant Adapté. Elle est en rapport avec l'identité de la personne et son existence même. Elle peut être illustrée par un dialogue «Je-Je».

Comme le souligne Thomson (292) les impasses de troisième degré sont liées à des expériences très précoces au cours desquelles le sujet a acquis la conviction d'être sans valeur. Nous nous référons ici aux différentes situations de rejet qui peuvent exister pour un enfant. Dans les impasses de troisième degré, les personnes expriment des sentiments de dévalorisation et de dépression comme si elles les éprouvaient depuis toujours. Dans la majorité des cas, les problèmes suicidaires sont directement en relation avec les impasses de troisième degré. La résolution de ces impasses requiert la réconciliation entre l'Enfant Libre et l'Enfant Adapté.

Mellor (193) donne quelques indications pour reconnaître les différents types d'impasses : « le processus de redécision s'éclairera à l'avance si on tient compte des capacités de discernement associées avec la décision initiale. Celles-ci sont conceptuelles dans les impasses de premier degré, elles sont relatives aux sentiments dans les impasses de deuxième degré et elles sont relatives aux états d'être et à l'énergie dans celles de troisième degré (...) il est possible de situer avec précision le degré d'une impasse mais également le niveau sur lequel porte un travail thérapeutique. Ainsi, tout recours à la parole au cours d'une scène d'enfance revécue montre qu'à ce moment le travail se situe au premier ou au deuxième degré, jamais au troisième. Des mots élaborés, joints à l'expression assez pauvre des sentiments indiquent le premier degré. Des mots très simples avec prédominance des sentiments signalent le deuxième. Une incapacité à distinguer entre soi et les autres élimine le premier degré au profit du troisième ou peut-être du deuxième ».

3. Caractéristiques importantes de l'A.T.

L'A.T. est une méthode *contractuelle* : l'analyste transactionnel et le patient ont pour but de réaliser un contrat qu'ils ont établi ensemble.

L'A.T. est un modèle *décisionnel*. Comme le souligne notamment Nasielski (163) : « on explique les comportements inadéquats, les névroses, les psychoses, les affections psychosomatiques et d'autres problèmes encore, en recourant à la notion de décision précoce ou de décision de scénario existentiel (...). L'une des conséquences de ce postulat réside dans la responsabilité de la personne, à ne pas confondre avec la culpabilisation, bien entendu. L'analyste transactionnel pense que c'est à cette condition seule que la personne peut reprendre pleinement son pouvoir sur son existence. Tout ce qui a fait l'objet d'une décision peut faire l'objet d'une nouvelle décision ou redécision

(...). Au concept de guérison vient donc se substituer celui de redécision».

Une autre idée fondamentale en A.T. est que l'homme a en lui *toutes les capacités* nécessaires à son développement et à la résolution des conflits. Cette idée rejoint la notion de position de vie explicitée plus haut.

L'A.T. cherche à *favoriser l'autonomie* de la personne et l'accroissement de sa *liberté*, tout en l'aidant à s'adapter à son environnement social.

Enfin, l'A.T. emploie un *langage clair*, concret et accessible à tous. Le thérapeute transactionnaliste transmet et apprend au patient les concepts utilisés afin qu'il puisse en user lui-même.

4. La notion de contrat thérapeutique

Woolams, Brown et Huige (316) définissent le contrat de traitement comme «l'accord établi entre un thérapeute et un client en vue d'atteindre un but clairement défini».

Ils distinguent deux types de contrat thérapeutique:

- Les contrats de contrôle social visent un changement comportemental. Par exemple: l'abstinence pour un alcoolique ou le renoncement à des comportements suicidaires.

- Les contrats d'autonomie visent un changement de scénario.

Le contrat de contrôle social a pour but de remplacer un comportement spécifique inadéquat par un comportement jugé plus sain ou plus efficace. Les mêmes auteurs disent que «l'objectif est atteint en améliorant la perception de l'Adulte, en remplaçant le pouvoir exécutif dans l'Adulte ou en renforçant des adaptations saines».

Les contrats de protection constituent une forme de contrat de contrôle social. Les contrats de protection sont des engagements fermes:
- à ne pas se suicider;
- à ne tuer personne et à ne pas se faire tuer par autrui;
- à ne pas être violent ni inciter autrui à la violence;
- à ne pas devenir fou;
- à ne pas se droguer (alcool, drogue, médicament).

Comme le dit très bien Nasielski (163) : « un contrat de protection n'est qu'une mesure préservatrice, elle ne constitue pas un traitement qu'elle ne remplace pas ».

Quant à nous, nous préférons parler « d'engagement de protection » que de contrat. En effet, il s'agit d'une décision que la personne prend à l'égard d'elle-même et dont le thérapeute n'est que le témoin attentif. Il ne s'agit donc pas d'un contrat proprement dit.

Le contrat d'autonomie est accompli lorsque le client n'a plus recours aux décisions malsaines de son scénario et que celles-ci sont remplacées par de nouvelles décisions favorisant la croissance personnelle. Le contrat d'autonomie vise des changements de personnalité et pas seulement des changements comportementaux.

Selon Woolams, Brown et Huige (316) le contrat thérapeutique est validé par quatre conditions :

- Le consentement mutuel : le contrat doit être formulé par le client et accepté par le thérapeute. En thérapie de groupe, il importe que chaque membre du groupe connaisse et accepte le contrat de chaque participant.

- L'échange effectif : le thérapeute apporte son aide, ses compétences et donne de son temps en échange d'argent.

- Le but : l'objectif final fixé de commun accord. Des buts intermédiaires peuvent également être définis. Par exemple : les contrats de séance établis au début de chaque séance de thérapie.

- La compétence du thérapeute.

3. La compréhension des comportements suicidaires en analyse transactionnelle

1. Etendue et définition des comportements suicidaires

Baechler (8) donne du suicide la définition suivante: «le suicide désigne tout comportement qui cherche et trouve la solution à un problème existentiel dans le fait d'attenter à la vie du sujet». Cette définition rejoint le point de vue des analystes transactionnels.

L'analyse transactionnelle comprend les comportements suicidaires dans un sens très large: le suicide accompli, les tentatives de suicide, les comportements autodestructeurs et tous les équivalents suicidaires.

On considère qu'une personne est suicidaire dès qu'elle adopte une attitude destructrice pour elle-même, à court ou à long terme et de quelque manière que ce soit. Exemple: le comportement du fumeur est socialement admis mais il est nocif pour la santé. Tout le monde détient cette information. Les fumeurs savent qu'ils prennent des risques pour leur santé. Ce comportement n'est pas aussi actif que la pendaison ou l'absorption de barbituriques mais n'en est pas moins suicidaire. On peut donc distinguer divers degrés dans les attitudes suicidaires.

En A.T., on définit une personne comme suicidaire quand elle est ambiguë et ne semble pas clairement décidée à ne jamais se tuer. Par exemple, si elle exprime les idées suivantes: «bien sûr je ne ferais pas cela maintenant» ou «évidemment, les choses ne sont pas assez graves pour que je me tue» ou encore «mais non je ne me tuerai pas, j'ai quand même deux enfants». Dans ces affirmations, il existe des restrictions ou des conditions. Il suffirait peut-être que celles-ci changent pour que la personne soit prête à se tuer. Lorsque le patient dit clairement: «non, je ne me suiciderai jamais, ce n'est pas une solution», à ce moment-là seulement, on peut dire qu'il n'est pas suicidaire.

Ce point de vue est mis en évidence par les méthodes d'évaluation du risque suicidaire de Drye, Goulding et Goulding (78). Le patient qui refuse de dire «quoiqu'il arrive, je ne me tuerai pas, ni accidentellement, ni volontairement, à aucun moment et d'aucune manière» est considéré comme suicidaire.

Une telle manière de concevoir les attitudes suicidaires rencontre souvent beaucoup d'opposition. Les réactions émotionnelles très vives qui accompagnent généralement ces manifestations d'opposition sont sans doute le signe que personne n'est indifférent à cette conception. Le suicide interpelle chacun de nous à des niveaux divers et nous avons tous à nous situer par rapport à lui. Wilmotte et Bastyns (312) soulignent que «nous sommes tous, à l'un ou l'autre degré, porteur d'un patrimoine socio-culturel de messages permissifs au suicide».

Pour Thomson (293) «choisir la mort est la chose la moins autonome et la moins libre qui soit». Quelqu'un «choisit» le suicide quand il ne voit pas ou plus les autres choix existants. Cette prise de position s'inscrit parmis les valeurs véhiculées par l'analyse transactionnelle.

2. Méconnaissances, comportements passifs et invitations symbiotiques chez les suicidaires

Les suicidaires méconnaissent les problèmes qui se posent à eux et les options qu'ils peuvent choisir. Ils méconnaissent aussi les stimuli qui existent dans certaines situations en ignorant par exemple la douleur que peuvent provoquer certains comportements autodestructeurs. Le phénomène de méconnaissance est donc important chez le suicidaire et on le trouve à des degrés divers de gravité. Nous en avons vu quelques exemples dans les principes de base cités plus haut.

De même, on peut observer de nombreux comportements passifs chez les personnes suicidaires: inaction, suradaptation, agitation et surtout invalidation. Nous rappelons que la tentative de suicide est une forme caractérisée d'invalidation.

Comme tout comportement passif, elle a pour but de rétablir une symbiose ou une prise en charge. Certains membres de l'entourage peuvent entretenir avec le suicidaire des relations de type symbiotique. La structure hospitalière, quant à elle, constitue aussi une prise en charge symbiotique.

Méconnaissances, comportements passifs et invitations symbiotiques sont également des entrées dans les *stratagèmes*. Le suicidaire a tendance à occuper la position de Victime et invite des Sauveteurs à le prendre en charge. Fréquemment, il change de position dans le triangle dramatique, devient Persécuteur, faisant par exemple des menaces, des reproches ou refusant l'aide qu'on lui propose.

Parfois, il joue principalement le rôle de Sauveteur prenant les autres en charge et méconnaissant ses propres besoins. Au terme du stratagème, il se retrouve alors en position de Victime.

D'un autre point de vue, on peut dire que le suicidaire occupe simultanément deux positions dans le triangle dramatique: l'une au niveau social, l'autre au niveau psychologique. Socialement, il est Victime ou Sauveteur mais psychologiquement, il est Persécuteur avec son entourage. Son attitude passive est une manifestation indirecte d'agressivité. Le suicidaire en position de Victime a tendance à entretenir un sentiment parasite de tristesse et de dépression. La plupart du temps, il ne reconnaît pas ses sentiments de colère et n'exprime pas ouvertement son agressivité. L'entourage s'irrite généralement à l'égard de la personne qui se montre passive et se laisser aller, ce qui permet à celle-ci de rester en position de «Victime». Au terme des stratagèmes, le suicidaire renforce l'injonction «N'existe pas» et se dit une fois de plus qu'il est de trop, qu'il n'a pas de valeur, qu'il serait préférable de disparaître, etc... Il confirme aussi sa position de vie «je ne suis pas OK - les autres sont OK».

3. Le suicide comme décision scénarique et issue tragique de scénario

En analyse transactionnelle, le suicide est défini comme une issue tragique de scénario (ou issue secrète de scénario).

Les suicidaires ont un scénario dramatique dont l'aboutissement prévu est le suicide.

La personne suicidaire a généralement reçu l'injonction «N'existe pas» d'un ou des deux parents. La décision de suicide est alors prise en réponse à cette injonction, à l'âge de construction du scénario, c'est-à-dire avant l'âge de 6 ans.

Cette décision ne résulte pas nécessairement de faits objectifs mais de l'interprétation que l'enfant fait du monde et de l'attitude de ses parents ou de l'un d'eux. Si l'enfant entend de façon répétée des propos comme : « la vie était bien plus facile avant ta naissance » ou « j'ai vraiment beaucoup souffert quand tu es né » ou encore « si je n'avais pas eu d'enfant, j'aurais réussi ma vie », il risque de conclure : « ils seraient plus heureux si je n'étais pas là, il vaudrait mieux que je n'existe pas ». Ainsi, l'enfant perçoit le message « N'existe pas » et il prend par exemple la décision suivante : « si les choses vont trop mal, je vais me tuer » ou « pour que maman (ou papa) soit plus heureuse, je finirai par me tuer ».

Soulignons le caractère paradoxal de cette prise de décision. En effet, elle vise à satisfaire les parents et à recevoir leur amour. La décision de suicide a donc pour finalité de s'adapter et survivre dans l'univers familial. Ce paradoxe est important pour la compréhension des phénomènes suicidaires.

Indépendamment de l'interprétation personnelle et subjective de l'enfant, il existe de réelles situations de rejet lorsqu'il n'est effectivement pas désiré par ses parents. Certains font ainsi précocement l'expérience qu'ils n'ont pas le droit de vivre. La permission d'exister est fondatrice du développement de la personne. Quand cette permission a manqué, la personne va tendre, tout au long de son existence, à confirmer constamment qu'elle n'a pas le droit de vivre.

Il existe des situations de rejet graves et très nettes comme les situations d'abandon. A celles-ci il faut assimiler celle des enfants battus ou souffrant de malnutrition, ou encore celle des enfants à qui on a prodigué des soins insuffisants, inconsistants ou incohérents. On trouve parfois chez les bébés ou chez de très jeunes enfants des phénomènes d'anorexie qui correspondent à des décisions de mourir.

Les personnes ayant vécu un abandon ou un rejet précoce ont un problème fondamental d'identité, qui peut se traduire par les phrases suivantes : « je me suis toujours senti mal », « j'ai toujours pensé que je ne devrais pas exister », « je crois que je ne vaux pas la peine », « je me déteste », etc. Ce problème doit être mis en rapport avec la situation fusionnelle du nourrisson : la différenciation moi-non moi n'est pas réalisée. Le bébé est incapable d'attribuer à l'extérieur les drames qui lui arrivent et l'abandon est vécu comme : « je suis mauvais et sans valeur ». Le nourrisson adopte la position existentielle : « je ne suis pas OK ». Cette conception rejoint celle d'introjection du mauvais objet développé par M. Klein.

Lorsqu'un des parents d'une famille s'est suicidé ou adopte des comportements autodestructeurs, il présente un modèle suicidaire. L'enfant apprend ainsi qu'une manière de résoudre les problèmes est d'avoir recours au suicide. Il peut décider de suivre ce modèle. Nous savons que le suicide n'est jamais une maladie héréditaire. Il s'agit d'un comportement appris ou décidé dans certaines familles.

Notons encore qu'une décision de suicide peut être prise en réponse à une autre injonction que «N'existe pas». Par exemple, le message inhibiteur «Ne sois pas proche» peut amener quelqu'un à s'isoler complètement et à décider de se tuer à cause de sa solitude; l'injonction «Ne réussis pas» peut pousser quelqu'un à accumuler des échecs qui vont justifier un suicide, etc... Nous pourrions ainsi trouver des exemples pour les différentes injonctions existantes.

Nous pensons toutefois qu'une personne suicidaire répond toujours à l'injonction «N'existe pas» ou suit un modèle suicidaire même si cette injonction ou ce modèle ne semblent pas prédominants de prime abord.

Dans tous les cas, la décision de suicide est une décision scénarique c'est-à-dire qu'elle a été prise par un enfant de moins de six ans. C'est ce qu'il y a lieu de faire découvrir au client.

Selon Thomson (292), peu d'enfants décident de se tuer dans l'immédiat mais beaucoup prennent la décision de faire quelque chose de drastique pour mourir, si cela va trop mal un jour. Les enfants n'ont généralement pas les informations nécessaires pour savoir comment mourir. Ceci est heureux car ils n'ont pas la notion du temps et ne voient pas la mort comme une fin irréversible. (Nous développons ce point de manière approfondie ci-après car il explique souvent la manière dont les suicidaires envisagent leur mort).

Quand une personne parle de suicide ou adopte un comportement suicidaire, on peut dire qu'elle réagit à partir de son état du moi Enfant. Elle continue à mettre en œuvre une décision prise jadis, et cette décision de scénario peut être changée.

4. La pensée magique et le mythe de la survie : cadre de référence du suicidaire

Nous avons pu remarquer que le suicidaire a de nombreux fantasmes concernant sa mort et ce qui va se passer après celle-ci. L'individu imagine avec précision les réactions de son entourage. Ces images sont très significatives des besoins et des désirs de la personne : le suicide semble être le seul moyen de les satisfaire.

Comme le souligne Thomson (291), les fantasmes des personnes suicidaires sont révélateurs d'un certain mythe de la survie.

Le suicidaire réagit comme s'il allait survivre à sa mort et participer à ce qu'elle va provoquer. Le mythe de la survie appartient à la pensée magique, significative de la manière de réfléchir des enfants de moins de 8 ans qui n'ont pas encore acquis la notion de la mort comme une fin irréversible. En effet, les jeunes enfants n'ont pas une conception linéaire du temps constitué d'un passé, d'un présent et d'un avenir. Il n'y a pour eux qu'un présent continuellement changeant et ils se constituent des repères comme les repas, la tombée de la nuit, l'école, etc... Ils n'établissent pas correctement les relations de cause à effet. Pour eux, deux événements qui se produisent simultanément ont une relation entre eux. Cette perception entraîne de nombreuses confusions dans leur conception du monde. Exemples :

- L'annonce faite à un enfant du décès de sa grand-mère alors qu'il est en proie, à ce moment-là, à un sentiment de colère peut entraîner chez lui l'établissement d'une relation de cause à effet entre l'aspect et l'événement.

- Si un enfant trouve un oiseau mort, il peut avoir l'idée de le remettre dans un arbre pour qu'il vive à nouveau. C'est là qu'il voit habituellement les oiseaux vivants. Les enfants procèdent donc par association d'idées ou d'événements mais il ne s'agit pas d'une pensée rationnelle tenant compte notamment des aspects chronologiques.

Chez les suicidaires, on retrouve cette pensée magique : la mort n'est pas vue comme une fin définitive et irrémédiable. Ils s'expriment comme s'ils allaient jouir d'avantages qu'entraînerait leur suicide. Ils disent par exemple : « quand je serai mort, j'aurai enfin la paix et le calme », « ils verront enfin tout ce que j'ai fait », « on me regrettera et on m'aimera ».

La pensée des enfants et les fantasmes des suicidaires ont donc en commun la conviction que leur conscience va perdurer au-delà de la mort. Ceci confirme la notion de décision suicidaire vue comme décision scénarique prise entre 0 et 6 ans.

Certains éléments culturels peuvent entretenir le mythe de la survie. Ainsi, l'idée que les morts vont au ciel et voient tout d'en haut. Il est également courant de faire l'éloge des gens qui sont décédés. Dans certaines familles, il est dit explicitement qu'on ne peut en dire du mal. Souvent ils sont idéalisés et tout se passe comme si on les aimait davantage que de leur vivant. Un enfant peut tirer de tout cela la conclusion qu'il est préférable d'être mort. Ceci devient alors un moyen d'obtenir des autres plus d'amour, plus d'attention, plus de reconnaissance.

La pensée et les fantasmes du client au sujet de son suicide et de ce qu'il va entraîner pour son entourage, constitue le cadre de référence selon lequel il réfléchit et vit. Le suicidaire n'a généralement pas conscience de ce cadre de référence.

5. La théorie des impasses appliquée aux problèmes suicidaires

On peut trouver chez le suicidaire les trois degrés d'impasses que nous avons décrits plus haut. Toutefois, le suicide semble directement lié à l'impasse de troisième degré et également à celle de deuxième degré. L'ambivalence observée chez le suicidaire est révélatrice de conflits existants entre différents états du moi.

L'impasse de troisième degré est caractéristique des personnes qui se décrivent sans valeur, qui ne s'aiment pas et parlent de la dépression comme faisant partie de leur nature. Pourtant elles ne se résolvent pas à mourir et semblent en proie à une perpétuelle lutte interne. C'est l'indice du conflit entre l'Enfant Adapté et l'Enfant Libre. L'origine de l'impasse de troisième degré est très précoce. La décision suicidaire est pré-verbale et souvent somatique. C'est le cas d'une cliente cancéreuse venue consulter pour dépression et envies suicidaires. Son anamnèse a révélé un épisode d'anorexie mentale à l'âge de 6 mois. Son cancer n'était en fait que la répétition d'une décision scénarique de mourir transmise directement par le langage corporel.

Les suicidaires vivant une impasse de deuxième degré n'ont pas conscience d'obéir à une injonction reçue de l'extérieur.

Ils ont à la fois envie de vivre et de mourir. Au cours du travail thérapeutique, ils peuvent retrouver leur décision de suicide associée à certains souvenirs, à certaines scènes de leur enfance, à des messages ou des attitudes parentales. Ils comprennent alors qu'ils sont en conflit avec un de leurs parents et non pas avec eux-mêmes.

# 4. La thérapie

Dans ce chapitre, nous développons le déroulement d'un processus thérapeutique tel que nous le concevons avec une personne suicidaire. Un plan et des techniques thérapeutiques sont décrits ici avec soin. Ceci nous amène à inviter à la prudence : ces méthodes ne doivent, en aucun cas, être considérées comme des recettes applicables facilement. Le travail technique et méthodologique du transactionnaliste s'intègre toujours dans le cadre d'une relation thérapeutique, avec tout ce qu'elle comprend d'enjeux affectifs.

Nous tenons également à souligner le point suivant : : le plan thérapeutique que nous élaborons emprunte des conceptions à différentes écoles d'A.T. Ainsi, le travail régressif et le reparentage se pratiquent à l'Ecole de J. Schiff alors que le travail de redécision et de traitement d'impasses appartiennent à l'Ecole des Goulding.

K. Mellor (192) souligne la cohérence et la complémentarité qui existent entre les deux optiques. Choisir entre les écoles entraîne, selon lui, une diminution d'efficacité thérapeutique pour le client.

De notre point de vue, nous pensons utile de se référer aux deux approches, à des moments différents de la thérapie d'une personne déprimée et suicidaire.

1. Les premiers entretiens

a) Messages suicidaires et types de clients

Dès la première consultation, il est possible d'appréhender l'existence et l'importance d'un problème suicidaire, en accordant de l'attention aussi bien au *contenu* qu'au *processus* de l'entretien.

Le message est clair lorsque la personne parle ouvertement de suicide. Parfois, le problème est moins directement perceptible.

Des propos comme « si je n'étais pas là, tout irait beaucoup mieux », « j'ai envie de dormir très longtemps », « je suis fatigué de la vie », etc... sont des messages suicidaires. Il est indiqué de relever le contenu de ces communications et de demander explicitement si c'est de suicide qu'il s'agit. Il y a lieu d'être particulièrement attentif aux problèmes d'alcoolisme, de solitude, de dépression, de surmenage, de maladie. Les dépressifs, par exemple, constituent une catégorie à risque suicidaire élevé. Il s'agit d'aider le patient à prendre conscience qu'il a un comportement autodestructeur ou des attitudes suicidaires.

Par ailleurs, les éléments qui constituent le processus, comme le comportement non verbal, l'attitude générale, la manière dont se déroule l'entretien, jouent un rôle important. L'aspect physique du client peut donner des indications sur la façon dont il prend soin de lui. Une difficulté à maintenir le contact visuel, un ton de voix faible et sans émotion sont fréquents chez les personnes déprimées et suicidaires.

Les transactionnalistes ont mis en évidence un comportement significatif qu'ils nomment « *rire du pendu* » ou « rire du gibet ».

Berne (24) rappelle que « le rire du pendu c'est la plaisanterie de lit de mort ou les fameux derniers mots. Nous avons vu que les Londoniens du 18e siècle qui assistaient en foule aux pendaisons admiraient qu'un condamné meurt en riant ».

Relater en riant des événements malheureux pour soi-même renforce les tendances autodestructrices. On parle de « transaction du gibet » lorsque l'entourage rit de concert.

Berne (24) écrit : « le rire du pendu signifie que, si le patient rit en racontant un événement malheureux, et surtout si les membres de ce groupe se joignent à ce rire, cet événement malheureux participe à l'aboutissement catastrophique du scénario du patient. En riant devant lui, on revalorise cet aboutissement, on précipite son malheur et on l'empêche d'aller bien. C'est de cette façon que la provocation parentale porte ses fruits ».

Il est particulièrement antithérapeutique de rire avec le patient qui exprime de manière amusante ce qu'il a vécu de pénible, tâchant de provoquer ainsi la complicité du thérapeute.

Comme De Mol (68), nous trouvons nécessaire d'intervenir et cela, de différentes manières possibles: «est-ce que vous êtes conscients de me dire cela en riant?» ou «qu'est-ce que cela a de drôle?» ou encore «est-ce amusant?»... Le plus souvent, le patient s'arrête alors de rire et dit «non, effectivement, ce n'est pas amusant». Une réponse courante est aussi: «je ne vais quand même pas pleurer, il vaut mieux rire que pleurer». Il s'agit de clients qui ont des difficultés à éprouver et exprimer leurs sentiments authentiques. Le «rire du pendu» appartient à la catégorie des sentiments parasites et aux pulsions autodestructrices. L'expression des sentiments authentiques est mue par la pulsion de vie.

Portier (238) établit différentes catégories de patients suicidaires:

1. Les personnes qui ont décidé de se tuer. Elles veulent convaincre le thérapeute que leur décision est la bonne. Ces individus ont généralement subi de nombreux traitements. Souvent ils sont persuadés que leur nouvelle démarche de thérapie est inutile, et ils vont tenter de mettre celle-ci en échec pour justifier un suicide.

2. Les personnes qui ne voient pas comment résoudre leurs problèmes.

Elles ont peur de se tuer et viennent parler de cette peur. Il s'agit de clients qui sont conscients d'hésiter entre la vie et la mort.

3. Les personnes qui ont fait une ou plusieurs tentatives de suicide. Elles craignent de recommencer ou au contraire veulent récidiver. Rappelons que la fonction principale de la tentative de suicide est l'appel à l'aide.

4. Les personnes qui ne sont pas ouvertement suicidaires et qui ne parlent pas de suicide. Par contre, elles fument, elles ont des accidents, elles ont de graves maladies, elles se droguent ou elles boivent, elles prennent des risques importants et mettent leur vie en danger, elles ne se nourrissent pas de manière adéquate, elles travaillent de façon excessive et risquent un infarctus, etc... Pour un analyste transactionnel, ces personnes sont suicidaires.

b) *Mise en évidence de l'ambivalence*

Chez une personne suicidaire la demande de psychothérapie signe la présence d'une ambivalence. En effet, elle a envie de se suicider d'une part et de l'autre, elle vient chercher de l'aide.

En analyse transactionnelle, l'ambivalence est décrite comme un conflit entre différents états du moi: entre l'E Libre et l'E Adapté (impasse de troisième degré) ou entre E 1 et P 1 (impasse de deuxième degré). La personne suicidaire n'est souvent pas clairement consciente de son ambivalence. Dans un premier temps, le thérapeute a à l'aider à faire cette prise de conscience. A cette fin, Thomson (292) préconise de poser des questions destinées à mettre en évidence les doutes et les contradictions du client, à rechercher les raisons pour lesquelles il veut se suicider et les moyens qu'il souhaite mettre en œuvre dans ce but. Ceci fait apparaître que la décision de se tuer n'est pas claire. En même temps, l'Adulte est stimulé.

Que le client se sente davantage mal à l'aise avec l'idée de suicide n'est pas curatif en soi, mais constitue l'une des premières étapes nécessaires au traitement et, en particulier, aux premières mesures de protection.

Pour mettre en évidence l'ambivalence, Thomson (292) propose aussi un «travail de deux chaises» emprunté à la thérapie Gestalt, destiné à l'exploration du problème et non pas à sa résolution. Il s'agit d'aider le client à découvrir successivement la partie de lui qui veut mourir et celle qui veut vivre. On lui propose d'abord d'occuper l'une des chaises et de se décrire en disant pourquoi il veut se suicider. Ensuite, on le fait changer de siège et on lui dit: «soyez la partie qui veut vivre, décrivez-vous et expliquez pourquoi vous voulez vivre».

Il est nécessaire que la séparation entre les deux parties soit nette. En effet, le client tend à confondre constamment les deux aspects de lui-même. Au besoin, on le fait changer de chaise à chaque fois que le discours varie.

Il ne s'agit pas d'établir un dialogue entre les deux parties mais de les explorer tour à tour.

Selon Thomson (293) la partie suicidaire n'a jamais été écoutée auparavant. Il conseille donc d'y être très attentif. Le patient obtient ainsi de l'attention, sans pour autant devoir recourir au passage à l'acte. Il est tout aussi nécessaire d'être à l'écoute de la partie qui veut vivre. Au terme de cette exploration, la personne s'étonne souvent de ce qu'elle a autant d'énergie pour vivre alors qu'elle semblait si résolue à mourir.

Thomson (292, 293) décrit une troisième technique destinée à la mise en évidence de l'ambivalence. Il demande au patient d'envisager l'idée que le suicide lui est dicté par quelqu'un d'autre, qu'il obéit à un message extérieur. Généralement, le client ne comprend pas du tout à quoi on fait allusion. Souvent même il n'accepte pas cette idée qu'il trouve absurde. On peut alors relever une nouvelle contradiction: «vous venez me trouver pour vous aider à être au clair, mais vous ne voulez pas envisager toutes les possibilités?».

Quand la personne accepte de tenir compte de toutes les éventualités, le thérapeute lui demande de s'imaginer qu'elle a terminé sa thérapie et qu'elle n'a plus du tout envie de se tuer. Il lui propose de se décrire dans cette situation, même si cela lui paraît difficile à cause de ses problèmes actuels. Ensuite, Thomson propose au patient un travail de deux chaises au cours duquel il dialogue avec l'un de ses parents (sa mère le plus souvent). Il lui explique que tout va bien et qu'il a décidé de ne pas se suicider. Dans la chaise de «sa mère» le suicidaire répond généralement: «comment as-tu pu penser une chose pareille!». Remarquons l'ambiguïté de cette réponse: tout se passe comme si «la mère» réagissait au fait que son enfant a eu l'idée de se suicider, alors qu'il lui annonce précisément qu'il ne va pas le faire. La «mère» d'une personne non suicidaire répond habituellement quelque chose du genre: «comme je suis contente!». Le thérapeute peut faire remarquer au suicidaire la confusion que «sa mère» fait entre «avoir eu l'idée de se suicider» et «la décision de ne pas se tuer».

Cette confusion est révélatrice de l'injonction «N'existe pas». Sa mise en évidence permet au patient d'attribuer le message suicidaire à l'extérieur alors que, jusqu'à présent, il le vivait comme une volonté personnelle.

A notre avis, il est difficile de réaliser ce travail lors d'un premier entretien avec un client peu familiarisé à la thérapie transactionnelle ou Gestalt. De plus, ce type d'intervention requiert du temps, alors que des mesures de protection doivent être prises au cours de la première séance.

c) *Premières mesures de protection. Engagement de non-suicide à durée limitée*

Lors du premier entretien, l'analyste transactionnel envisage avec le client des mesures de protection. La principale de celles-ci consiste en un «engagement de non-suicide»: on propose au patient de s'engager à ne jamais se suicider. Cet engagement concerne spécifiquement le passage à l'acte qu'il faut distinguer des fantasmes et des désirs suicidaires.

De la part d'un suicidaire, il est rare d'obtenir d'emblée une réponse affirmative. A ce stade, une telle réponse peut être significative du désir de s'adapter au thérapeute ou une promesse, plutôt qu'une décision véritable. Il convient d'expliquer au client cette distinction.

Le thérapeute peut manifester qu'il apprécie le souhait du client de ne pas s'engager à la légère, de prendre le temps nécessaire pour réfléchir à une décision aussi importante.

Une attitude compréhensive et bienveillante est indiquée. Mais il est important de rappeler au suicidaire son ambivalence et de souligner que le traitement de ses difficultés requiert qu'il reste en vie.

Portier (238) explique à ses patients que si le suicide est un choix possible pour mettre fin aux problèmes, ce choix est incompatible avec un traitement thérapeutique. Il faut y renoncer.

Dans un premier temps, nous proposons alors au client de s'engager à ne pas se suicider «jusqu'à la prochaine séance où l'on se voit». Thomson (292) insiste sur le respect de cette formulation. Ainsi, le client ne manque pas de protection au cas où il ne viendrait pas au rendez-vous suivant, au cas où le thérapeute annulerait la séance ou encore au cas où ils se croiseraient en rue... Ce type d'engagement doit être renouvelé de séance en séance jusqu'à ce que la personne soit en mesure de s'engager de façon définitive. Il est utile que cette décision soit exprimée verbalement et éventuellement par écrit, le thérapeute signant comme témoin et la date étant indiquée. Le patient détient ainsi une sorte de rappel concret de son engagement qu'il peut utiliser dans les moments de crise. Cela l'aide à réfléchir et à ne pas se laisser guider par l'intensité de ses sentiments.

Comme il fait une demande d'aide, le patient est habituellement d'accord de s'engager de manière limitée dans le temps à ne pas se suicider.

Si ce n'est pas le cas, on considère que la personne est en danger et on lui dit qu'il est nécessaire d'envisager une hospitalisation. Avec des névrosés et des borderlines justiciables d'un traitement ambulatoire, cette mesure s'avère exceptionnelle.

Le transactionnaliste est prêt à manifester fermement au client qu'il est résolu à prendre des mesures pour assurer sa protection.

Le message «Ne te tue pas» doit être communiqué avec puissance. En effet, il vient à l'encontre de l'injonction «N'existe pas», puissante elle aussi. Thomson (292) raconte avoir dit à certains suicidaires: «vous ne pouvez pas vous tuer!». Il a noté des réactions de soulagement, les clients lui répondant: «personne ne m'a jamais dit de ne pas me tuer» ou «personne ne s'est jamais fâché sur moi quand je disais que j'allais me tuer » ou « personne ne m'a jamais fait comprendre qu'il était important que je vive »...

Portier (238) propose un délai de 15 jours et demande de prononcer la phrase suivante : « quoi qu'il arrive dans les 15 jours, je ne vais pas me suicider ni accidentellement, ni intentionnellement ». Il se met aux côtés du client plutôt que face à lui au moment où ce dernier formule son engagement. Cette attitude renforce l'idée qu'il s'agit d'une décision que le patient prend pour lui-même et non pour le thérapeute. Les indices verbaux et non verbaux révélateurs de résistances, comme « je vais essayer », « peut-être », haussement d'épaule, sourire, etc... sont mis en évidence. Portier fait répéter la formulation jusqu'à ce qu'elle convienne au client, jusqu'à ce que celui-ci y adhère authentiquement. Il souligne que le client est seul à pouvoir décider pour lui-même.

Portier (238) propose aux clients particulièrement résistants de les adresser à un thérapeute qui acceptera de les recevoir même s'ils sont prêts à se tuer, en soulignant toutefois qu'une thérapie réelle n'est pas possible. Cette proposition semble soulager certains clients. Paradoxalement, elle réveille leur désir de rester en vie. Il arrive alors qu'ils changent d'attitude et s'engagent à se protéger.

On peut également rencontrer cette réaction quand on se montre prêt à recourir à l'hospitalisation.

Des mesures de protection complémentaires consistent à aider le client à structurer son temps et à envisager avec lui comment il va faire face à ses idées et envies suicidaires.

Par exemple :
1. Etablir une liste de personnes auxquelles il va faire appel pour trouver du soutien.
2. Fixer les dates des séances à long terme.
3. Fixer des rendez-vous téléphoniques entre deux séances. Ces différents éléments fournissent des repères spatio-temporels et contribuent à la sécurité.

Les premières mesures de protection structurent la relation thérapeutique. Dès la première séance, l'analyste transactionnel aborde explicitement la question du suicide avec son client. Il affirme clairement ses propres valeurs au sujet de la vie tout en laissant la décision entre les mains du patient.

d) Analyse de scénario et informations données au client

Au cours des premiers entretiens, il est utile de donner à la personne des informations sur le suicide en tant qu'issue tragique de scénario. Faire l'analyse de scénario permet de mieux connaître le client, de récolter des éléments biographiques et diagnostiques à son sujet et au sujet de sa famille. En même temps, ceci peut aider le suicidaire à mobiliser l'état du moi Adulte, à réfléchir à sa situation et à dépenser moins d'énergie dans les conflits de l'Enfant.

L'analyse de scénario se fait à l'aide d'un questionnaire de scénario. Celui-ci comprend une série de questions portant sur les événements principaux de la vie d'une personne et sur la manière dont elle envisage l'avenir, sur l'image qu'elle a d'elle-même et de sa famille.

Différents questionnaires de scénario, plus ou moins longs, ont été mis au point. Nous employons celui de Holloway (143bis), constitué d'une cinquantaine de questions. Celles-ci mettent notamment à jour l'attitude du client par rapport aux quatre issues tragiques de scénario.

Les réponses au questionnaire permettent d'établir une «matrice de scénario». Elle se définit comme l'analyse structurale du scénario et consiste en un diagramme représentant le patient et ses parents ainsi que les messages reçus de ceux-ci. On s'en sert pour montrer à la personne comment elle a été amenée à prendre la décision de se suicider.

Voici un exemple clinique d'une matrice de scénario. Elle concerne un client, venu consulter pour dépression et déterminé à se suicider. Agé de 35 ans, célibataire, employé dans une entreprise, cet homme se plaint essentiellement de ne pas aimer la vie. Il dit être déçu par tout et tout le monde. Il présente sa vie comme vide de sens, ne lui procurant aucune joie ni épanouissement. Il se décrit comme quelqu'un de peu sociable et très solitaire, souvent malade.

Un diagnostic psychiatrique a permis de mettre en évidence une névrose obsessionnelle compliquée par une dépression majeure.

«Petit dernier» d'une famille de cinq enfants dont les parents travaillaient tous deux beaucoup, il n'a pas été désiré ni materné autant qu'il en aurait eu besoin. Confié le plus souvent à des gouvernantes, il ne recevait l'attention particulière de sa mère qu'en étant malade. L'expression des sentiments et de l'affectivité en général semble réprimée dans la famille.

Le père, médecin, est décrit comme quelqu'un de dépressif, absent, essentiellement occupé par son travail.

La mère est présentée comme une femme effacée, soumise à son mari et le secondant dans son métier. Issue d'une famille de médecins et médecin elle aussi, elle semble avoir renoncé à faire une carrière personnelle. Le patient pense qu'elle aurait pu être brillante.

Une sœur souffre de dépression également, le frère aîné est décédé à l'âge de 45 ans d'une leucémie, un autre frère est alcoolique. Les antécédents familiaux sont donc relativement lourds et les troubles affectifs sont importants chez chacun des membres de la fratrie.

Le patient n'a pas de contacts privilégiés avec ses frères et sœurs.

Le sujet a été en conflit ouvert avec ses parents au moment de son entrée à l'université où il a choisi de faire une licence en sciences économiques. Depuis plusieurs générations la médecine constituait, en effet, la voie à suivre dans cette famille.

Matrice de scénario

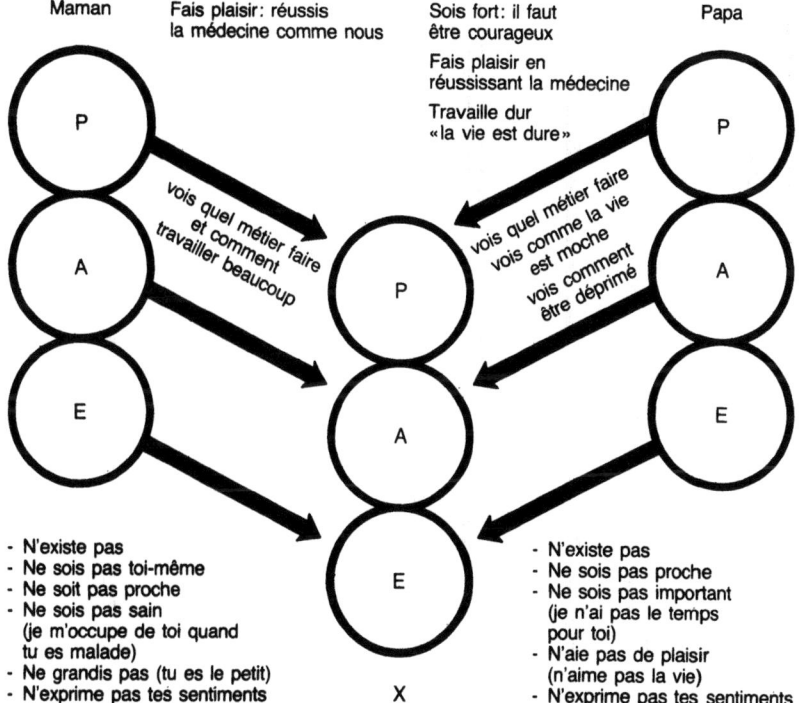

L'analyse de scénario a également mis en évidence :

Les sentiments parasites : anxiété, tristesse, dépression, irritation cachant de la colère, de la peur et du désespoir.

Les croyances de scénario du client : « la vie n'a pas de sens, tout est absurde, et certainement ma vie n'a pas de sens. Si je disparaissais, ce ne serait pas une grande perte. Je ne manquerais à personne. Les femmes ne m'intéressent pas et d'ailleurs je trouve que les gens sont tous bêtes à de rares exceptions près ».

Les décisions prises dans la petite enfance : « je ne vais pas devenir comme ils veulent que je sois, même si je dois en mourir. Je vais m'opposer à eux pour me différencier. Je vais rester tout seul (solitaire, peu sociable, aime Robinson Crusoé). Si ça va trop mal, je vais me suicider. Je ne vais pas ressentir mes sentiments. Je ne vais pas exprimer à quel point je suis en colère et je vais retourner ma colère contre moi. Je vais être malade pour qu'on s'occupe de moi. Je ne vais pas savoir comment être proche des autres, les aimer et me faire aimer ».

Issu d'une famille catholique, le patient sait que ses parents refusaient les méthodes contraceptives et l'avortement. Mais il n'a pas été réellement désiré et a perçu le message « N'existe pas » de la part de son père et de sa mère.

Ceci peut être mis directement en relation avec ses envies suicidaires. Il pense qu'il ne manquera à personne s'il disparaît.

Il a appris à ne pas exprimer ses sentiments, la colère surtout, et à la transformer en dépression et somatisation.

Il recevait l'attention maternelle en étant malade et ne sait comment se rapprocher d'autres personnes autrement.

Le modèle de la dépression lui a été donné par son père. Ce dernier répétait sans cesse : « la vie est une tartine de merde dans laquelle tu devras mordre chaque jour et tu n'en auras jamais de plaisir ».

Il a tâché de se distancier de ses parents en s'opposant à eux sur le terrain de la profession.

En fait, il n'a pas réussi à être véritablement autonome. Son choix était fondé sur une opposition (c'est-à-dire une forme de dépendance) et non sur ses propres désirs. Le patient ne semble d'ailleurs pas identifier ceux-ci et ne pas savoir clairement qui il est.

Ces différents éléments — encore fort résumés — montrent la richesse d'une analyse de scénario. Elle permet de faire les premières hypothèses interprétatives au sujet de la problématique du client et de les lui communiquer aisément.

e) Investigations des fantasmes et du cadre de référence du client

Investiguer les fantasmes concernant le suicide constitue un moment important de la thérapie. On interroge la personne sur ses projets : comment elle va se suicider, où, quand, qui va la trouver, comment seront ses funérailles, qui y assistera, etc...

On demande au client d'être le plus précis possible et d'imaginer la situation en détail. Comme nous l'avons vu, les fantasmes révèlent ce que la personne pense obtenir dans la mort et qui lui manque dans sa vie actuelle. Ces éléments mettent en évidence le cadre de référence du patient, dont il n'a généralement pas conscience, établi à partir de la pensée magique et du mythe de la survie.

En faisant des interventions destinées à ébranler l'espoir secret du client, de jouir des conséquences de sa mort, il va peu à peu réaliser que sa réflexion est biaisée, illogique et directement liée à son scénario.

Il se rend compte qu'il a des besoins non satisfaits, notamment dans ses relations avec autrui. Il lui faut découvrir des moyens d'obtenir de l'amour, de la reconnaissance autrement que par la mort. Il lui faut aussi renoncer à trouver chez autrui un amour absolu et total.

Ce travail d'investigation met en évidence les besoins du patient et l'aide à exprimer ses sentiments. En effet, lorsqu'il raconte en détail et de manière très concrète comment il va mourir, il ressent souvent de la tristesse, de la peur ou de la colère. Ceci est précieux car nous savons que les suicidaires ont tendance à nier leurs sentiments.

Pour Portier (238), le récit des fantasmes suicidaires permet également de responsabiliser le patient. Celui-ci réalise que c'est lui qui, à un moment déterminé, prend la décision de se tuer et pose un acte.

Au client qui a fait une tentative de suicide, il demande de décrire cet événement avec précision. La personne exprime comment elle s'est décidée à agir et est passée à l'acte. Portier (238) souligne que ce moment existe chez tous les suicidaires, y compris ceux qui énoncent des propos comme : «cela m'est arrivé brusquement», «c'était plus fort que moi», «cela m'a pris», «cela vient tout d'un coup»...

Il aide le client à faire la différence entre pensée émotionnelle, fantasme et passage à l'acte. Les fantasmes en soi ne sont pas dangereux, c'est au passage à l'acte qu'il faut renoncer. Il s'implique personnellement et explique: «je peux imaginer en avoir assez de vivre à certains moments, je peux parfois avoir envie de mourir mais jamais je ne me tuerai. Pouvez-vous aussi faire cette différence?».

f) Engagement définitif de non-suicide

Rappelons qu'on appelle contrat de non-suicide, ou plutôt engagement de non-suicide, une mesure de protection visant à fermer l'issue tragique de scénario qu'est le suicide. Il s'agit d'un engagement clair et sans équivoque à ne jamais recourir ni au suicide, ni à aucune autre forme d'autodestruction, même partielle.

Le thérapeute propose au client de prononcer la phrase suivante: «je m'engage à ne jamais me suicider, ni volontairement, ni accidentellement, quoi qu'il arrive et quelles que soient les circonstances». Cette précision est importante: en effet, le client pourrait créer des situations justifiant un suicide à ses yeux.

Exemples: avoir une maladie grave, perdre son emploi, etc...

Wilmotte et Bastyns (312) rappellent que dans cette formulation, l'accent est mis sur l'aspect décisionnel des conduites suicidaires: les patients sont responsables de leur existence, il leur est possible d'exercer un autocontrôle sur leurs impulsions suicidaires.

Van Parys (297) estime que le danger de suicide est écarté lorsque l'engagement est exprimé sans restriction ou hésitation et qu'il n'y a pas de discordance entre le ton et le contenu de ce qui est dit. La formule doit également être prononcée sans fuir le regard du thérapeute, sans rire, sans glisser d'autres mots qui pourraient la rendre confuse ou ambiguë. Comme nous l'avons déjà souligné pour les engagements à durée limitée, il est indispensable que la personne prenne une décision personnelle, le thérapeute n'étant qu'un témoin.

Sans quoi, un sentiment de colère ou une envie de rebellion contre le thérapeute peut amener le patient à utiliser son engagement comme moyen de chantage. Il peut aller jusqu'à mourir avec l'illusion qu'il va punir le thérapeute. Cette attitude est révélatrice de la fonction d'hétéro-agressivité dans les comportements autodestructeurs. Le travail avec les suicidaires implique d'y être constamment attentif.

Le diagramme ci-contre, imaginé par De Mol (68), illustre très judicieusement que le thérapeute n'est pas partie prenante dans un engagement de non-suicide.

Engagement de non-suicide

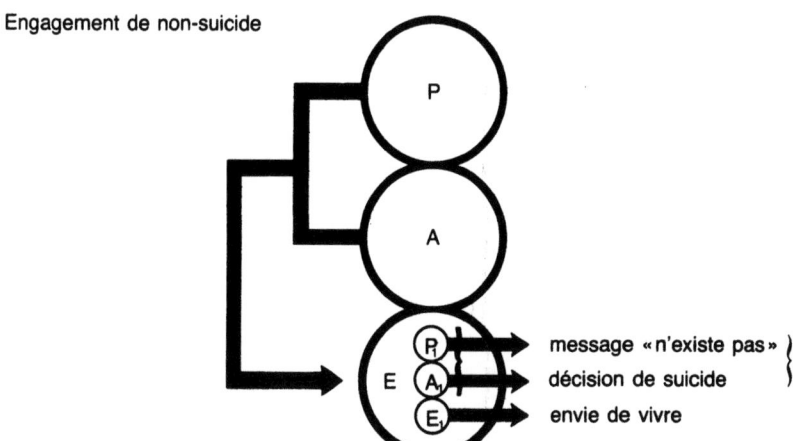

Il s'agit d'une résolution que la personne prend avec son P et son A pour protéger E 1 qui a envie de vivre. Ce schéma permet aussi de montrer à la personne que l'on ne nie pas son désir de se suicider (P 1 et A 1).

On ne néglige aucun des sentiments du client et on ne lui demande pas de les changer. Au contraire, on reconnaît les tendances suicidaires et leur importance. Mais on propose au patient de ne pas se laisser guider par celles-ci.

De Mol (68) pose parfois la question suivante: «que feriez-vous avec un enfant de 5 ans prêt à s'élancer au milieu d'un carrefour en pleine circulation?». Le client répond toujours: «je le retiendrais», «je l'en empêcherais», «je lui donnerais fermement la main», etc...

Cet exemple et le diagramme explicatif de l'engagement apportent au client suicidaire une nouvelle compréhension de ses problèmes. Nous avons constaté que, par la suite, le client est généralement disposé à s'engager définitivement à ne pas se suicider.

Pour Goulding et Goulding (297), les considérations intellectuelles ou éthiques sur le droit au suicide, exprimées par le client, ne sont pas signe d'un choix libre mais sont reliées à des décisions scénariques.

Toutes les raisons invoquées pour ne pas s'engager à ne jamais se suicider doivent être considérées comme des résistances.

Pour de nombreux auteurs, comme Boyd (35), l'engagement définitif de non-suicide est prioritaire et rien ne doit faire l'objet du traitement thérapeutique tant qu'il n'a pas été établi. «La décision suicidaire du scénario sous-tend tout autre élément de celui-ci; elle recevra donc la priorité, que le patient risque ou non de se suicider dans l'immédiat».

Boyd et Cowles-Boyd (37) notent: «celui qui n'a pas muré ses issues secrètes ne peut permettre qu'elles deviennent inaccessibles et il s'emploie à maintenir en lui-même un niveau suffisant de sentiments négatifs.

Ceci rend impossible tout contrat d'autonomie ou de changement. Le thérapeute qui permet à un patient de suivre une thérapie, sans murer d'emblée et délibérément ses issues secrètes, limite donc le traitement à des contrats de contrôle social ou à des contrats de prise de conscience. Par contre, la fermeture des issues secrètes a immédiatement un impact bénéfique sur le processus thérapeutique».

Selon les mêmes auteurs, il est indispensable de fermer toutes les issues de scénario et pas seulement une de celles-ci. En effet, renoncer à une seule issue secrète peut augmenter la probabilité d'en adopter une autre rapidement si le scénario en comporte plusieurs.

Toujours selon Boyd et Cowles-Boyd (37): toute résistance du patient à s'engager indique que le processus de décontamination n'est pas complet. Dans ce cas, il y a lieu de le poursuivre jusqu'à ce que la résistance soit résolue et que le client décide de s'engager définitivement.

Alors ils ajoutent pour le patient: «si vous constatez que vous avez laissé des brèches dans ces décisions, les fermerez-vous immédiatement?».

En effet, la réalisation de l'engagement s'étend souvent sur plusieurs mois et implique une réorganisation des valeurs et des priorités. Pendant ce temps, le patient devient plus conscient des comportements autodestructeurs qu'il n'avait pas envisagés d'abord. Ces comportements sont des brèches dans les issues secrètes murées. C'est ainsi que certains cessent de fumer plusieurs mois après leur décision de non-suicide. La responsabilité d'opérer et de préserver la fermeture des issues secrètes revient au patient.

Les mêmes auteurs (37) soulignent que les clients demandent souvent deux exceptions à la fermeture définitive des issues secrètes:
1. La possibilité de se suicider en cas de maladie mortelle.
2. La possibilité de tuer pour se défendre ou défendre leur famille.

De telles exceptions accroissent toujours le danger de suicide et d'homicide chez le patient qui a un scénario tragique.

Une personne dont le scénario est homicidaire risque plus de devoir se défendre et le suicidaire est plus vulnérable aux maladies mortelles.

Ni le thérapeute, ni le client ne doivent sous-estimer l'habileté et les astuces de l'Enfant pour créer ces circonstances exceptionnelles.

Nous sommes en accord avec De Mol, Boyd et Cowles-Boyd et axons notre travail clinique sur les engagements définitifs de non-suicide, non-folie, non-violence avant d'aller plus loin dans le processus thérapeutique.

Certains thérapeutes acceptent toutefois des engagements de non-suicide à durée déterminée comme par exemple trois mois, six mois, un an. Il est essentiel de veiller à ce que le client renouvelle son engagement juste avant la limite fixée. Sans quoi, on donne à l'Enfant une autorisation implicite à se tuer. Portier (238) souligne qu'il faut toujours attendre la fin du délai fixé.

En effet, refaire un engagement de non-suicide s'il y en a déjà un en cours, rend le patient peu crédible et le thérapeute ouvert à la manipulation. Une remise en question de la valeur du contrat ou du thérapeute par le client, est signe de doutes personnels et d'émotions. Il y a lieu de soutenir le client et de lui manifester sa confiance. Il est nécessaire que le thérapeute, quant à lui, n'ait pas d'hésitation et reste cohérent avec sa proposition.

Comme l'indique Van Parys (297) un engagement de non-suicide n'est pas crédible avec des clients dépendants de l'alcool, de médicaments ou de drogues, tant qu'ils n'ont pas pris la décision d'arrêter leur comportement autodestructeur.

Il rappelle également qu'une décision de non-suicide n'est pas curative en soi et ne constitue pas un remède magique. Il s'agit d'une mesure de protection qui rend la thérapie possible.

Comme pour les engagements renouvelables de séance en séance, nous avons constaté l'utilité de faire écrire l'engagement définitif de non-suicide et de signer en tant que témoin.

Portier (238) estime que les résultats donnés par la méthode de l'engagement de non-suicide sont très satisfaisants: sur 100 clients suivis pendant trois ans, tant en service hospitalier qu'en traitement ambulatoire, une seule personne s'est suicidée. Il rappelle que Goulding et Goulding ont utilisé cette technique avec 600 patients pendant cinq ans, sans avoir à déplorer un seul suicide. Seuls les patients atteints de troubles organiques ou psychiques tels que la réalité n'est plus présente pour eux, sont inaccessibles à ce type d'intervention.

g) Contrat de thérapie

Comme nous l'avons vu, les premiers entretiens (en moyenne dix séances individuelles d'une heure) servent à mettre en évidence l'ambivalence de la personne, à mettre au point avec elle des mesures de protection et à lui donner des informations complètes sur son scénario et le cadre de référence qu'elle utilise. Ces séances préparent aussi l'établissement du contrat thérapeutique.

Dès le début, le thérapeute informe le patient de la nécessité de se fixer des objectifs.

Avec le suicidaire, il est nécessaire de faire un contrat d'autonomie et de changement visant à modifier son scénario. Les contrats d'exploration ou de contrôle social nous paraissent inadéquats. En effet, l'exploration des problèmes et la modification des comportements autodestructeurs ont eu lieu dans les premiers entretiens.

Le contrat doit être logique et compréhensible pour le thérapeute, se référant à son état du moi Adulte. Il doit être jugé bon et utile, en réponse aux normes de son Parent et il doit obtenir l'accord de son Enfant. Ce dernier point signifie que le thérapeute est à l'écoute de ses sentiments et de son intuition pour accepter le contrat.

Il est indispensable aussi que le client soit en accord avec ses trois états du moi c'est-à-dire qu'il ait envie d'atteindre les objectifs fixés (Enfant), qu'il les formule de façon claire et compréhensible, correspondant aux problèmes qui se posent (Adulte), qu'il les juge sains et bons (Parent).

Même si cela nécessite plusieurs séances, on laisse au patient le soin de fixer lui-même les buts à atteindre. Le thérapeute veille à ne pas induire ni proposer un contrat que la personne pourrait accepter à partir de l'Enfant Adapté. Tôt ou tard, elle risquerait alors de se mettre des bâtons dans les roues en se rebellant contre le thérapeute. L'établissement du contrat consiste en une négociation qui met le client et le thérapeute d'accord.

La formulation du contrat est importante et il s'agit d'y être attentif.

De Mol (68) insiste pour que la personne indique ce qu'elle *va* faire et non ce qu'elle *veut* faire. L'accent est mis sur l'action du changement et pas seulement sur l'intention de changer.

Les phrases du contrat commencent donc par «je vais...».

Lorsque la formulation du contrat implique une négation, on demande à la personne de la transformer afin d'expliciter plus clairement ce qu'elle a réalisé. Par exemple : « je vais être content de vivre » plutôt que « je ne vais plus être déprimé ».

Il importe également que les mots du contrat ne soient pas ambigus ni imagés. Les suicidaires ont tendance à dire des choses telles que : « je vais vivre ». Or, la personne est là, en vie. Ce n'est donc pas un but à atteindre. Peut-être vit-elle mal ou a-t-elle l'impression de ne pas pouvoir exister. C'est plutôt cette idée qu'elle a à traduire dans la formulation de son contrat.

Nous avons remarqué que les contrats adéquats pour les personnes suicidaires sont du style suivant : « je vais me donner le droit d'exister et de vivre heureux », « je vais m'aimer, m'accepter et me donner de l'importance », « je vais découvrir qui je suis et me réaliser », « je vais aimer la vie et savoir m'amuser », « je vais exprimer mes sentiments et affirmer que j'existe », « je vais me donner de la place dans mes relations avec les autres », « je vais prendre soin de moi », etc... Ces différents types de contrats sont des exemples de contrats généraux indiquant un but global à atteindre. Le contrat thérapeutique doit être explicité de façon plus détaillée et appropriée à chaque personne en particulier.

Les personnes déprimées et suicidaires se fixent souvent des objectifs trop élevés et collectionnent ainsi des séries d'échecs. Il est bon de veiller à ce que leur contrat soit accessible et réaliste.

Le contrat est établi une fois que le patient a formulé des objectifs et que le thérapeute les a acceptés. Ce dernier propose alors d'établir des *critères d'atteinte* du contrat. Ces critères sont des indices concrets et faciles à évaluer, directement en rapport avec les buts fixés. Par exemple : « j'aurai un travail que j'aime bien », « j'aurai trois nouveaux amis », « je ferai tel sport (ou une autre activité) », « je dormirai sans prendre de médicament », etc..., autant de petits signes de la vie quotidienne pouvant être révélateurs du changement de la personne.

Certains transactionnalistes considèrent également les *« sabotages »* possibles. Ils envisagent avec le patient comment il pourrait s'empêcher d'atteindre les buts qu'il s'est fixés. De Mol (68) préfère se centrer sur les objectifs et les critères du contrat et ne pas solliciter directement l'énergie du client pour des aspects plus négatifs. Les résistances qui se présentent en cours de thérapie peuvent être traitées au fur et à mesure. Le seul « sabotage » impossible à traiter est le départ du client avant la fin de la thérapie. Si un tel risque est prévisible, on peut demander à la personne de s'engager à ne pas quitter la thérapie avant son terme.

Ceci est souvent utile avec des patients qui n'en sont pas à leur première démarche thérapeutique et qui ont abandonné, dans le passé, des traitements en cours.

Comme De Mol (68), nous proposons au patient d'écrire sur une fiche son contrat de thérapie c'est-à-dire ses objectifs et les critères d'atteinte de ceux-ci. En écrivant son contrat, la personne le renforce et prend pleinement conscience de ce qu'elle va faire. Le contrat écrit facilite également les mises au point et les bilans effectués régulièrement. En cours de thérapie, la personne peut modifier son contrat, l'ajuster ou encore y ajouter certains points. Toutes ces modifications sont également indiquées afin de pouvoir tenir compte de l'évolution générale de la personne. Celle-ci note aussi ses contrats de séance. Dans un groupe, les fiches sont à la disposition de tous.

Nous pensons que les contrats d'autonomie ne peuvent être des contrats de thérapie à durée limitée. Il est, en effet, impossible de prévoir le temps nécessaire à la modification du scénario d'une personne. Notre expérience clinique nous amène à estimer que cela peut varier entre un et cinq ans ou plus, suivant que le scénario de la personne est ou non très toxique.

2. Travail cognitif et décontamination de l'Adulte

Le début de la thérapie consiste en une mise en place de protections et aussi en un travail cognitif de compréhension du problème c'est-à-dire de décontamination de l'Adulte.

La personne prend conscience du cadre de référence inadéquat qu'elle utilise. Elle identifie petit à petit ses états du moi, sa position de vie, ses sentiments parasites. Elle apprend à connaître son scénario, les décisions qu'elle a prise et comment elle confirme ses croyances. Elle saisit surtout que le pouvoir de changer lui appartient et que les événements ne sont pas dus au hasard.

Le groupe thérapeutique se révèle utile dès le début du traitement. Le client reconnaît les stratagèmes auxquels il participe.

Il prend le temps de les analyser et de modifier son comportement afin d'établir avec les autres des relations plus saines et non symbiotiques. Il devient plus autonome et cesse d'entretenir des sentiments parasites pour obtenir l'attention d'autrui.

Le travail de type cognitif implique également d'aider les patients déprimés à structurer leur temps et à prendre soin d'eux-mêmes.

Dans un groupe, chacun apprend à donner, demander, recevoir des caresses positives, premiers pas pour s'aimer et s'accepter soi-même.

Comme le souligne Thomson (292, 293) : dans un groupe thérapeutique, il est difficile de continuer à croire que l'on ne vaut rien et qu'il est mieux de se suicider.

Le début du traitement, c'est aussi la création de liens de confiance entre le thérapeute et le client, liens qui rendront les étapes suivantes possibles. L'établissement d'une véritable relation est particulièrement importante avec les suicidaires. La disponibilité et le climat sécurisant offert par le thérapeute permettent au client d'exprimer ses besoins et ses sentiments alors qu'il néglige habituellement ceux-ci.

Bolten et De Jong (30) distinguent d'une part, le processus d'adaptation et d'autre part, le processus de changement profond : « le processus d'adaptation comprend la décontamination de la personnalité, c'est-à-dire l'abandon de préjugés et de perception déformante, et la remise en circuit de possibilités de réactions oubliées ou réprimées. Le traitement commencé de cette façon aboutit généralement à un changement plus profond où les conflits vont être résolus, les traumatismes et les troubles de développement dépassés. L'énergie se libère pour le déploiement de possibilités nouvelles. En A.T., cela s'appelle la libération de l'Enfant ».

3. Travail émotionnel et régressif

a) L'expression des sentiments

L'auteur américain Stekel (287) dit : « personne ne se tue qui n'ait désiré auparavant la mort de quelqu'un d'autre ». Nous pouvons en déduire que le suicidaire choisit de s'auto-agresser, faute de savoir reconnaître et assumer son hétéro-agressivité. Selon cette théorie, suicide et homicide sont les deux faces opposées d'une même pièce.

Pour cette raison, celui qui ferme l'issue secrète de scénario qu'est le suicide est presque toujours amené à fermer également l'issue de l'homicide. Il s'engage ainsi à ne jamais tuer personne quoi qu'il arrive. Il n'existe pas de danger à ressentir un sentiment de colère ou même un désir de meurtre, aussi intense soient-ils, si on les différencie radicalement du passage à l'acte.

De Mol (68) enseigne que le mécanisme de la dépression empêche tout ressentir et toute expression émotionnelle. Il peut être comparé à un «couvercle» maintenu sur tous les sentiments. Il est donc essentiel que le patient se réapproprie son vécu émotionnel et se permette de l'exprimer. Pour qu'il aille à l'encontre des injonctions de scénario «Ne ressens pas» et «N'exprime pas tes sentiments», les permissions suivantes sont utiles: «tu as le droit d'être en colère; tu as le droit d'être triste et de pleurer; tu as le droit d'avoir peur; tu as le droit de ressentir du plaisir et de la joie».

En analyse transactionnelle, peur, colère, tristesse et joie sont considérées comme les émotions de base, les quatre sentiments naturels dont nous pouvons disposer. La culpabilité, la honte, la déception, le remords, la dépression, etc... sont des sentiments parasites utilisés pour remplacer les sentiments authentiques, jadis interdits.

Le plus souvent, le suicidaire n'identifie pas qu'il ressent de la colère, celle-ci trouvant son origine dans la prime enfance.

Il a appris à utiliser cette colère contre lui-même. Il se punit sans comprendre le mécanisme qui en est à la base.

Beaucoup de ces patients se présentent comme des gens très doux, très gentils et aimables, soucieux des autres bien plus que d'eux-mêmes.

Le groupe thérapeutique donne au client l'occasion de voir d'autres personnes exprimer des sentiments, sans être moins aimés pour autant. Il va expérimenter qu'il n'est pas dangereux d'être fâché, que l'on n'est pas pour cela dévalorisé, rejeté ou coupable. Bien au contraire, la colère apparaît comme utile et vraie, permettant d'établir des relations plus directes.

Différentes techniques sont utilisées en A.T. pour aider quelqu'un à exprimer des sentiments:

- Des techniques de Gestalt comme le travail de deux chaises.

- Des techniques corporelles empruntées à la Bioénergie.

- La technique de «contention», comme elle se pratique à l'école de J. Schiff, particulièrement adéquate pour l'expression de sentiments de rage.

- La technique de «bonding» mise au point par Casriel et développée par Brown (38). Elle sert à retrouver et exprimer des sentiments de la petite enfance. Elle convient plus spécialement aux personnes souffrant de problèmes liés à l'attachement et la séparation précoces.

En revivant des scènes de son enfance et en se rappelant ce qui se passait dans sa famille avec ses parents, l'individu retrouve des sentiments non exprimés, refoulés ou transformés depuis longtemps.

Après avoir exprimé de la colère, le client suicidaire ressent généralement de la douleur émotionnelle (ou du désespoir) liée au fait de ne pas s'être senti désiré ni aimé. Beaucoup ressentent enfin la peur et même la terreur de mourir. On peut aussi remarquer de la terreur liée à l'envie de tuer.

Le dépressif cesse généralement de se déprimer lorsqu'il reconnaît et exprime ses sentiments.

Il est à noter que l'expression des sentiments est un *moyen* qui ne doit pas faire oublier le but poursuivi par le client.

Il peut s'agir de traiter des problèmes du passé, de retrouver de l'énergie, de se libérer de messages venant des parents, d'arrêter de se déprimer, etc... «l'expression des sentiments pour l'expression des sentiments», décharge émotionnelle pure ne constitue pas un but en soi et est d'ailleurs à recommencer sans cesse. Il s'agit ici pour le patient de se libérer des problèmes archaïques afin qu'ils n'interfèrent plus dans sa vie actuelle.

b) *Les besoins du client et le parentage*

Un grand nombre de problèmes rencontrés par le client suicidaire sont liés à des troubles du développement et à des conflits archaïques non résolus. Le traitement du patient va généralement inclure un travail régressif et du parentage. Le «parentage ponctuel» est défini par Osnes (215) comme une variante du reparentage. Il nécessite pour le patient de régresser. Le reparentage est la méthode de traitement des schizophrènes mise au point par J. Schiff. Comme le décrivent Bolten et De Jong (30) «le reparentage consiste à remplacer par des interdictions et des commandements constructifs ceux qui, provenant de personnes parentales et assimilées à sa manière par le petit enfant, se sont avérés destructeurs. L'Enfant a reçu les messages parentaux d'autrefois avec toute la force de la pensée prélogique, dans une situation où il dépendait réellement de ceux qui en étaient la source. Les nouveaux messages devront avoir une force au moins égale.

Pour ce faire, ils doivent être donnés dans une situation similaire, telle que la régression du patient vers la prime enfance, à un stade prélogique. La régression est la situation où le reparentage peut être efficace».

Pour Osnes (215) «cet outil thérapeutique convient également à des personnes non gravement perturbées, pour la résolution de problèmes et de sentiments archaïques qui influencent négativement le comportement et les sentiments actuels». Les troubles infantiles ne se résolvent que dans un cadre où les patients peuvent «redevenir petits» et être parentés.

Dans ce type de traitement, le thérapeute propose au client de revivre un événement traumatique survenu dans l'enfance en se sentant à l'âge où cela est arrivé. Il suggère de changer la séquence finale de cette expérience qui jadis a été négative.

Pour libérer l'Enfant c'est-à-dire le «réorganiser et le déconfusionner» Berne (22) parle «d'analyse régressive». Il s'agit «d'une méthode dans laquelle le thérapeute communique directement avec l'Enfant du patient après avoir conclu avec celui-ci un accord sur l'âge qu'il aura dans la relation».

La régression et le parentage se font toujours sur contrat. Le thérapeute et le client se mettent préalablement d'accord sur ce qu'ils vont faire. Les âges revécus dans un parentage ponctuel varient de la naissance à 11 ans. L'objectif est de répondre au désespoir de l'Enfant qui croit qu'il ne recevra jamais l'attitude nourricière dont il a besoin. La personne comprend qu'elle peut avoir des besoins et des désirs et que ceux-ci peuvent être satisfaits. Pour cela, elle apprend à faire des demandes spécifiques. Beaucoup de clients dont les problèmes nécessitent du parentage ont renoncé à demander ce dont ils ont besoin et à agir en tenant compte de leurs désirs. Osnes (215) note encore: «si un problème archaïque est résolu par un parentage ponctuel, les complications ultérieures liées au renforcement d'un parentage néfaste disparaissent également».

Reddington (242) donne comme indication de parentage l'existence d'un problème développemental, de comportements passifs, d'une image de soi négative, de peu d'expression de sentiments, faisant penser que les problèmes ne sont pas actuels mais directement liés au passé.

Les techniques de régression et de parentage sont à utiliser avec des patients capables de respecter un contrat de parentage.

La personne doit être suffisamment fonctionnelle pour pouvoir régresser uniquement lorsqu'elle le décide et être d'accord de faire une expérience limitée à la séance de groupe thérapeutique.

Bolten et De Jong (30) soulignent que «la personne ne rentre pas en régression thérapeutique par une décompensation face à une tension interne ou externe, mais en donnant son accord explicite pour devenir 'petite'. Ceci n'est aussi possible que si un lien de confiance existe avec le thérapeute».

Cette expérience ne se fait donc jamais en début de thérapie. Il s'agit d'être prudent et de ne pas proposer de la régression à quelqu'un qui risque de décompenser.

Au sortir d'un contrat de parentage, l'Enfant est considéré comme libéré, et la personne accepte ses besoins et ses sentiments. Elle a de nouveaux messages dans le Parent et elle se montre plus nourricière et protectrice vis-à-vis d'elle-même. L'Adulte est décontaminé: il n'est plus influencé par les sentiments destructeurs de l'Enfant ni par les croyances erronées du Parent. La personne peut employer ses trois états du moi de manière adéquate.

4. Le traitement des impasses et le travail de redécision

Comme nous l'avons vu, le problème du suicide est directement lié aux impasses de troisième et de deuxième degré qui nécessitent un travail de redécision.

L'Ecole de la Redécision est celle de Bob et Mary Goulding (119). Ils ont notamment concilié l'A.T. et la Gestalt avec des techniques plus comportementalistes de renforcement d'attitudes. Leur travail se base sur l'idée suivante: il est toujours possible de changer une décision prise jadis dans l'enfance c'est-à-dire de redécider. Tout ce qui a été à l'origine d'une décision peut faire l'objet d'une redécision.

Ils mettent d'abord en évidence les aspects positifs de la décision de survie, afin que le patient ne la déconsidère pas. Cette décision lui a permis de survivre psychologiquement ou peut-être physiquement, même si elle comporte des aspects actuellement inadéquats des conséquences malheureuses. Goulding et Goulding (119) notent: «il est plus aisé pour quelqu'un de changer à partir d'une reconnaissance de ses forces qu'à partir d'un sentiment de faiblesse». Ils travaillent essentiellement avec l'Enfant de la personne, en réactivant les composantes anciennes qui affleurent dans le travail ici et maintenant.

Le travail de redécision consiste en un travail Gestalt de deux chaises. Mac Neel (187) rappelle que «le travail deux chaises a été inventé par Perls dans les années 60. Le but de cette technique était originellement d'aider les personnes à s'approprier les différentes parties d'elle-même. En A.T. on l'utilise non seulement dans ce but mais également pour favoriser la résolution de conflits anciens avec les parents ou d'autres personnes au cours de la croissance. Elle s'y est révélée très efficace (...). La personne à laquelle on s'adresse, peut être une figure du passé, comme le père ou la mère du patient, ou bien une figure du présent, comme son épouse, son mari, son patron, etc... On peut aussi parler à des objets tels qu'une maison, une voiture, ou encore à un symptôme physiologique comme une migraine, une crampe d'estomac, etc... De toute manière, le client parle d'habitude à quelqu'un ou quelque chose qu'il perçoit comme une figure parentale et qu'il situe sur la chaise en face de lui. Assis sur sa propre chaise, il parle le plus souvent à partir de son Enfant. Ensuite le thérapeute invite le client à changer de chaise, disant par exemple: «maintenant sois ta mère et répond» ou encore «sois ta migraine et parle».

Dans le cas du patient suicidaire, le dialogue s'amorce soit avec une partie de lui-même (impasse de troisième degré) soit avec l'un de ses parents (impasse de deuxième degré).

Généralement la personne se remémore une scène de sa petite enfance et retrouve ce qu'elle a décidé à ce moment. Il est nécessaire, pour cela, de travailler avec l'Enfant du patient.

Les Goulding (119) disent qu'il n'est pas difficile d'aider une personne à être en contact avec l'état du moi Enfant, «Souvent, il suffit d'écouter le travail uniquement dans l'ici et maintenant, sans accepter que le patient parle à propos de son passé». Il s'agit donc pour lui de revivre une scène du passé en parlant au présent et en disant «je». Les consignes vont être par exemple: «sois-là, petit X de 4 ans, regarde ta maman et dis lui ce que tu as à lui dire, emploie des mots d'enfant, sois un petit garçon». Il est facilitant de faire répéter au temps présent une phrase particulièrement importante par rapport au passé; exemple «tu ne m'aimes pas, tu ne veux pas que je vive».

Mellor (192) rappelle que le processus de redécision comporte quatre étapes: le contrat, la clarification de l'impasse, la redécision, le renforcement de la redécision. Après avoir déterminé l'objectif de changement à atteindre, le thérapeute et le client mettent en évidence les expériences anciennes, les injonctions et décisions qui y sont liées. Le thérapeute évalue le degré d'impasse. Vient alors la redécision du patient et ensuite un soutien et un renforcement (principalement des caresses positives) de la part des autres membres du groupe thérapeutique. La personne est encouragée à trouver les moyens de mettre en œuvre sa nouvelle décision, en gérant les impulsions qui pourraient la ramener à ses anciens schémas.

Il y a redécision lorsque la personne ressent l'impasse au niveau émotionnel, elle réalise la valeur du changement sur le plan expérientiel et non seulement cognitif. Le processus est complet lorsque le changement désiré a été accompli et maintenu de manière durable.

a) Traitement de l'impasse de troisième degré chez le suicidaire: se réconcilier avec soi-même et se donner le droit de vivre

Pour résoudre l'impasse de troisième degré, la personne effectue généralement un travail de deux chaises: d'un côté l'Enfant Adapté qui a pris la décision de se suicider, de l'autre l'Enfant Libre et le désir de changement actuel. Un dialogue s'établit entre ces deux pôles de l'ambivalence du suicidaire.

Dans un premier temps, la personne a tendance à maintenir le conflit: l'Enfant Libre veut vivre et pour cela, se débarrasser de l'Enfant Adapté. Le thérapeute s'adresse alors à l'Enfant Adapté et lui demande d'expliquer pourquoi il a décidé de se suicider, à quoi cela va servir. On met en évidence les aspects positifs de la décision comme par exemple le fait de vouloir être aimé. La décision scénarique est toujours une décision de survie. On suggère à l'Enfant Adapté de communiquer tout cela à l'autre partie. De retour dans la chaise de l'Enfant Libre, la personne comprend mieux ce qui se passe et finit par se réconcilier avec cette partie d'elle qui a été si précieuse jadis. Ayant été reconnu et écouté, l'Enfant Adapté accepte que ses décisions ne sont plus adéquates maintenant et est d'accord de se rallier au point de vue de l'Enfant Libre. La personne réalise que la richesse de son identité est constituée par ces différents aspects. Ceux-ci ne sont pas nécessairement contradictoires. Bien au contraire, ils peuvent se compléter. La personne peut alors se donner le droit de vivre et reconnaître sa valeur. Il est intéressant de demander au patient jusqu'à quel âge il compte vivre. Le suicidaire change souvent d'avis à ce moment, après avoir maintenu longtemps qu'il allait mourir jeune.

Les Goulding (119) décrivent le dialogue moi-moi dans la résolution de l'impasse de troisième degré: «je me suis toujours senti sans valeur, je n'ai pas le droit de vivre» et ensuite «j'ai survécu à des moments difficiles, à des moments affreux, j'existe encore, je suis quelqu'un qui vaut la peine».

Plusieurs aller et retour pendant lesquels le patient s'approprie une partie et puis l'autre aboutissent d'habitude à la résolution de l'impasse.

A la fin du travail de deux chaises, on propose au patient de renforcer sa nouvelle décision en la communiquant individuellement à plusieurs participants du groupe thérapeutique dont il fait partie.

Il est parfois nécessaire de faire plusieurs fois ce type de travail, car l'impasse de troisième degré comprend différentes facettes, reliées au sentiment de ne pas avoir de valeur. Et le client amène souvent des aspects différents de l'impasse de troisième degré.

b) Traitement et résolution de l'impasse de second degré chez le suicidaire

Comme nous l'avons vu, les impasses de second degré se rapportent à un message inhibiteur et à une décision correspondante. Le travail de deux chaises s'effectue ici entre l'Enfant et l'un ou l'autre de ses «parents» (parfois également avec les deux parents).

Les Goulding (119) décrivent ainsi un exemple de résolution de l'impasse de second degré: une mère a dit plusieurs fois: «parfois je voudrais ne pas t'avoir mis au monde». L'enfant comprend que le message est «N'existe pas». Et il se dit «un jour ou l'autre, je me tuerai pour que maman soit plus contente» ou bien «un jour je me tuerai et elle regrettera d'avoir dit cela». En revivant la scène, le patient peut dire: «ne me reproche pas d'être là, c'est toi qui m'a mis au monde, ce n'est pas de ma faute, je récuse ton reproche. Je vis, j'aime la vie et je n'accepte pas d'être responsable de toi et de ta tristesse». Ainsi, il commence à rompre l'impasse et à décider de vivre pour lui-même.

Mac Neel (187) décrit ce qui se passe généralement dans un travail de deux chaises où la personne s'adresse à une figure parentale. Il note différents éléments: au départ la personne est dans la position de l'Enfant Adapté et attend de l'amour, de la reconnaissance, des permissions du parent auquel elle s'adresse. Dans le rôle de la projection parentale, la personne répond de manière rejetante et blessante ou de façon faussement nourricière.

Que la réponse soit de l'un ou l'autre type, le client n'arrive pas à résoudre son impasse.

La personne engagée dans un travail de deux chaises demeure dans l'impasse parce qu'elle tente à reproduire purement et simplement une situation où, dans la réalité, aucune résolution n'est intervenue.

Un des problèmes fréquents en psychothérapie est d'aider la personne à briser ces cycles qu'elle parcourt sans cesse, en attendant un changement dans une scène non résolue de son passé. *Il est clair que le passé ne changera pas, pas plus que les parents de jadis.*

Le thérapeute peut aider le client à clarifier son attitude et à comprendre qu'il tente en vain de faire changer des figures du passé ou d'obtenir leur amour.

On peut aussi mettre en évidence que le patient rend quelqu'un d'autre responsable de ce qui se passe chez lui. Dans le travail de deux chaises, le client a tendance à présenter l'autre personne (celle qui est assise sur la deuxième chaise) comme la cause de son malheur. Il importe que le thérapeute reconnaisse le caractère factice de cette situation en gardant à l'esprit deux questions: «comment ce client s'y prend-t-il pour créer lui-même son propre enfer?» et «comment puis-je l'aider à voir combien il est actif dans ce processus?».

Le client et le thérapeute ont à analyser les liens qui existent entre le passé et le présent.

Le client renonce difficilement à sa dépression tant qu'il n'a pas apprécié l'Enfant de 5 ans en lui pour lequel il était si important d'être déprimé. Cette analyse permet au client d'envisager le changement autrement: c'est prendre de la distance par rapport à une situation ancienne donnée et non pas obtenir le changement de celle-ci ou des parents. Le patient accomplit cela quand il sait au niveau vécu, et pas seulement cognitif, qu'il peut prendre en charge la situation psychologique impliquée dans l'impasse. Par exemple: «je ne dois plus attendre que tu m'aimes parce que je sais que je puis m'aimer moi-même et je n'ai pas besoin de ma dépression pour obtenir l'attention des autres».

Dans le travail de deux chaises, les réponses venant de la projection parentale sont pour la plupart des réponses défensives. Leur fonction est d'abord de défendre l'Enfant effrayé du père ou de la mère. La tâche du thérapeute est d'aider le client à voir combien le parent est démuni et peu sûr de lui, afin qu'il cesse d'attendre ce qu'il ne recevra jamais. Peut-être aussi, renoncera-t-il à sa rage contre ses parents.

Au cours d'un travail de deux chaises, le thérapeute peut intervenir à l'aide d'une technique particulière: l'interview du Parent.

Mise au point par Mac Neel (187), et très utile dans la résolution de l'impasse de second degré, elle consiste simplement pour le thérapeute à dialoguer avec la projection parentale, lorsque la personne est dans la chaise du parent. Pour commencer l'interview, le stimulus le plus souvent employé est: «quel est ton nom, maman (ou papa)?». Ensuite, les questions utiles sont celles qui mettent à jour les sentiments des parents et leur expérience en réaction aux demandes de leur enfant. Le client perçoit ainsi comment sa demande et son comportement étaient jadis menaçants pour la figure parentale. Il ressent ce que vivait son père ou sa mère. Le patient réalise aussi que ses parents étaient des êtres distincts de lui avec des problèmes qui leur étaient personnels. Il peut à présent se séparer d'eux.

Souvent, le patient prend conscience, qu'en limitant son épanouissement et en voulant mourir par exemple, il protège l'un ou l'autre des parents.

Quand l'interview du Parent est terminé, le thérapeute demande au « Parent » d'expliquer à l'Enfant ce qui s'est réellement passé pour lui. De retour dans la chaise de l'Enfant, le client se sent généralement soulagé et prêt à faire la séparation avec son père et sa mère. Il a pris jadis la décision de se tuer en fonction d'eux, mais maintenant il peut décider en fonction de lui-même, ne plus obéir aux anciens messages et tenir compte de ses propres désirs.

Comme pour la résolution de l'impasse de troisième degré, la nouvelle décision est renforcée dans le groupe thérapeutique. Les approbations et les caresses apportent au client du soutien et l'aident à maintenir sa décision.

Il peut y avoir plusieurs facettes dans les comportements ou les sentiments liés à l'injonction « N'existe pas » ou à une autre injonction. Il est nécessaire de refaire le travail pour tous les aspects liés à la décision de suicide.

Mac Neel (187) note que l'interview du parent peut constituer une expérience fort intense. Dans deux cas, il y a lieu de s'abstenir d'utiliser cette technique :

- En premier lieu si le client est virtuellement ou réellement psychotique, car elle pourrait précipiter un épisode psychotique.

- En second lieu, si le matériel qui apparaît donne à penser que la figure parentale n'était pas saine d'esprit.

Mieux vaut alors ne pas continuer ce travail et inviter le patient à revenir sur la première chaise en lui disant : « te rends-tu compte que ta mère (ou ton père) était vraiment gravement perturbée ? ».

Mac Neel propose alors de faire du travail de type cognitif dans l'ici-maintenant.

Si le patient résiste à l'introspection qu'exige l'interview du Parent, il y a lieu d'apprécier la résistance et de passer à une autre technique.

Thomson (293) signale que le thérapeute doit être compréhensif vis-à-vis du « parent » et reconnaître sa souffrance. C'est seulement dans cette mesure qu'il pourra cesser d'être sur la défensive et expliquer à l'Enfant ce qui se passe.

Barnes (293) se fâche sur le «parent» et lui reproche les attitudes inadéquates qu'il a eues vis-à-vis de son enfant. Nous considérons qu'il est préférable d'adopter une attitude compréhensive et empathique vis-à-vis du «parent» puisqu'il s'agit d'une figure parentale incorporée par le client lui-même. Cela permet également au patient d'arriver à pardonner à ses parents, phase importante de la fin de la thérapie.

En résumé : pour résoudre l'impasse de deuxième degré, le suicidaire dialogue avec une figure parentale qu'il a incorporée, à propos de l'injonction «N'existe pas» (ou d'un autre injonction) et de la décision de se suicider. Par l'interview du Parent, le client comprend que son père ou sa mère avait un problème personnel qu'il a pris en charge. Il n'y a pas de raison de se tuer pour eux. Il peut maintenant se séparer d'eux et vivre pour lui-même.

5. Fin de la thérapie

Berne (22) définit la guérison comme «la réalisation du changement désiré par la personne. En ce sens, elle se ramène donc à l'accomplissement d'un contrat basé sur des objectifs définis».

Nous avons vu qu'avec le suicidaire il y a lieu de faire un contrat d'autonomie.

La thérapie aboutit alors à un changement de scénario et pas seulement à un changement de comportement social.

La majorité des auteurs transactionnalistes sont d'accord pour dire que le mot «guérison» est inadéquat.

Pour Weiss (303) «il fait trop penser à un point final et semble sous-entendre qu'à un certain moment aucun problème ne se posera plus, ou du moins que le problème initial du traitement ne se représentera plus jamais. Or la vie est un cheminement et les problèmes qu'elle pose en sont une partie intégrante et naturelle». La psychothérapie aide le client à résoudre les problèmes de la vie et non pas à faire en sorte qu'ils n'existent plus. En fin de thérapie, pour les résoudre, la personne est capable de reconnaître et d'utiliser ses propres ressources et elle a abandonné ses schémas de comportements archaïques actuellement inadaptés.

Holloway (143) dit que « parler de guérison est un défi pour quiconque ». Il préfère parler d'autonomie, en disant notamment, qu'elle « consiste à passer d'un style de vie contre-dépendant et compétitif à un style de vie inter-dépendant et coopératif, où la personnalité rencontre suffisamment d'occasions de s'exprimer de façon créative ».

Les Goulding (119) disent que le client n'est pas malade, mais encombré par des décisions anciennes. Il ne s'agit pas pour lui de guérir mais de redécider autre chose, librement.

Pour Erskine (88) la guérison du scénario englobe trois niveaux de changement: comportemental, intrapsychique (affectif et cognitif), physiologique. La personne n'adopte plus de comportements scénariques. Au niveau cognitif, elle n'est plus contaminée par ses croyances de scénario. Au niveau affectif, la guérison consiste à pouvoir ressentir les sentiments liés à la situation actuelle sans être encombré des émotions liées à des situations du passé. Au niveau physiologique et corporel, les changements de scénario apparaissent nettement et se manifestent dans l'attitude corporelle, le maintien, l'habillement, la façon de s'exprimer, etc...

Nous sommes en accord avec Erskine (88) lorsqu'il dit: « en tant que processus de croissance et de développement, la thérapie n'a pas vraiment de fin. Si elle se centre sur la guérison du scénario, elle est terminée lorsque ont été levées les inhibitions comportementales, intrapsychiques et physiologiques qui restreignaient la spontanéité et limitaient la souplesse de la personne dans la résolution des problèmes et dans les relations (...). La guérison du scénario se ramène à la définition de l'état OK: c'est la croyance et le bien-être qui l'accompagne, que quoi qu'il arrive, quelle que mauvaise que soit la situation, l'expérience qui nous attend nous permet d'apprendre et de grandir ».

Une personne a traité ses problèmes suicidaires lorsqu'elle a réalisé son contrat de thérapie concernant le problème du suicide. Elle a changé au niveau comportemental dans la mesure où elle n'a plus recours à des comportements autodestructeurs. Au niveau cognitif, elle n'a plus le même cadre de référence. Ainsi, elle ne croit plus qu'elle doit recourir à la mort pour satisfaire ses besoins et obtenir de l'affection ou de l'attention. Elle peut s'aimer elle-même et trouver des moyens adéquats pour être reconnue. Au niveau affectif, la personne est libre d'exprimer ses sentiments dans chaque situation de manière adéquate sans plus se déprimer. Cela se traduit aussi par des changements au niveau de sa santé et au niveau de son aspect physique: la personne semble plus vivante.

A la fin de la thérapie, la personne, jadis suicidaire, a changé son scénario dramatique pour une vision nouvelle d'elle-même et du monde et pour d'autres manières de solutionner les problèmes de la vie. Devant les difficultés, elle a maintenant recours à ses propres potentialités et non plus à des idées ou envies de suicide. Elle a effectué une séparation émotionnelle avec ses parents à qui elle a finalement pardonné et a pris de la distance par rapport au passé.

5. Du côté du thérapeute

1. La notion d'épiscénario

La notion d'épiscénario développée par English (86) est tout à fait essentielle. Elle est très précieuse pour les thérapeutes qui s'occupent de clients avec un scénario tragique ou dramatique. Elle rejoint des concepts développés en thérapie familiale et en analyse systémique.

English (86) décrit l'épiscénario de cette manière : « l'épiscénario est une version condensée du scénario d'une personne comprenant obligatoirement une finale tragique qu'elle essaye de refiler à quelqu'un d'autre, comme elle le ferait d'une pomme de terre trop brûlante pour être tenue en main. La victime est choisie parmi ceux qu'elle peut influencer par des transactions Enfant-Enfant : par exemple, son enfant, son conjoint, un patient, un étudiant, un autre membre d'un groupe sans leader, etc... ».

C'est le Petit Professeur (ou A 1) de la personne elle-même qui est la source de l'épiscénario. Il tente ainsi d'éviter les conséquences destructrices du scénario par des moyens magiques, dans la croyance que si la malédiction peut être transférée à quelqu'un d'autre, il n'aura pas à en souffrir. Lorsque l'épiscénario est visiblement accepté par une autre personne, l'individu a une bouffée d'énergie et il est temporairement libéré de son scénario. Mais il retombe sous sa coupe si la victime ne met pas en œuvre la finale tragique ou semble la rejeter (...). Le slogan de l'épiscénario peut s'énoncer comme suit : « je t'ensorcelle pour me désensorceler moi-même ».

La croyance magique de faire porter un destin néfaste par une victime sacrificielle ou un bouc émissaire, est abondamment illustrée dans les mythes et les folklores de cultures très diverses.

Dans la religion catholique par exemple, on dit que Jésus est mort pour expier les péchés.

Grâce à cela, il dispense les hommes de la punition dernière et leur donne accès au royaume de Dieu.

L'enfant qui reçoit l'épiscénario d'un parent est considéré comme le malade officiel de la famille c'est-à-dire «le patient désigné», ainsi que l'appelle les thérapeutes familiaux.

English (86) met en évidence que la motivation de beaucoup de thérapeutes est primordialement liée à leur épiscénario. Certains psychothérapeutes, considérés comme efficaces, ont néanmoins un pourcentage élevé de suicide parmi leurs patients. Le scénario dramatique des personnes vulnérables à l'épiscénario du thérapeute se trouve renforcé par celui-ci.

Voici un exemple clinique d'épiscénario : une femme dépressive et suicidaire reprend goût à la vie alors que sa fille adolescente vient de faire une grave tentative de suicide. La mère explique qu'elle va mieux parce qu'elle veut et doit aider sa fille. En fait, l'hypothèse est que l'enfant a repris à son compte la «malédiction» et a accepté l'épiscénario de sa mère. Toutefois, au bout d'un temps, la jeune fille se remet complètement de cet épisode et se jure de ne plus jamais recommencer. A partir de ce moment, la mère se déprime à nouveau fortement et reparle de suicide. Le soulagement temporaire de s'être débarrassée de la «pomme de terre brûlante» a été annulé quand elle l'a reçue en retour. Sa propre injonction de scénario est «N'existe pas» et à présent, sa fille s'en est libérée.

Le scénario et l'épiscénario ont donc le même contenu mais la caractéristique du second est qu'on le transmet à quelqu'un d'autre pour se libérer de sa propre fin tragique.

La notion d'épiscénario et l'exemple cité nous montrent à quel point un thérapeute qui s'occupe de clients suicidaires doit lui-même connaître son propre scénario et avoir définitivement fermé la porte du suicide et de l'homicide.

Nous pensons aussi, en référence à notre expérience clinique, que beaucoup de personnes qui désirent travailler dans un Centre téléphonique de prévention de suicide, cherchent à se protéger elles-mêmes du suicide, tout en retrouvant cette fin tragique chez les personnes qui appellent. On entend parfois certains candidats aidants dire : « dans une situation pareille, on n'a vraiment plus qu'à se suicider ». C'est ce qu'ils feraient probablement pour eux-mêmes et ils risquent de le transmettre à la personne qui les appelle. Le travail de formation doit donc permettre aux aidants de prendre conscience de leur propre scénario et tendances suicidaires et de les traiter.

2. Disponibilité du thérapeute

Le thérapeute qui travaille avec des patients suicidaires est souvent sollicité de manière personnelle. Il est nécessaire qu'il se rende très disponible et s'engage au niveau relationnel. Le suicidaire se rend alors compte qu'il est une personne importante dans la relation thérapeutique qu'on établit avec lui, que quelqu'un tient suffisamment à lui pour lui offrir une telle relation.

La disponibilité du thérapeute se manifeste notamment dans des aspects purement pratiques, par exemple en donnant son numéro de téléphone. La personne suicidaire peut appeler entre deux séances de thérapie, si elle a des doutes, des peurs, des envies de suicide, des questions ou au contraire si elle a envie de dire qu'elle se sent bien.

Thomson (292, 293) dit entre autre ceci à ses patients : « je ne veux pas que vous vous tuiez, mais il est vrai que je n'ai pas les moyens de vous en empêcher. Si vous mourez, je trouverai que c'est dommage. Peut-être serai-je triste ou fâché, mais cela ne changera rien à ma vie. Moi je continuerai à vivre ».

Dans certains cas il dit : « je vais m'impliquer dans la relation avec vous et je ne veux pas que vous mouriez. Si vous voulez venir en thérapie chez moi, il faut que vous soyez d'accord de ne pas vous tuer. Si vous n'êtes pas d'accord d'accepter cette condition, je vous adresserai à un autre collègue, mais je ne vais pas commencer une relation avec vous. Je ne tiens pas à me retrouver seul alors que j'ai établi une relation avec vous ». Thomson insiste sur le fait qu'il ne faut faire et dire cela que si on le pense vraiment.

Nous pensons qu'il existe des risques à formuler les choses de cette manière dans la mesure où les termes employés peuvent faire penser à une pression de type affectif sur le client, voire même un chantage. C'est comme si c'était pour le thérapeute que le patient ne doit pas se suicider.

L'implication personnelle du thérapeute dans la relation thérapeutique avec le suicidaire est essentielle pour l'aider à établir des liens. Elle nécessite de la part du thérapeute une connaissance de soi. Il est nécessaire de ne rien attendre pour soi-même de la part du client afin de l'aider à «grandir».

En conclusion, la formation du thérapeute est intimement liée à sa propre thérapie. Ceci concerne tous les psychothérapeutes et particulièrement ceux qui s'occupent de clients avec un scénario de type dramatique. Ce n'est pas un hasard si un thérapeute choisit de s'occuper de ce type de clients...

3. Congruence du thérapeute face à son client suicidaire

Nous définissons la congruence comme l'accord qui existe entre le comportement, les paroles et les sentiments d'une personne. Si un thérapeute dit à son client suicidaire, en fumant: «tu dois prendre soin de toi et de ta vie», il n'est pas congruent. Il perd à ce moment-là toute crédibilité et la thérapie se révélera inefficace sur ce point.

Pour traiter un suicidaire, il est nécessaire d'accorder soi-même une valeur inestimable à la vie et le communiquer à son patient. Cette communication se fait non seulement de manière verbale mais également de façon non verbale et implicite. Les suicidaires sont très habiles à relever le moindre indice d'un comportement suicidaire chez leur thérapeute. Avec leur Enfant, ils vont alors voler une permission de se tuer, de se faire du tort, de se détruire.

La notion de congruence a été essentiellement développée par Rogers. La thérapie rogérienne avec les clients suicidaires fait l'objet d'un autre chapitre de ce livre. Toutefois, cette notion n'est pas étrangère aux analystes transactionnels pour qui elle a toute son importance.

4. Permission - Protection - Puissance

Crossman (163, 58) parle du triangle thérapeutique «Puissance - Protection - Permission» parce qu'il s'inscrit à l'inverse du triangle dramatique de Karpman et que les transactions qui s'instaurent à partir de chacun de ces pôles se fondent sur la position de vie «je suis OK - tu es OK».

Le pôle de la Puissance correspond à l'Enfant Libre du thérapeute c'est-à-dire à ses sentiments, ses possibilités, sa créativité, ses capacités et sa compétence.

Le pôle de la Permission correspond au Parent Nourricier positif. Les permissions que le thérapeute se donne à lui-même et aux autres ouvrent de nouvelles perspectives d'existence : permission de se développer, de grandir, de prendre soin de soi, de s'occuper de soi...

Le pôle de la Protection correspond au Parent Normatif positif. Le thérapeute met en place une structure, un cadre de référence, des limites permettant le développement personnel et la résolution des problèmes. Il s'agit de repères qui favorisent l'autonomie parce qu'ils introduisent des éléments de sécurité.

Dans la position de vie «je suis OK - tu es OK», le thérapeute se sert de sa force et de son habileté pour aider ses patients, et non pour les humilier ou pour renforcer son propre moi.

Il ne s'agit pas de décrire le thérapeute comme une personne idéale, sans défauts et sans problèmes, mais bien comme quelqu'un qui a conscience de qui il est et de ce qu'il fait, qui investit de l'énergie à aller mieux et à résoudre les problèmes, et non pas à les entretenir ou à s'en défendre.

Crossman (168, 58) a développé le concept de Permission et de transaction de Permission en A.T. Elle vise une transaction spécifique qui se passe entre le thérapeute et le patient à un instant particulier de la thérapie. Grâce à cette transaction de Permission, le thérapeute aide le patient à faire un changement dans la façon dont il se comporte ou se situe. La Permission se rapporte au scénario. Afin de changer ou de délaisser son scénario, le patient a besoin de recevoir la permission de rejeter les messages inhibiteurs. Par exemple, la permission de ne pas se tuer. De la sorte, il peut plus tard faire ses propres choix autonomes.

Quand un thérapeute donne une Permission, il fournit une Protection. Il dit à l'E que c'est bon de désobéir à sa mère ou à son père et qu'il ne sera pas puni, abandonné ou tué pour autant.

En parlant de la thérapie, Crossman dit (58) : «quoi qu'il en soit, il semble que pour un Enfant apeuré, il est terrifiant de s'enfoncer en territoire inconnu, de prendre des risques, de se rebeller, d'affronter une injonction parentale. Il faut pour cela incorporer un OK venant d'un plus grand que soi pour apprendre à s'aimer soi-même. C'est ce dont il s'agit quand on parle de Permission et de Protection».

Avec le suicide, le thérapeute doit être capable de donner la permission d'aller bien, de vivre, et de s'opposer aux injonctions de scénario. Il doit offrir la protection suffisante pour que le client se sente en sécurité et ose aller à l'encontre de ses messages scénariques. Il doit se montrer puissant, fort et crédible pour l'E du patient.

Avant d'arriver à une réelle autonomie, le patient substitue pour un temps, le P du thérapeute au sien. Il trouve alors la protection nécessaire avant d'être prêt à faire lui-même de nouveaux choix.

Holloway dit : « une décision basée sur une Permission peut être utile là où il faut s'attendre, à court terme, à des actions autodestructrices (...). La guérison par la Permission devient possible lorsqu'aux yeux du client, le thérapeute est plus puissant que le parent dont le comportement a été retransposé en injonctions. La transaction de Permission inclut de soi un ordre puissant du Parent à l'Enfant ».

Mais Holloway (142) insiste sur le fait que « si le traitement se termine par une transaction de Permission, il est hautement probable que l'autonomie du patient n'est pas atteinte ».

Nous sommes en accord avec lui lorsqu'il dit que « certains thérapeutes croient pouvoir donner la Permission à ceux qui ont le rôle de patient ». Il considère une telle toute puissance comme anti-thérapeutique : elle tend à mettre des limites au changement. En conclusion, nous pensons qu'un patient suicidaire a besoin de Permission et de Protection de la part de son psychothérapeute, pour aller à l'encontre des injonctions reçues, notamment « N'existe pas ». Mais fondamentalement, le patient est le seul à pouvoir se donner à lui-même la permission de vivre, par exemple au cours d'un travail de redécision. C'est seulement alors que le patient est véritablement autonome. La transaction de Permission n'amène donc pas le changement en soi et n'aboutit pas à la résolution des problèmes. Elle est seulement facilitante et protectrice pour le client. Elle n'est aidante que si le thérapeute fait preuve de congruence.

A nos yeux, un thérapeute puissant accepte et assume l'idée que beaucoup de nos désirs ne pourront jamais être comblés. Nous avons tous vécu des manques dans notre passé et surtout dans notre petite enfance. Un thérapeute n'est ni puissant ni nourricier quand il laisse croire qu'il est possible d'être comblé totalement et que fondamentalement on n'est pas seul.

Etre un thérapeute puissant c'est au contraire, aider quelqu'un à ressentir toutes les frustrations et le désespoir qui les accompagne et l'aider à les assumer.

Celui qui offre Protection, Permission et Puissance aide son client à se donner à lui-même, au fur et à mesure de sa thérapie, ses propres permissions, sa propre protection et à développer sa propre puissance. Il s'agit bien d'aider le client à devenir autonome et non pas à renforcer un lien de dépendance.

6. Conclusion

L'essentiel de ce chapitre réside dans la description du processus thérapeutique où est engagé le client suicidaire au fur et à mesure qu'il prend conscience de ses problèmes et les résoud. Le plan thérapeutique que nous proposons tient compte de l'enseignement des différentes écoles de l'Analyse Transactionnelle et de leur complémentarité. Nous pensons que cette démarche enrichit considérablement la thérapie de l'A.T.

Travail régressif avec parentage, travail de redécision sont les phases clés de la psychothérapie avec le suicidaire.

Nous avons décrit avec soin les techniques utilisées en cours de traitement afin de pouvoir rendre compte concrètement de ce qui se passe lors des séances de thérapie. Cependant, nous insistons une fois encore pour qu'aucune des méthodes décrites dans l'ensemble de ce chapitre ne soit appliquée comme une recette. Elles s'inscrivent toujours dans le cadre d'une *relation* thérapeutique suivie. Celle-ci est particulièrement importante avec le suicidaire dont les problèmes sont le plus souvent archaïques et d'ordre relationnel.

Le danger d'une application et d'une utilisation inadéquate des principes utilisés en A.T. existait pour nous d'emblée, dès la conception de ce livre. Nous avons toutefois choisi de faire part ouvertement et concrètement de notre manière de travailler. L'apport de l'A.T. dans le travail avec le suicidaire nous a semblé trop important et trop efficace aussi pour le taire. Par ailleurs, il fait partie des objectifs de l'A.T. de se rendre accessible et compréhensible et de faire participer le patient à son traitement.

Soulignons encore l'éclairage spécifique apporté par l'A.T. à la problématique des suicidaires avec la mise en place de protections pour le client, comme l'engagement de non-suicide. Le transactionnaliste annonce d'emblée ses valeurs et sa position par rapport au suicide.

Il montre au client comment la décision de suicide est directement liée à son enfance et à ses relations avec ses parents.

Toute la thérapie consiste alors à se séparer psychologiquement de ceux-ci, avec l'aide du thérapeute qui fait preuve de Permission, de Protection et de Puissance. Après s'être «appuyé» sur le Parent du thérapeute, le client trouve peu à peu sa propre autonomie. C'est bien d'autonomie dont il s'agit ici, pour que la personne cesse de recourir à ses mécanismes archaïques d'autodestruction. Nous terminons cette conclusion en insistant sur l'importance, pour le thérapeute, d'être au clair avec ses propres tendances suicidaires. Nous avons vu le danger qui existe à travailler avec un client suicidaire sans avoir fait de la thérapie personnelle à ce sujet. Thérapie et formation sont donc intimement liées dans ce domaine, comme dans beaucoup d'autres.

ANALYSE D'UN CAS

A. Introduction

Jean WILMOTTE

En 1961, Farberow et Shneidman (113) eurent l'idée d'adjoindre à leur ouvrage «The Cry for Help» l'étude d'un cas clinique. Ils souhaitaient illustrer ainsi à travers l'établissement de stratégies thérapeutiques les différentes théories exposées préalablement dans leur ouvrage. Ce procédé nous a séduit. Nous avons décidé de l'adopter à notre tour. Comme les écoles thérapeutiques choisies par Farberow et Shneidman étaient avant tout à base psychodynamique, nous avons jugé intéressant d'utiliser le même rapport de cas pour illustrer à notre tour les approches comportementaliste, clinique, rodgérienne et transactionnaliste. Cette proposition a rencontré un réel intérêt chez Norman Farberow. Il n'a donc pas hésité à nous donner la permission de traduire et d'utiliser l'observation médicale qu'il avait faite de monsieur A.S.

Le lecteur qui le souhaite pourra donc comparer nos approches avec les approches psychodynamiques déjà publiées (113).

Trève de préambule, laissons la parole à Norman Farberow!

Traduit avec l'accord des auteurs et de l'Editeur *in* Norman L. Farberow; Edwin S. Shneidman «The Cry for Help» Mac Graw-Hill, 1965.

B. Présentation de l'observation médicale de Monsieur A.S.

N.L. FARBEROW

Le choix même du malade a posé quelques problèmes. On s'est aperçu tout de suite que le type de données à faire figurer dans l'observation était d'importance cruciale de même que la façon dont ces données étaient présentées. Le cas idéal aurait été celui où tous les faits auraient été connus et auraient pu ainsi être interprétés et discutés, comme il se doit, par chaque expert. Mais le nombre et la variété des données nécessaires ne peuvent être obtenus qu'après de longues heures d'entretien avec le thérapeute représentant non seulement une étude transversale de ses relations dans de nombreux domaines du présent, mais également une étude longitudinale, génétique, sur l'évolution de ses attitudes, de son caractère, etc... Et de telles données ne peuvent être obtenues que par un interrogatoire et, l'interrogateur de son côté devra les recueillir dans le cadre de ses propres orientations théoriques. En d'autres termes, on peut légitimement se demander si ces données sont valables pour des thérapeutes ayant d'autres orientations théoriques. Ceci étant, on a estimé souhaitable d'obtenir des données dont l'orientation soit dynamique, et de nature à fournir aux théoriciens des renseignements qui seraient beaucoup plus qu'un simple exposé de faits et de chiffres dans un récit chronologique. Ainsi donc, l'observation choisie a été le résultat d'une série d'entretiens diagnostiques avec un psychiatre formé et expérimenté en psychiatrie dynamique[1].

---

[1] Nous exprimons ici nos remerciements à monsieur le docteur Norman Dabrasnick, psychiatre qui a recueilli les données de l'entretien anamnéstique de monsieur A.S.

En revoyant l'observation pour la distribuer aux participants à l'étude, nous nous sommes efforcés de retenir les faits (quelque soit l'angle sous lequel ils sont présentés) et de supprimer les passages qui étaient, de toute évidence, des interprétations ou des hypothèses. Nous pensons qu'il est peut-être impossible de présenter une observation parfaitement objective, (c'est-à-dire sans que le point de vue de l'observateur n'apparaisse), mais, nous nous sommes efforcés de nous rapprocher autant que pratiquement possible de ce but. Ce cas particulier a été choisi non seulement parce que le malade a été jugé coopérant, facile et communicatif, mais aussi parce qu'on a pu obtenir des données supplémentaires et complémentaires grâce à des entretiens avec ses parents.

Ce qui suit est l'observation de A.S.[2], homme de 23 ans, blanc, célibataire, étudiant, qui avait tenté de se suicider en ingérant environ 75 capsules de barbituriques et qui, après avoir été découvert dans sa chambre d'hôtel, avait été transporté, sans connaissance, dans la salle d'urgence d'un grand hôpital général.

Observation de Monsieur A.S.

Age: 23 ans; sexe: masculin; race: blanche; religion: méthodiste; état civil: célibataire; profession: étudiant.

Conditions générales au moment où le malade a été vu pour la première fois

Le malade a été interrogé pour la première fois par le psychiatre, dans une salle d'urgence à deux lits d'un grand hôpital général, où il était depuis environ une semaine. L'autre malade de la chambre était dans le coma. Le psychiatre a eu 5 entretiens avec le malade et un avec la mère du malade. Le malade avait été dans un coma profond pendant environ une semaine après l'ingestion de quelques 75 capsules de barbituriques. Son état à l'admission était critique et avait nécessité une trachéotomie et une respiration artificielle. Au cours des deux ou trois premiers jours des entretiens, on a noté quelques légers signes d'atteinte cérébrale organique tel que l'impossibilité de se concentrer et quelques troubles de mémoire, mais ces signes se sont progressivement améliorés avec le temps.

---

[2] A.S.: l'anonymat a été protégé en changeant les noms des personnes, le lieu et autres indications.

Aspect du malade

L'aspect du malade a pu être quelque peu modifié par la gravité de son état général. Quoiqu'il en soit, c'est un sujet mince, blond, d'allure juvénile, déjà partiellement chauve. Pendant toute la semaine des entretiens, il est apparu passif et désireux de plaire. Par moments, il avait visiblement très mal mais, il lui a été difficile de demander une interruption de l'entretien. Il a semblé insister sur son rôle passif plus que ne pourrait le justifier son état. Il est resté généralement allongé, dramatisant ainsi le caractère désespéré de sa situation.

Circonstances de la tentative de suicide

Quand on a demandé au malade pourquoi il avait essayé de se tuer, il a répondu: «c'est-à-dire que cela remonte à l'époque d'avant mon service militaire. J'avais alors une amie, elle s'appelait Marie (elle était d'origine espagnole sud-américaine), c'était une fille épatante». Il a répété cela à plusieurs reprises. «Je l'aimais et elle m'aimait. Elle était intelligente et jolie et je voulais vraiment l'épouser. Mais, ma famille s'y opposait et je ne pouvais pas le comprendre. C'était la première fois qu'ils me contrariaient. Ils avaient l'air si froid avec elle, tant mon père que ma mère. Je me souviens que nous voulions nous marier et, ma mère a commencé à parler de bébé noir et a dit que ça ne me conviendrait simplement pas. Ensuite, ils l'ont accusée d'être enceinte alors qu'elle ne l'était pas et, je me souviens que cela lui a fait mal, ça lui a fait très mal, et je ne savais pas quoi faire. Je ne pouvais pas m'opposer à la volonté de mes parents et je ne comprenais pas pourquoi ils étaient si méchants. Mon père ne voulait pas me donner la voiture quand je voulais sortir avec Marie. Quand Marie téléphonait, j'entendais ma mère lui répondre au téléphone — elle était froide et furieuse avec elle —. A ce moment-là, je suis parti au service et, au bout de quelque temps, je ne me sentais plus tellement malheureux. Ce n'est pas que j'oubliais Marie mais ça ne me préoccupait pas autant; j'ai rencontré une autre jeune fille et j'ai même pensé que j'en étais amoureux. Puis, je suis rentré chez moi. Marie m'appelait de temps en temps et, mes parents avaient la même attitude à son égard et, on s'est retrouvé dans la même situation que deux ans auparavant, et j'ai recommencé à me sentir malheureux. Je ne voulais pas rester chez moi. Je voulais retourner au collège pour étudier la sociologie. Mais, même après mon entrée en faculté, j'ai continué à réfléchir à l'attitude de mes parents et j'ai décidé alors de rompre avec ma famille et de repartir tout seul. Mais, il fallait que je m'en aille pendant quelques temps et, j'ai tout décidé, je me souviens, en une après-midi. Il fallait absolument que je parte. J'ai donc appelé une agence de voyages, et ils m'ont arrangé un voyage en Amérique du Sud. J'ai pensé que peut-être j'oublierais là-bas. Je suis donc allé en Amérique du Sud et je n'ai pu m'intéresser à rien. Je n'arrivais pas à faire ce que les touristes font habituellement et, au bout d'une semaine,. j'ai pensé qu'il était temps de rentrer et j'ai décidé de revenir à Los Angeles pour voir à quoi ça ressemblait et je me disais que peut-être, en fin de compte, je pourrais aller à l'Université. On m'avait dit qu'il y avait de très bons collèges universitaires dans la région. Je suis donc allé dans un hôtel bon marché et j'ai payé mon loyer toutes les semaines. Je voulais essayer de trouver un emploi en cherchant dans les journaux mais on aurait dit que je n'arrivais pas à m'y mettre. Je regardais les annonces mais je n'en faisais pas plus. Ensuite, j'allais au cinéma et je revenais, et pendant tout ce temps j'allais de plus en plus mal, mais je sentais toujours que je voulais rompre avec ma famille. Il me fallait quelque chose de plus grand que moi-même; le sentiment de compréhension de la part de mes parents. Avant de quitter le collège, j'étais devenu nerveux et le médecin m'avait ordonné quelques somnifères et, ensuite, pendant les deux jours avant que j'essaye de me suicider, je suis allé voir plusieurs autres médecins et j'ai obtenu d'autres comprimés de somnifères. Je n'étais pas sûr, à ce moment-là, que j'allais me suicider, mais j'avais l'idée en tête. Le jour où c'est arrivé, je suis allé au cinéma puis, je suis revenu et je n'avais qu'une pièce de 25 cents et j'avais tellement faim que j'ai pris un verre de lait malté (boisson à peu près aussi courante aux Etats-Unis qu'un chocolat chaud en Belgique ou en France) et je l'ai bu. C'est probablement ce qui m'a sauvé la vie. Ensuite, je suis monté dans ma chambre, j'ai rangé toutes mes affaires, pris une douche, pris les comprimés et je me suis couché. Ensuite, je ne me souviens plus de rien jusqu'au moment où j'ai commencé à me réveiller à l'hôpital».

Anamnèse personnelle

Le malade est né au Kansas, le plus jeune de deux enfants. Il a une sœur mariée, de trois ans plus âgée que lui. «Autant que je sache, je suis né à la suite d'une grossesse et d'un accouchement normaux mais, ma mère nous disait qu'elle ne pourrait plus avoir d'enfant par la suite. En ce qui concerne ma petite enfance, je ne me souviens pas qu'elle ait eu quoi que ce soit d'exceptionnel».

On a demandé au malade de parler un peu de ses parents et de toute autre personne qu'il voyait beaucoup. «Ma mère est une femme qui travaille très dur, elle aime assumer des responsabilités. Elle aime briller. Dans les clubs, elle aime diriger et, dans les organisations, être la présidente. Elle se sent flattée lorsqu'elle est élue à ce genre de poste. Elle aime cependant agir seule, même si elle est avec un groupe de personnes. C'est une femme très intelligente et très travailleuse et qui ne renonce jamais quoiqu'elle fasse. Elle aimait à faire elle-même la plupart des travaux de la maison et, je suppose que nous les enfants, nous étions quelque peu gâtés de ce fait. Je crois que ma sœur est devenue paresseuse parce que ma mère ne voulait jamais laisser les autres faire quoique ce soit. Je sais que cela me vexait parfois». A ce point, le malade a eu la larme à l'œil et a dit «je n'y comprends plus rien, notre mère a passé autant de temps avec nous que n'importe quelle autre mère», puis il s'est tu.

On a ensuite demandé au malade de parler de son père. «Mon père n'a jamais bien réussi ce qu'il entreprenait et cela me gênait. Il a dû abandonner une ferme d'élevage laitier parce qu'il n'arrivait pas à en faire une réussite financière. C'est le genre de personne qui a un grand nombre d'amis et fait beaucoup de choses différentes. A un moment, il a eu un emploi le soir et, je me souviens que nous l'accompagnions. Il nous arrivait quelquefois de nous endormir et alors nous rentrions à la maison traire les vaches. A la fin, quand la ferme n'a plus marché, il a dû la vendre et alors il a travaillé dans un «grand magasin» (magasin où l'on vend de tout). Cela me blessait beaucoup car mes amis avaient toujours des pères qui avaient des emplois importants et faisaient des choses importantes; mais, mon père n'a pas occupé cet emploi pendant très longtemps. Au début, nous habitions une petite maison mais, au bout de quelque temps, nous avons pu en avoir une plus grande. Mon père bricolait par ci par là. Les quatre dernières années, il s'est occupé de politique, et finalement il est arrivé à être contremaître des services d'entretien de la ville mais, voyez-vous, même cela s'est mal terminé. Il y a eu un scandale, son patron a dû démissionner et mon père a perdu son emploi. Ma mère travaillait et, c'est en fait, grâce à son énergie, que nous avons pu, je pense, réussir comme nous l'avons fait. Ma mère est tombée malade en 1947; elle a eu une grave maladie de foie dont elle est presque morte. Ce fut terrible.

«Ma mère était très intelligente. D'une certaine façon cependant, je crois qu'elle aimait que mon père soit malade parce qu'elle aimait avoir l'occasion de travailler et ainsi de montrer qu'elle était très compétente. Elle se sacrifiait et se comportait de façon à ce que tout son entourage se sente inférieur. Mon père lui était reconnaissant de l'aide qu'elle apportait à la famille mais, en même temps, lui en voulait beaucoup. Il dit parfois qu'elle est le soutien de la famille, mais il évite les foules et il n'aime pas aller dans les clubs car c'est toujours elle qui domine. Il n'aime pas la vie de famille. Ce qu'il aime, c'est prendre une voiture (il aime bien avoir une nouvelle voiture) et la laver, mais il ne s'intéresse pas aux travaux de la maison; ma mère doit le forcer à rentrer et lui dire tout ce qu'il doit faire, et il trouve cela tout naturel. Je crois que j'étais plus lié avec ma mère. Je lui parlais de mes problèmes de temps en temps mais pas trop».

Anne, la sœur, a 26 ans. «Nous n'avons jamais été très liés. Nous avions des personnalités très différentes. Nous nous disputions souvent mais ce n'était jamais très grave. Je dirais que c'était des rapports normaux. Elle était douée pour la musique et joue encore bien. Elle s'intéressait à la musique, elle est entrée dans un orchestre et, elle savait chanter et elle s'intéressait beaucoup à l'église. J'ai joué du violon mais je n'étais pas très bon. Je n'ai jamais été très actif à l'église mais je jouais du trombone dans l'orchestre. Autant que je sache, aucun de nos parents n'avait de préférence pour l'un de nous. Anne s'intéresse toujours aux histoires d'église. Elle est un peu collet monté. Elle est divorcée à présent. Je ne sais pas pourquoi mais elle est très émotive et l'était déjà quand elle était petite fille. Je n'ai jamais montré beaucoup mes émotions. J'éprouvais des sentiments mais je les cachais. Quelquefois, on allait voir des parents mais, à part cela, on ne sortait pas beaucoup et on passait la plupart de notre temps à jouer ensemble».

Ses premiers souvenirs, le malade les situait vers l'âge de 9 à 10 ans et voici comment il s'en souvient: «c'était à peu près à l'époque où nous avons déménagé pour aller à la ville. Je me souviens que je me battais avec un petit voisin tout le temps. Je ne sais pas pourquoi mais je me battais tout le temps. Il fallait que je me batte c'est tout; dans les intervalles, nous étions amis. Apparemment j'adorais me battre. J'étais de petite taille et je perdais la plupart du temps mais, malgré cela, je recommençais chaque fois et, je n'aimais pas du tout perdre. Ma mère me disait que je ne devais pas me battre; mon père me le disait aussi parfois et, j'en éprouvais un certain malaise. Je me demandais pourquoi il ne prenait pas ma défense plutôt que de m'interdire de me battre. Lorsque j'étais enfant, cela ne me gênait pas d'être d'aussi petite taille. Même à l'école secondaire, je crois que cela ne me gênait pas. J'ai joué un peu au football et, je me disais que cela n'avait pas d'importance d'être petit mais, par la suite, je ne m'en préoccupais apparemment pas beaucoup. A l'université, j'ai commencé à mal supporter ma petite taille. J'ai même une fois acheté des chaussures à talons très hauts. C'est comme si je ne me sentais pas physiquement l'égal des autres. Vis-à-vis des filles, cela ne semblait pas avoir beaucoup d'importance mais, je pensais que là encore, j'aurais peut-être préféré être plus grand».

Quand on lui a demandé s'il avait des souvenirs remontant avant l'âge de 9 ou 10 ans, le patient a répondu: «eh bien, je me souviens d'avoir joué avec des petits voisins dans le grenier. Je me souviens d'autre chose de merveilleux: nous avons fait un long trajet pour aller chercher une bicyclette et nous sommes revenus tard le soir et, mon père l'a montée pour moi bien qu'il fût très tard et, je me souviens que nous roulions tous les deux et qu'il m'aidait à conduire». Ceci a semblé être un souvenir agréable et, on a demandé au malade d'en dire plus long, il a répondu: «je ne me souviens pas que cela ait été quelque chose d'heureux ou de malheureux. Je me souviens de l'école, qu'il me fallait me lever très tôt le matin et sortir d'un lit froid. Je descendais alors les escaliers en courant pour aller m'habiller devant le poêle chaud mais, en général, tout se passait bien à ce moment-là, semble-t-il, et nous étions tous heureux. A la fin, nous avons dû vendre la maison. Mon père a été malade et nous n'avions pas assez d'argent et, il nous a fallu déménager pour aller à la ville et, apparemment alors j'ai été jaloux des autres enfants et je me battais avec eux tout le temps. A l'époque où nous avons déménagé, je savais que les choses n'allaient pas bien. Mon père a trouvé un emploi dans un magasin. Je me souviens très nettement que je prenais des leçons de violon et, qu'un jour où je jouais du violon, j'ai commencé à pleurer parce que je voulais aller au cinéma. Mon père m'a donné l'argent mais ensuite je suis revenu parce que, pensais-je, j'avais honte de la façon dont j'avais obtenu l'argent.

«Ma mère a été en fait mon institutrice pendant tout le temps que nous habitions à la ferme. Ma tante était la maîtresse d'école. Je me souviens que nous préparions nos repas du midi le matin et que nous partions pour l'école en voiture. Ma tante traitait tous les enfants de la même façon et ne nous favorisait pas; mais, je pensais que j'étais un personnage plus important parce que ma tante était ma maîtresse d'école. J'avais l'habitude de jouer avec les voisins et avec ma sœur mais, quand nous sommes arrivés à la ville, tout a changé. Je me battais tout le temps et, je me souviens qu'une fois, l'institutrice a donné une correction à quelqu'un qui m'avait battu. Je ne sais pas ce que j'ai ressenti après cela. Je me souviens que j'étais mécontent d'avoir perdu. Apparemment, certains des autres enfants l'avaient dit à l'institutrice et elle était venue nous chercher tous les deux et avait fessé l'autre garçon. Je ne pense pas que les autres enfants aient aimé cela. Je n'ai pas eu beaucoup de chance en classe dans les écoles de la ville. Mes notes ont baissé et n'étaient pas trop bonnes et, la dernière année, j'ai presque échoué à un examen de sortie. Ma mère a regardé mon bulletin ce jour-là, à mon retour à la maison, et a commencé à pleurer et, mon père m'a grondé. Elle était très facilement contrariée, mais elle ne nous punissait jamais. Elle nous disait qu'elle aurait beaucoup de chagrin si nous faisions quelque chose de mal. Je ne me souviens pas trop bien de la façon dont mon père s'y prenait. Quand il me grondait, cela ne m'affectait pas car notre mère ne nous grondait jamais. Je me souviens d'essayer de plaire à toute force. J'essayais d'être sympathique et charmant et tout... mais, il semble que les autres ne m'aimaient pas et alors je me battais avec eux. J'ai passé mon examen de fin d'études primaires à 14 ans. Il ne semblait pas encore y avoir de changement mais, au bout de quelque temps, à l'école secondaire, je me suis beaucoup plus lié à certains des élèves mais, j'avais encore le sentiment que je n'étais pas vraiment parmi les meilleurs et je m'efforçais d'en être. Je voulais être le chef, mais je ne l'ai jamais été. Au bout de quelque temps, à l'école secondaire, j'ai fini par me résigner à ne pas être parmi le groupe de tête. Je me suis senti un peu mieux alors et mes notes se sont améliorées. Je n'aimais pas aller à l'école du dimanche[3] mais ma mère me disait qu'il nous fallait y aller. Si je n'aimais pas y aller, c'est qu'il y avait un professeur qui, en réalité, ne s'intéressait pas à l'enseignement et ne savait pas enseigner. Ma mère était toujours en train d'essayer de me monter en épingle et se vantait, à tout un chacun, en parlant de moi, et chaque fois que quelqu'un venait nous voir, elle leur expliquait que j'étais un garçon extraordinaire.

Anamnèse médicale

Le malade a eu les maladies d'enfance habituelles. Il a subi une amygdalectomie à l'âge de 11 ans et se souvient d'autres personnes qui ont été très gentilles avec lui à cette occasion. On lui a apporté de bonnes choses à manger et du lait malté. Quand il a eu la coqueluche à l'âge de 12 ans, il se souvient de s'être senti étouffer dans le salon et d'avoir essayé d'appeler quelqu'un mais sans y arriver et il a eu très peur. Le malade a évoqué son service militaire et, en particulier, un supérieur qui semblait constamment se moquer de lui. Finalement le malade a eu une très forte diarrhée d'origine nerveuse. « Cet homme représentait tout ce que je détestais. Il était grand, dominateur, ne savait pas ce qu'il faisait mais se comportait comme s'il savait toujours tout. Il essayait toujours de m'humilier et je n'arrivais pas à le contredire. Je n'arrivais pas à me défendre, il gagnait toujours ». Le malade a subi une petite opération en 1950 sans complication. Il se souvient qu'enfant il avait souvent des ongles incarnés et qu'il devait subir des opérations douloureuses qui le maintenaient au lit.

---

[3] Equivalent du catéchisme (N.d.T.).

Anamnèse sexuelle

On a demandé alors au malade de parler un peu de son développement sexuel. Il a répondu qu'à l'école secondaire il essayait de sortir avec les filles qui avaient le plus de succès. «Elles refusaient de sortir avec moi et je ne voulais pas demander aux autres, de sorte que je ne sortais pas très souvent. Je n'ai jamais eu de relation suivie avec aucune des filles à l'école secondaire. Il y avait une fille en particulier qui avait, je crois, le plus de succès à l'école et, je lui demandais tout le temps de sortir avec moi et, elle n'a jamais fait le moindre cas de mes demandes. Alors, je faisais semblant de ne pas m'intéresser à elle mais, en réalité ce n'était pas vrai. Par la suite, quand je suis passé dans les classes supérieures, je me suis adressé à d'autres filles et j'ai eu plus de succès, mais je n'ai jamais eu l'impression de vraiment m'amuser avec elles, j'aurais préféré plutôt être avec l'autre fille».

Le malade a dit ensuite qu'il n'avait jamais parlé de sexualité avec ses parents de quelque façon que ce soit et qu'avant sa liaison avec Marie à l'université, il n'avait jamais eu de rapports sexuels. Il suppose qu'il a dû en entendre parler par les autres garçons mais il ne se souvient vraiment pas. Il nie avoir aucun souvenir de masturbation précoce ou d'expériences sexuelles sauf dans le cas suivant: tout jeune, vers 8 ou 9 ans, il devait aller retrouver une fillette de 12 ans dans les buissons avec l'idée de se livrer à quelques jeux sexuels mais, il avait dû aller en visite chez ses grands-parents; il se souvient d'avoir dû lui téléphoner pour annuler le rendez-vous et qu'elle s'était mise vraiment en colère et avait dit que, dans ces conditions, elle ne recommencerait jamais. En ce qui concerne la masturbation, il ne se souvient de s'être masturbé que depuis son arrivée à l'université. Il s'est souvenu d'avoir eu une fois une érection vers l'âge de 5 ou 6 ans. Le prépuce semblait être bloqué, il ne pouvait le ramener par dessus le gland et il a dû appeler sa mère pour qu'elle le dégage. Selon lui, il n'a vraiment pas ressenti le besoin de se masturber à l'école secondaire et, il semble ne s'être éveillé sexuellement que dans les dernières années de ses études secondaires et à l'université. A l'université, il a commencé à se masturber et a fait quelques rêves avec pollutions nocturnes qui lui ont laissé un sentiment de culpabilité. A l'université, il a rencontré Marie. Il la connaissait déjà depuis longtemps. Marie était une jeune fille sud-américaine espagnole qui avait été adoptée par un des membres respectables de la collectivité. C'était l'été entre l'école et l'université; il devait sortir pour une occasion particulière et, il avait demandé à une jeune fille qui ne pouvait pas venir; elle a proposé Marie en remplacement et, il a juste voulu s'assurer que ce serait une fille sympathique et jolie. «Et nous nous sommes vraiment très bien entendus et nous avons commencé à nous voir régulièrement. Quand je suis allé à l'université, je devais sortir d'autres filles car je faisais partie d'une «fraternity» (confrèrie d'étudiants) et on attendait cela de moi mais, je pensais toujours à Marie. C'était elle mon amie. L'autre fille que j'avais toujours essayé d'avoir à l'école secondaire ne semblait plus avoir autant d'importance pour moi depuis l'arrivée de Marie. Nous nous entendions très bien, le seul problème était ma famille qui lui en voulait beaucoup. Mon père ne voulait pas nous confier la voiture. Marie a été la première fille avec qui j'ai eu des rapports sexuels et j'ai beaucoup aimé cela. Ensuite, la dernière année avant de partir pour le service militaire, j'ai commencé à aller à l'université». Au début, il a beaucoup aimé la vie universitaire. Pendant l'année précédente ou à peu près, il avait commencé à se sentir moins médiocre et il a continué sur ce sursaut d'activités; puis, au bout d'un moment il a semblé ne plus s'intéresser aux études. Il a perdu son intérêt pour le travail scolaire et a commencé à se disputer avec son père au sujet de Marie. «Je ne me suis pas, à proprement parler, battu; je discutais avec ma mère mais je ne voulais pas parler à mon père. Ma mère m'a dit que je perdais mon temps avec Marie et, j'ai décidé que je voulais m'en aller. Je ne savais pas, à ce moment-là, si j'en voulais à mes parents ou pas, mais j'ai commencé à sentir que les choses allaient mal pour moi et, bien que j'aie dit à mes amis que je m'engageais pour en finir avec mon service militaire et profiter des avantages accordés aux anciens soldats, la vraie raison était fuir ce terrible problème».

Service militaire

«On a eu une grosse discussion à la maison à cette époque. Ma mère n'a jamais voulu que je m'engage dans l'armée mais, il fallait que je m'engage pour trouver ce que je cherchais. On m'a envoyé dans l'Ouest; je me sentais très seul. Marie m'écrivait tous les jours et j'attendais impatiemment ses lettres et je me précipitais sur le facteur. J'ai terminé mon entraînement et je suis rentré chez moi et je me souviens que le jour où je suis rentré, j'ai écrit à mes parents, en leur demandant quand ils viendraient me chercher à la gare, d'amener Marie avec eux. Mais, à mon arrivée elle n'était pas là. J'ai été déçu et je leur en ai voulu. Cette époque a été merveilleuse pour Marie et pour moi. Nous sortions tous les soirs. Ensuite, ma nouvelle affectation a été dans le Nord et après y avoir passé une quinzaine de jours, j'ai décidé que je voulais me marier tout de suite.

Mes parents m'ont dit que je ne devais pas me marier à ce moment-là, que je devais attendre deux ans et que si je le voulais encore, je pourrais me marier. Ils ont fait des tas d'histoires. Ils sont aller voir Marie à son travail et l'ont accusée d'être enceinte puis, ils m'ont menti. Ils m'ont dit que la mère de Marie s'opposait à son mariage mais j'ai reçu une lettre d'elle disant qu'elle pensait que c'était une bonne idée. Cela m'a mis dans tous mes états. C'est la seule fois que cela m'est arrivé.

«Quand mon affectation dans le Nord a pris fin, j'ai été envoyé dans l'Est et j'ai pu passer quelques jours chez moi en permission. J'ai revu Marie et nous avons envisagé de nous sauver, d'aller à New York mais, apparemment nous n'avons pas osé le faire; ensuite, je me souviens qu'un jour j'ai eu le sentiment que tout était perdu, que nous étions condamnés et que nous savions que les choses ne s'arrangeraient jamais. Quand je l'ai quittée ce jour-là, j'ai pleuré. Le lendemain, bien qu'il me restait encore un jour ou deux de permission, j'ai fait mes valises et je suis parti pour ma nouvelle affectation et pendant quelques temps je n'ai pas écrit à mes parents. Puis, un jour j'étais à New York et j'ai appelé l'hôpital où l'on m'avait dit que la sœur de ma mère était malade et j'ai appris qu'elle était morte et j'ai soudain senti que les choses n'étaient plus comme avant. J'ai téléphoné à ma mère et je lui ai dit que je rentrais à la maison et que je voulais lui écrire à nouveau. Ensuite j'ai écrit à Marie en lui disant qu'il nous fallait rompre et je lui ai demandé de me renvoyer mon insigne «Fraternity» (confrérie d'étudiants) mais elle ne me l'a jamais renvoyé; je savais bien que nous étions encore liés et quand je pensais à la façon dont nous avions rompu, je m'en voulais.

Je me suis beaucoup plu au service militaire et j'y ai très bien réussi tout en maugréant beaucoup. Je suis devenu spécialiste et j'ai été promu au grade de sergent; j'avais des gens qui travaillaient sous mes ordres. Tout allait drôlement bien. Pendant tout ce temps, j'ai été tenté de dire adieu à ma famille, mais je ne l'ai jamais fait. J'ai fait du travail administratif à l'armée et j'étais très heureux sauf quand j'avais le cafard. Alors mon père m'écrivit qu'il était en train d'acheter une nouvelle voiture et je lui ai demandé si je pouvais lui racheter son ancienne et il a répondu que oui; c'est ainsi qu'un week-end je suis descendu chez lui, j'ai pris ma voiture et je suis rentré au camp. Je pouvais ainsi me promener beaucoup en voiture; pendant l'été je suis allé sur les plages et j'ai rencontré une fille de la ville proche du camp. Nous nous sommes beaucoup liés. Ses parents ont été très sympathiques avec moi et nous sommes devenus très attachés l'un à l'autre. Mais, au début, je lui ai dit que c'était seulement pour nous amuser et que je n'avais pas envie de me lier sérieusement. J'ai senti que je devenais amoureux d'elle et il m'a été très difficile de lui dire que c'était de l'amour mais, avec le temps, je me suis bien rendu compte que c'était cela».

Anamnèse portant sur la période suivant son service militaire

«Quand j'ai quitté l'armée, ni l'un ni l'autre n'avons pu accepter le fait que nous n'allions plus nous revoir. Je détestais l'idée de rentrer chez mes parents. J'ai été tenté de rester avec elle, et ses parents n'auraient pas demandé mieux que de me garder. J'ai donc décidé que je retournerais à l'université mais je ne voulais pas passer de temps chez mes parents. J'ai donc pris des dispositions pour m'inscrire à l'université avant la date prévue; je n'ai passé que quelques jours à la maison. J'ai décidé de changer de sujet d'étude et j'ai choisi la sociologie. Pendant la première quinzaine, j'ai été heureux à l'université mais ensuite, le conflit ancien entre Marie, moi-même et mes parents s'est remis à me ronger; je ne me sentais plus tellement lié à Marie. Elle avait beaucoup changé. Elle ne prenait plus de ménagement avec les gens. Elle pouvait dire certaines choses et peu lui importait ce qu'on en pensait. Elle pouvait vexer les gens et je me souviens que je pensais que tout cela était la faute de mes parents et aussi la mienne. Je ne me plaisais plus à l'université mais j'avais de bonnes notes. J'ai recommencé à me sentir socialement inférieur et je ne pouvais pas étudier. Ça en est venu à un tel point qu'il me fallait vraiment faire un gros effort pour étudier et je détestais cela. J'étais à bout de nerfs. Je suis allé voir un médecin pour lui demander un tonique pour les nerfs et il m'a donné quelques somnifères, mais cela n'a servi à rien; mais, je ne sais vraiment pas ce qui a été la cause de tous ces ennuis à ce moment-là. C'est alors que j'ai décidé de quitter l'université et de partir pour l'Amérique du Sud».

Entretien avec la mère du malade

Cet entretien avec Madame S. s'est déroulé à l'hôpital général. Madame S. semble avoir entre 50 et 60 ans. Elle est de taille moyenne, menue, avec une allure retenue et pincée. Elle garde les lèvres très serrées et on dirait qu'elle doit véritablement faire un effort pour les ouvrir et en laisser sortir quelque chose. Elle est bien mise et prend son temps pour répondre à la plupart des questions comme si elle planifiait sa réponse. Madame S. n'a pratiquement jamais parlé de façon spontanée, mais on a dû lui poser des questions bien circonscrites afin d'obtenir d'elle des réponses sur des points bien particuliers. A part cela, elle avait tendance à dire que tout était normal ou que tout allait bien ou que tout était comme il fallait s'y attendre. Il convient de signaler que lorsque les parents ont appris l'état critique de leur fils, ils ont immédiatement pris l'avion pour Los Angeles. Pendant pratiquement la première semaine de son séjour à l'hôpital, ils ont été à son chevet nuit et jour. Ceci a continué, mais un peu moins, même après que le fils ait été déclaré hors de danger par les médecins de l'hôpital. «Nous avons toujours été très bons pour A., nous lui avons laissé faire tout ce qu'il voulait et nous n'avons jamais essayé de l'influencer d'une quelconque façon. Nous étions très contents de lui car il était toujours très obéissant et faisait, ce qu'à notre avis il fallait faire, même si nous n'avions pratiquement pas à exercer de pression sur lui pour qu'il le fasse». Madame S. a déclaré qu'avant d'être mariée, un médecin lui avait dit qu'elle ne pourrait jamais avoir d'enfant parce qu'elle avait une trompe utérine obstruée. Néanmoins, elle s'était fait traiter et elle a semblé prendre quelque plaisir à faire ressortir que, bien que le médecin lui ait dit qu'elle ne pourrait jamais être enceinte, elle avait pu concevoir. Elle s'est souvenue que A. semblait être un enfant très actif pendant qu'elle le portait. Madame S. a déclaré qu'elle et son mari avaient décidé d'avoir des enfants, qu'ils n'ont pas été déçus de ne pas en avoir eu un plus grand nombre; cependant, ils n'ont pas pris de mesures de contraception et «si d'autres étaient arrivés, ils auraient été les bienvenus». A. avait été un enfant normal a tous égards. C'était un nourrisson très actif et qui s'intéressait à tout. Madame S. a déclaré qu'elle et son mari avaient toujours traité leurs enfants de la même façon et qu'il n'y avait jamais eu de problème quant à la question de savoir quel sexe le père ou la mère préférait. Elle a souligné que les deux enfants avaient été désirés. «Quand A. était enfant, il habitait à la ferme avec nous et était très actif. Il jouait avec tous et était vif en tout point. Autour de nous, on admirait beaucoup nos enfants. Les autres enfants faisaient parfois des bêtises mais A. était obéissant. Il n'y a jamais eu de dispute ou de discussion quant à ses droits. Père et fils se ressemblaient comme deux gouttes d'eau. Ils bavardaient souvent ensemble et avaient des intérêts communs. A. était très lié avec sa sœur. Il aimait jouer avec des jouets et des animaux de la ferme et aidait quelquefois aux travaux de la ferme. A la fin, nous avons dû vendre la ferme à cause de la santé de mon mari. Nous nous sommes installés en ville où nous avons loué une maison et mon mari s'est mis à travailler. A. était un garçon très actif, tous les enfants l'aimaient bien. Il prenait sa part de responsabilités et il aimait cela. Il faisait beaucoup de sport mais, malheureusement, il avait une mauvaise vue; c'est pourquoi il a dû quitter l'équipe de base-ball bien qu'il fut un bon joueur. Il était très doué pour la musique qu'il aimait beaucoup. Il joue du violon et du trombone et y prend plaisir. Parfois, il ne travaillait pas pendant l'année scolaire mais travaillait l'été à la ferme et économisait de l'argent. Il a toujours participé, de son mieux, aux frais de la maison, sans que nous n'ayons jamais eu à le lui demander. Il n'aimait pas recevoir de l'argent. Il préférait travailler. Nous n'étions pas sévères avec les enfants sauf pour certaines choses, comme de ne pas les laisser aller trop souvent au spectacle, et de contrôler le genre de spectacle qui leur était offert. Par exemple, s'il y avait un film d'horreur ou quelque chose comme ça, nous leur demandions de ne pas y aller et ils obéissaient. S'ils voulaient aller à une soirée, ils devaient être rentrés à une certaine heure. Nous ne les laissions pas sortir trop tard. Nous ne les punissions jamais. S'il leur arrivait de ne pas faire ce qu'il fallait, nous leur parlions et nous leur expliquions ce que nous voulions. Nos enfants n'ont jamais refusé de faire ce que nous leur demandions; je ne sais pas si c'était du respect ou quoi. Je pense que A. et son père ont toujours été très liés et, je pense qu'il est plus lié avec moi. Je ne crois pas qu'il y ait eu avec A. d'autres problèmes que les plus courants. Nous nous sommes toujours expliqués entre nous très clairement.

« C'était le genre de garçon qui prenait toujours la défense des faibles. Je me souviens qu'une fois un professeur a fait échouer une étudiante, la jeune fille voulait demander la raison de son échec au professeur, mais elle n'osait pas le faire; A. était tout à fait furieux contre le professeur à cause de son attitude sévère. Il voulait frapper le professeur, même sachant que cela pourrait lui valoir son expulsion de l'école. Dès son plus jeune âge, il s'est toujours intéressé aux problèmes de l'actualité. Quand il rentrait à la maison, il mettait les nouvelles, et il était très préoccupé des choses terribles qui se passaient dans le monde. Une fois nous avons dû exercer notre autorité sur A. Il était au service militaire, il avait une amie Sud-Américaine, il était en permission et a commencé à la fréquenter et a décidé qu'il voulait l'épouser. Nous avons refusé parce que nous pensions qu'il était trop jeune et qu'il y avait trop de différences culturelles entre eux. Je crains que ce soit là la source de tous ses ennuis, je ne sais pas... Depuis que A. est rentré de son service militaire, il a pu avoir une liaison avec cette jeune fille.

« A. était très nerveux lorsqu'il est rentré du service militaire. Il a eu un officier très désagréable avec qui il a eu beaucoup de difficultés; je pense que c'est peut-être la raison de son acte. Il n'a passé à l'université que 5 semaines après avoir quitté l'armée et, brusquement, il a décidé d'abandonner. Je me souviens qu'un soir, avant qu'il n'ait commencé l'université, nous avons bavardé de la côté ouest où il était question qu'il aille, mais son départ de l'université nous a pris totalement par surprise. Il m'a juste quittée un soir et m'a dit qu'il avait abandonné l'université et qu'il estimait qu'il avait besoin de partir pour quelque temps; il n'avait même pas le temps de passer à la maison. Il n'avait pas eu de bons résultats à l'université. Je le sais parce que je suis allé chercher ses affaires et, bien entendu, j'ai essayé de savoir ce que je pouvais en ce qui concerne son départ. Ses amis m'ont tous dit qu'il avait l'air heureux et qu'il réussissait dans ses études. Personne n'a su pourquoi il partait».

Lorsque le psychiatre est venu pour la première fois dans la salle pour faire le bilan de la situation et commencer à interviewer A., ses parents étaient à son chevet. Le psychiatre a expliqué qui il était et quelles étaient ses fonctions dans l'hôpital. Madame S. a pris tout de suite une allure très soupçonneuse et a demandé à l'aumonier qui était avec eux s'il connaissait cette personne. Elle lui a demandé ses papiers et a demandé qui l'avait envoyé et, d'une manière générale, elle a été très hostile à ce qu'il ait un entretien avec son fils. Monsieur S. est resté la plupart du temps en retrait. C'est un homme d'environ 55 à 60 ans, assez corpulent et qui semble, d'une manière générale, un être assez passif. Il lui arrive quelquefois de se dégager des jupons de son épouse pour emprunter l'aspect extérieur bourru qui, à son sens, est attendu d'un homme. Dans l'ensemble, c'est elle qui domine le tableau et lui reste en retrait. Au cours de plusieurs brèves conversations avec le psychiatre, il a essayé de souligner certains aspects virils de sa propre personnalité et il a également adopté une attitude qui essayait de montrer que A. avait toujours été un garçon heureux et qui réussissait.

C. Lecture du thérapeute comportemental

Comme le dit Farberow dans son introduction, le type de données recueillies dans le cas de monsieur A.S. a été déterminé en fonction d'une orientation dynamique. Ces éléments sont donc moins pertinents pour un clinicien comportementaliste. Malgré cette limitation, il y a suffisamment de matériel que pour permettre au moins une analyse succincte susceptible de fournir au lecteur une idée de notre approche.

1. Analyse de la conduite suicidaire

Nous avons à faire à un comportement suicidaire qui n'est certainement pas impulsif. Quelques jours avant l'acte, le patient avait des ruminations suicidaires vis-à-vis desquelles il restait ambivalent. La préméditation est sans équivoque. Il a consulté plusieurs médecins de façon à se procurer une réserve suffisante de somnifères. Il ne semble pas que cela se soit déroulé dans un état de crise émotionnelle aiguë et brutale. Nous ne savons pas s'il a laissé une lettre. Aucun des éléments en notre possession ne nous permet de croire qu'il y a eu une communication préalable des idées de suicide.

L'application de l'échelle risque/sauvetage de Weisman et Worden (302) nécessite une certaine extrapolation. De nombreux renseignements manquent dans la description même de la tentative de suicide et surtout en ce qui concerne les facteurs de sauvetage. Il paraît cependant raisonnable de s'imaginer que l'acte a eu lieu dans un logement étudiant et que A.S. a été découvert, par hasard, par un autre étudiant, plus de quatre heures après l'ingestion de somnifères. Dans cette hypothèse, l'échelle nous montre un score final de 80, ce qui correspond à une tentative de suicide de léthalité sévère (cf. tableau n° I). Selon la classification que nous proposons, il semble s'agir plus d'une tentative de suicide au sens réel du terme, c'est-à-dire d'un suicide manqué et non pas d'un parasuicide : le sujet n'a pratiquement rien mis en œuvre pour être sauvé, il a absorbé une grande quantité de produits dangereux (75 capsules de barbituriques), son état a nécessité des mesures médicales importantes (trachéotomie et respiration artificielle). Il a présenté un coma prolongé et quelques légers signes d'atteinte cérébrale organique (cf. tableau n° I).

Tableau I
Echelle risque-sauvetage
(cf. annexe II)

Concerne : A.S.

Facteurs de risque	*Facteurs de sauvetage*
a) Moyens utilisés :	a) Lieux :
1. *Ingestion*, entaillade, arme blanche	3. Familiers
2. Noyade, asphyxie, strangulation	2. *Non familiers, non isolés*
3. Défenestration, arme à feu	1. Isolés
b) Altération de la conscience :	b) Premier sauveteur :
1. Pas d'altération	3. Proche
2. Confusion, semi coma	2. Professionnel
3. Coma, *profond coma*	1. *Passant*
c) Lésions/intoxication :	c) Probabilité d'être découvert par un sauveteur :
1. Faible	3. Elevée, presque certaine
2. Modéré	2. *Découverte incertaine*
3. *Sévère*	1. Découverte accidentelle
d) Réversibilité :	d) Accessibilité à être sauvé :
1. Bonne, pronostic de guérison complète	3. Appelle au secours
2. Satisfaisante, pronostic de guérison non immédiate	2. Donne des repères
3. *Soins intensifs*, traitement spécial	1. *Plus de 4 heures*
Total des points : [11]	*Total des points :* [6]
Score de risque : [4]	*Score de sauvetage :* [1]
5. Elevé (13-15)	1. *Faible (5-7)*
4. *Modérément élevé* (11-12)	2. Modérément faible (8-9)
3. Moyen (9-10)	3. Moyen (10-11)
2. Modérément bas (7-8)	4. Modérément fort (12-13)
1. Bas (5-6)	5. Fort (14-15)

$$SCORE\ RISQUE/SAUVETAGE = \frac{Sc.R. \times 100}{Sc.R. + Sc.R.} = 80$$

Par contre, l'échelle d'évaluation du risque de récidive au cours des douze prochains mois (40) montre seulement un score de 1: il y a donc peu de chances que ce patient ne récidive à aussi court terme.

Un élément certainement important dans l'évaluation de cette crise suicidaire est la description donnée par le sujet de son état dans les jours précédents. Depuis plusieurs semaines, il se plaignait de perte d'intérêt dans quasi toutes ses activités et celà, même face à des événements a priori agréables comme l'obtention de bonnes notes à l'université ou un voyage touristique en Amérique du Sud. Par ailleurs, il signale des troubles du sommeil, de l'asthénie, une difficulté de concentration et des idées de suicide. Ce patient satisfait donc tout à fait les critères du DSM-III pour un diagnostic de trouble dépressif majeur (4').

Une occasion d'éviter le passage à l'acte a été manquée. Malgré les symptômes identifiables d'état dépressif, aucun des médecins consultés peu avant l'acte n'a proposé une prise en charge spécifique pour dépression. Au contraire, ils ont prescrit des barbituriques et non pas des antidépresseurs. Nous n'avons bien entendu pas de renseignement

Tableau II

Type de conduite suicidaire:
  Acte prémédité.
  Pas de communication antérieure des idées de suicide.
  Tentative de suicide (suicide manqué).
  Léthalité potentielle élevée (échelle risque-sauvetage).
  Risque de récidive à court terme (12 mois): faible.

Diagnostic psychiatrique (DSM-III):
  Trouble dépressif majeur.

Mécanisme de base:
  Echappement.

Facteur déclenchant:
  Chaîne causale complexe (Succession d'échappements successifs).

Facteurs prédisposants:
Principalement: manque d'affirmation de soi.
            faible capacité de gestion des émotions.
            faible capacité au niveau des relations interpersonnelles.
Accessoirement: niveau d'aspiration élevé.
            faible capacité de solution de problème.

sur le contenu des entretiens que le sujet a eu avec ses médecins. Il serait utile de savoir s'ils ont recherché l'existence d'idéations suicidaires. Nous n'avons non plus aucun renseignement sur la présence éventuelle de suicide dans la famille du sujet ni sur celle d'une hérédité familiale dépressive. Nous ignorons tout quant à une idéation suicidaire antérieure chez le sujet. Nous n'en savons pas plus quant à des menaces éventuelles de suicide dans son passé.

En résumé, nous avons donc affaire à une première tentative de suicide de léthalité élevée, non impulsive, dans le cadre d'un état dépressif majeur, apparemment non diagnostiqué (cf. tableau n° II).

2. Evénements déclenchants

Il n'y a pas eu, juste avant la tentative de suicide, un événement déclenchant net. Nous voyons plutôt une chaîne causale se déroulant sur deux ans environ. Le noyau de départ semble être son incapacité à déplaire à ses parents. Il dit lui-même qu'il ne se reconnaît pas le droit de s'opposer à leur volonté. A partir du moment où il veut se marier avec Marie, la jeune Sud-Américaine, et qu'il se voit opposé un refus formel de la part de ses parents, il est confronté directement à cette règle. Elle lui interdit de s'affirmer face à eux. Il va dès lors mettre en place trois essais successifs de solution, tous à base d'échappement, avant d'en arriver à un quatrième essai qui sera la tentative de suicide, elle-même à valeur d'échappement. La première solution qu'il met en œuvre est de devancer son engagement à l'armée. Il dit à ce sujet : « j'ai dit à mes amis que je m'engageais pour en finir avec mon service militaire et profiter des avantages accordés aux anciens soldats. La vraie raison était fuir ce terrible problème ». Cette décision l'oppose à sa mère, mais d'une façon culturellement beaucoup mieux admise. Les garçons doivent faire leur service militaire à un moment ou l'autre ! Il continue à être en contact avec son amie Marie. Lors de ses permissions, il peut constater que l'opposition de ses parents à l'égard de cette relation ne fait que croître. Il envisage à un moment de se sauver avec elle à New York mais ne s'y résoud pas. Au contraire, il se dit finalement que tout est perdu, que leur relation est condamnée. Et de nouveau il fuit en devançant la fin de sa permission et en décidant dans la foulée de couper le contact avec ses parents auxquels il n'écrit plus. Encore un comportement d'échappement ! Quelques temps après, il apprend le décès de sa tante maternelle et se sent obligé de renouer le contact avec sa mère. Pour ne plus être pris entre ses parents et Marie, il recourt à la mise en place d'une deuxième solution : il rompt avec Marie. Il en résulte une sensation de mieux être. Il devient sergent et trouve de réelles satisfactions dans son service militaire. Il noue une nouvelle relation amoureuse. Il dit qu'à la fin de son service, il fut tenté de rester auprès de cette nouvelle amie. Cependant, nous apprenons, sans autre précision, qu'il a renoncé à cette solution. Il est finalement retourné chez ses parents pour retrouver Marie. Mais la relation avec Marie est maintenant devenue doublement aversive. D'abord par l'attitude négative des parents. En outre Marie elle-même semble avoir changé (peut-être suite à la première rupture). Elle est plus acariâtre dans le contact. Face à cette situation pénible, il recourt à son troisième essai de solution : en un après-midi, de façon impulsive, il décide et organise un voyage en Amérique du Sud «pour oublier». Ce périple ne lui apporte pourtant pas la paix escomptée. Il revient encore plus dépressif. C'est alors que, semble-t-il, la solution suicidaire (quatrième essai de solution à base d'échappement) commence à poindre en lui...

3. Analyse de la réponse du milieu

Dès que les parents apprennent l'état critique de leur fils, ils prennent immédiatement l'avion pour Los Angeles. Pendant pratiquement toute la première semaine de son hospitalisation, ils restent à son chevet nuit et jour. Une fois le fils déclaré hors de danger, ils continuent à le veiller de la même façon. La mère cherche très vite à le couper de tout contact autre que sa famille nucléaire. Lorsque le psychiatre se présente au chevet de son fils, elle vérifie auprès de l'aumônier qu'il s'agit bien d'un médecin, exige qu'il présente ses papiers, demande de façon soupçonneuse qui l'a envoyé. D'une manière générale, elle est très hostile à ce que ce praticien ait un entretien avec son fils. Interrogée, elle donne une image idéalisée de son fils et de leur relation commune : «il était toujours très obéissant... nous n'avions pratiquement pas exercé de pression sur lui... un nourrisson très actif et qui s'intéressait à tout... on admirait beaucoup nos enfants... il n'y avait jamais eu de dispute ou de discussion quant à ses droits... nos enfants n'ont jamais refusé de faire ce que nous leur demandions... nous nous sommes toujours expliqués entre nous très franchement...». La mère semble donc avoir développé une conception dichotomique de son fils : elle ne perçoit pas ses difficultés possibles et ses faiblesses. Elle est plutôt laconique concernant leur conflit au sujet de son souhait d'épouser Marie. Elle l'évoque brièvement comme une des causes possibles de l'acte suicidaire. Mais elle affirme immédiatement après que la cause réside plutôt dans ses relations difficiles avec un officier pendant son service militaire.

Ces constatations font craindre que dans le futur, la mère ne fasse tout pour gommer l'existence même de cette crise suicidaire : cet acte gâche en effet le tableau quelque peu idyllique qu'elle aime à donner de leur famille et de ses relations avec son fils. La mère risque donc de faire obstacle à l'établissement d'une relation psychothérapeutique pourtant bien nécessaire au patient, et d'être l'alliée de son fils dans une nouvelle solution d'échappement : la rupture du contact avec le monde médical et psychothérapeutique, « l'oubli » volontaire de la tentative de suicide et des conflits qui y ont amené. Ce trio pourrait de cette façon se refermer sur lui-même tel un hérisson menacé par les entreprises du monde extérieur et plus spécifiquement par celles du monde médical.

D'un autre côté, il est évident que le patient a obtenu des renforcements positifs suite à sa tentative de suicide sous la forme d'une mise en alerte maximale, à son bénéfice, du système familial. Il serait utile de savoir ce qu'il en est advenu de l'opposition parentale au mariage avec Marie. Les parents ont-ils cédé ? Au contraire, ont-ils récupéré leur fils par le biais de l'un ou l'autre cadeau de compensation (nouvelle voiture, paiement d'études, ou encouragement à l'installation dans un rôle de dépendance « dorée »)? La passivité observée chez ce patient, sa façon de rester allongé de façon exagérée et sa tendance à dramatiser la situation sont sans doute renforcés actuellement par sa famille. Sa mère doit préférer cette attitude à une opposition ou à de l'hostilité.

4. Contrat de non suicide

Il ne semble pas y avoir de risque de récidive à très court terme. Bien entendu, nous souhaiterions savoir s'il persiste actuellement chez le patient des idées de suicide. La stratégie réaliste serait de passer avec lui un contrat de non suicide de protection pour une durée de temps limitée dans la mesure où il persisterait actuellement des idées de suicide. Pendant cette période de temps, il y aurait lieu d'établir une relation thérapeutique, de formuler l'hypothèse de travail à partir des éléments d'analyse fonctionnelle pour proposer enfin un contrat thérapeutique de non suicide spécifique aux difficultés de A.S.

Signalons ici que même lorsque les idées de suicide ont actuellement disparu, il est utile d'expliquer le concept de contrat de non suicide et d'en discuter les implications.

5. Eléments d'analyse fonctionnelle

Les éléments d'anamnèse mettent en évidence un certain nombre de cibles thérapeutiques possibles chez ce sujet :

a) *Affirmation de soi* : le patient semble avoir de très nets déficits dans son répertoire comportemental à cet égard.

1. Il ne se reconnaît pas le droit d'avoir une volonté autonome différente de ses parents.

2. Confronté à des difficultés avec un supérieur à l'armée, il se sent incapable de le contredire et de s'affirmer. Il produit, au contraire, une réponse émotionnelle fortement somatisée (une diarrhée).

Lorsqu'il est en conflit avec ses pairs ou qu'il a l'impression de ne pas être aimé, la seule réponse dont il est capable est de se battre. De même, face à l'injustice d'un professeur, il n'envisage pas d'aller verbalement lui manifester sa réprobation, mais à nouveau il veut frapper. En conclusion, il est limité à deux réponses extrêmes et peu adaptatives : soit la soumission suite à l'interdiction de déplaire, soit la réponse violente et physique. Il y a là matière à traitement : modification cognitive des croyances quant à ses droits à l'égard d'autrui et plus spécifiquement de ses parents, et apprentissage comportemental quant à la façon de manifester son désaccord verbalement et non plus physiquement.

b) *Niveau d'aspiration trop élevé* : marqué sans doute par le modèle de sa mère et par l'image qu'elle se plaît à donner de lui, le sujet a développé à son propre égard, des exigences de fonctionnement irréalistes. Il veut toujours être un des meilleurs ou être le chef mais sans succès. Il vise plus haut que ses potentialités ! Par moment, par exemple à l'école secondaire, il se résigne à ne pas être parmi le groupe de tête et se sent paradoxalement mieux à cette époque. Le plus souvent, ses aspirations excessives aboutissent à une conviction d'incapacité personnelle à faire face. Il s'agit là manifestement d'une cognition dépressogène.

c) *Faible capacité de solution de problèmes* : à de nombreuses reprises, lorsqu'il ne parvient pas à atteindre son souhait de départ, il ne semble pas capable d'élaborer des buts transitoires ou alternatifs. C'est le cas par exemple lorsqu'il veut à tout prix sortir avec les filles de son école secondaire qui ont le plus de succès. Face à ce refus, il n'imagine pas ou n'accepte pas comme solution alternative la possibilité de demander des rendez-vous à d'autres filles.

d) *Faible capacité de gestion des émotions* : il signale qu'il est difficile de communiquer ses émotions et cela depuis l'enfance. Par exemple, lorsqu'il connaît la deuxième fille, il décrit sa difficulté importante à lui dire qu'il l'aime. De même, il semble avoir eu beaucoup de difficultés à exprimer les émotions négatives, par exemple à l'égard d'un professeur ou d'un supérieur à l'armée. Il a certainement cette difficulté, voire cette impossibilité, à l'égard de ses parents. Dans un état émotionnel important, il se paralyse à la pensée de son incapacité à communiquer valablement. Il présente même une fois une réaction physiologique émotionnelle intense lorsqu'il est confronté de façon répétitive avec son incapacité à se défendre face à un supérieur à l'armée.

e) *Faible capacité au niveau des relations interpersonnelles* : le patient semble dépendre avant tout d'un lien émotionnel assez exclusif avec sa famille. Il échoue tant dans ses relations avec ses condisciples qu'avec Marie, puis avec une autre jeune fille. De ce fait, cela augmente certainement sa dépendance à l'égard de ses parents et sa fragilité émotionnelle. Il faut souligner qu'il paraît également défaillant dans les capacités relationnelles nécessaires pour établir des interactions réciproquement satisfaisantes avec d'autres êtres humains. Lorsque Marie est attaquée par ses parents, il ne paraît guère la soutenir. Son récit fait preuve de peu d'empathie à l'égard de cette jeune fille. De même, il se décrit amoureux d'une autre jeune fille : il le lui a finalement déclaré, mais semble avoir rompu assez aisément et sans beaucoup de considération apparente pour le vécu affectif de cette autre jeune fille.

6. Plan de traitement

La première question est de se demander s'il y a lieu de traiter ce patient. Cette tentative de suicide ne paraît pas un acte isolé. Elle s'inscrit au contraire dans une stratégie défectueuse d'adaptation face aux problèmes : l'échappement systématique. S'il n'y a pas de risque suicidaire à court terme, il y a certainement des risques sérieux de suicide au long court dans la vie de cet homme. En outre, il a certainement présenté avant la tentative de suicide un état dépressif majeur lui-même justifiable d'un traitement. En un premier temps, il faudrait vérifier la persistance ou non de l'état dépressif majeur. Dans l'affirmative, un traitement spécifique devrait être instauré. Une des tâches urgentes sera de faire comprendre au patient que la tentative de suicide est en elle-même un signe d'alarme bénéfique. Cette crise le confronte en effet avec la nécessité pour lui d'élaborer de nouvelles solutions face aux difficultés de son existence.

Au départ, une approche très médicale sera probablement plus facilement acceptée. Le patient risque en effet de se rebiffer, avec le soutien et les encouragements de son environnement familial, si on le met d'emblée face à ses carences en affirmation de soi, principalement à l'égard de la surprotection et de l'envahissement de sa mère. Il serait beaucoup plus intéressant de commencer par proposer une mise au point biologique d'un état dépressif. Ceci rassurera tant le patient que sa famille. La faible capacité relationnelle de l'intéressé et l'absence de relation amicale profonde montre qu'il ne sera pas très facile d'établir une relation thérapeutique solide avec lui. En un premier temps, il pourrait donc être utile de l'encourager à exprimer ses cognitions négatives: sentiment d'infériorité, échecs successifs, sentiment d'impuissance face au dilemme Marie-parents. Une écoute attentive et encourageante devrait permettre de commencer à construire la relation et de valoriser le sujet par l'intérêt qui lui est porté à travers son histoire.

Ce n'est qu'ultérieurement qu'un plan thérapeutique plus systématique pourra lui être éventuellement proposé avec formulation d'une hypothèse de travail. Il faudra à ce moment prendre garde à ce qu'il ne puisse pas ressentir ce contrat thérapeutique comme menaçant à l'égard de sa relation avec sa mère.

En fonction des éléments relevés à l'analyse fonctionnelle, il pourrait être proposé au sujet l'hypothèse suivante: «vous venez d'une famille très unie. Vous avez cherché à plaire à vos parents. Il ne vous a donc guère été donné l'occasion d'affirmer plus nettement votre personnalité. Ceci vous a sans doute été rendu également plus difficile par le fait que vous êtes quelqu'un de très sensible ayant des réactions émotionnelles vives lors de difficultés avec autrui. Vous vous heurtez d'ailleurs au même type d'obstacle lorsque vous êtes dans une situation relationnelle difficile avec un supérieur ou une femme qui vous attire.

Vos parents et surtout votre mère ont beaucoup d'attente à votre égard. Vous vous êtes efforcé d'y répondre, ce qui n'a pas dû être aisé tous les jours. Ceci a abouti au fait que vous vous êtes souvent senti coincé entre la nécessité d'atteindre un but très élevé ou l'échec irrémédiable. Vous n'avez guère appris à viser des niveaux intermédiaires.

L'ensemble de ces considérations explique que vous vous êtes un certain nombre de fois dans votre vie retrouvé coincé dans une impasse. La solution que vous avez adoptée à ce moment est de fuir : soit à l'armée, soit à l'université, soit en Amérique du Sud, soit... enfin, par une tentative de suicide.

Pour éviter de vous retrouver ultérieurement dans une situation semblable, Ql me semble que vous aurez à apprendre un certain nombre de choses : affirmer votre personnalité au risque de déplaire occasionnellement à votre mère, contrôler vos réactions émotionnelles, diversifier vos buts existentiels et vos aspirations.

Pour chacun de ces objectifs thérapeutiques, nous disposons de plusieurs techniques particulières. La relaxation et la désensibilisation systématique pourraient vous aider à apprendre à mieux contrôler le niveau de vos émotions dans des situations de vie difficiles pour vous. L'apprentissage de l'affirmation de soi devrait vous permettre de dire occasionnellement non à vos parents sans vous sentir coupable pour autant pourrait vous apprendre à mieux gérer les situations où vous vous sentez en colère ou amoureux. L'entraînement à la recherche des solutions de problèmes est susceptible de vous aider à imaginer d'autres solutions que la fuite lorsque vous êtes dans des situations existentielles très difficiles.

Je vous cite ces techniques avant tout pour que vous sachiez qu'il y a des réponses spécifiques aux problèmes qui me semblent fondamentaux dans votre cas. Avant toute chose, j'aimerais connaître votre réaction à la façon dont je résume les difficultés qui vous ont amené à la tentative de suicide actuelle. Ceci vous paraît-il une explication adéquate ? Voyez-vous certains éléments que j'aurais oubliés et qui vous paraissent particulièrement importants ? Au contraire, certains aspects vous paraissent-ils erronés ?... ».

A partir de la réaction du sujet à cette première esquisse d'une hypothèse, le dialogue va viser à tomber d'accord sur un schéma explicatif et en tirer les conclusions pour un plan de traitement commun. Mais ceci est déjà une autre histoire...

D. Point de vue du thérapeute hospitalier

Lorsqu'on discute l'observation de A.S., deux commentaires préliminaires s'imposent au thérapeute hospitalier.

Tout d'abord la notion de territoire se surajoute et complique la consigne de proposer un schéma de traitement psychothérapique. Bien plus, c'est le terrain hospitalier même, ses effets et ses contingences que nous allons étudier prioritairement. En effet la définition d'une stratégie thérapeutique, le choix spécifique d'une technique psychothérapique, ou bien sont faits à l'hôpital même et par conséquent dépendent fortement de la structure hospitalière au sens large, ou bien sont envisagés dans un temps ultérieur et alors le rôle du thérapeute hospitalier apparaît réduit à celui d'un relayeur, d'un collecteur de données préparant un travail psychothérapique où il n'aura lui-même aucune part active. De façon implicite, c'est ce deuxième aspect qui semble privilégié dans l'observation de A.S.

Ensuite, il est étonnant d'observer le peu de données hospitalières ou médicales. Le rôle et la fonction de l'hôpital mais aussi ses effets directs ou à plus long terme ne sont pas abordés. S'il apparaît bien que les raisons de l'admission hospitalière sont d'évidence médicale, que le statut commateux a nécessité une surveillance et des soins attentifs, on devine qu'il n'y a aucune séquelle ni indication d'un traitement médical ou médicamenteux postérieur mais on n'en est pas certain. Il n'est envisagé aucune date de sortie. Alors que nous possédons de nombreux éléments de biographie concernant divers domaines tels que vie familiale et affective, sexualité, service militaire, vie universitaire, nous ne savons rien de l'anamnèse toute récente, de la relation de A.S. avec médecins et para-médicaux, avec les autres patients, avec la structure même.

Ce manque de données nous paraît important et significatif car ce passage par l'hôpital est un élément de vie tout à fait important pour A.S. : qu'il s'inscrive dans le démarrage de la psychothérapie ou qu'il s'agisse d'un temps de transition préliminaire à celle-ci. On ne peut méconnaître l'importance du vécu hospitalier de A.S. Cette remarque est donc en soi-même un premier élément de conclusion, à savoir que le passage par l'hôpital apparaît comme un fait médical plus qu'un fait de vie, qu'on n'en retient la composante technique mais qu'on en ignore trop souvent l'impact psychologique.

La fonction de l'hôpital

Le fait hospitalier intervient dans la vie de A.S. à deux reprises, de façon très dramatique. Tout d'abord, se trouvant à New York, il est appelé à l'hôpital en raison de la maladie de sa tante et il apprend la mort de celle-ci. Alors qu'il avait interrompu ses contacts avec le milieu familial et qu'il n'écrivait plus à ses parents, A.S. téléphone à sa mère, il lui annonce son intention de renouer un contact épistolaire et même de revenir à la maison : en même temps, il écrit une lettre de rupture à son amie Marie. Le deuxième contact avec l'hôpital est bien entendu l'épisode actuel : le moment est également marqué de drame et de l'ombre de la mort, cette fois il s'agit de sa propre hospitalisation et les médecins arriveront de justesse à lui sauver la vie. Ici aussi, le rapprochement avec la mère est évident et il fait suite à une tentative de rompre avec sa famille et de repartir seul : peu avant le geste suicidaire, il s'était même rendu en Amérique du Sud dans l'espoir d'y trouver l'oubli. Le rapprochement du fils et de la mère est net : le couple parental arrive immédiatement en avion, il ne quitte pratiquement pas le chevet de A.S. nuit et jour pendant la première semaine du séjour hospitalier. On nous apprend que cette présence reste intensive lorsque le fils est déclaré hors de danger par les médecins. Même s'il s'agit du couple des parents, il est difficile de ne pas mettre en exergue la mère, décrite comme puissante et possessive, gérant la situation, exigeant par exemple sur un mode soupçonneux de voir les papiers du psychiatre, de connaître les raisons de sa présence au chevet du malade. Il apparaît donc une fonction spécifique à l'hôpital qui est celle de rapprochement entre la mère et le fils. Cette fonction s'applique dans un contexte dramatique et de mort. Le fait hospitalier se présente comme un allié objectif de la mère, de son désir de rapprochement et de contrôle du fils. Il est intéressant de noter les problèmes de santé apparus préalablement lors des tentatives de A.S. de s'éloigner du milieu familial, par exemple, le voyage en Amérique du Sud, l'université, l'armée. A l'université ce sont les examens qui le rendent nerveux et malade, à l'armée ce sont les tracasseries d'un supérieur hiérarchique qui entraîneront le même effet. De façon schématique, on peut imaginer une sorte de crescendo de tension émotionnelle et psychologique où progressivement A.S. tente de s'éloigner de sa mère avec une difficulté et l'apparition d'une morbidité croissantes — un peu comme quelqu'un qui ferait traction à une corde, attrapant ampoules et éraflures douloureuses aux mains —, puis c'est l'escalade brutale, l'hôpital et la fantaisie mortuaire, le retour auprès de la mère — ce serait ici la rupture subite de la corde arrachant tout sur son passage.

La mère et la mort

A travers le récit hospitalier de A.S., nous pouvons imaginer facilement deux personnages pleins de puissance, s'affrontant dans une lutte sans merci pour la possession du malade: la mère et la mort. Nous ne voulons pas ici analyser cette imagerie symbolique, même si une telle analyse nous semble avoir pleinement sa place dans le travail psychothérapique chez ce patient: nous nous en tenons à l'observation des faits. L'impact de la mort est évident: la tentative de suicide est grave sur le plan médical, il y a coma profond. L'hôpital apparaît d'ailleurs caricaturé comme un champ de bataille où la mort l'emporte, et c'est le cas de la tante, ou perd sa proie, et c'est le cas de A.S. En dehors de ce combat, il ne nous est quasiment rien dit sur la vie hospitalière, sur l'impact de la structure auprès du patient, sur le rôle des équipes soignantes, sur l'impact des autres patients auprès de lui. Seul le psychiatre est individualisé en tant qu'intervenant, encore est-il décrit comme un interrogateur et un collecteur de données bien plus qu'un thérapeute. L'importance de la présence de mort au sein de l'hôpital ne nous a pas étonné, nous avons par contre été surpris que la mère puisse assumer tant de puissance et d'autorité concrète dans l'hôpital. Elle s'y installe nuit et jour, elle y connaît l'aumônier, le psychiatre et probablement bien le restant des équipes, elle a apparemment un contrôle actif de la situation.

Avantages et désavantages de l'hospitalisation

Les avantages de l'hospitalisation sont évidents. Il n'existe pas de volonté suicidaire durable et la tentative s'est faite sur un mode assez impulsif, l'hôpital a permis un encadrement médical qui a sauvé la vie de A.S. et qui l'a remis en bonne santé physique, apparemment sans séquelle; A.S. et les autres personnes concernées ne peuvent donc que se féliciter de l'intervention hospitalière. Il va de soi que le choix de l'exemple évite toute interrogation sur la raison d'être du maintien hospitalier dans les premiers temps de la tentative de suicide. Dans un chapitre antérieur, nous avions souligné combien la gravité des symptômes médicaux simplifiait la tâche de l'équipe soignante et du psychiatre. L'étude d'un cas où l'état du malade ne nécessiterait pas de surveillance hospitalière sur le plan strictement médical, impliquerait d'autres interrogations et réactions du patient et des proches: mais... ceci serait une autre histoire.

Un autre avantage est la préparation au suivi psychothérapique. Le psychiatre a rencontré son patient à cinq reprises, il a collecté des données auprès des parents, il a un nombre considérable d'informations anamnésiques et de biographie. Bien plus, bien que cet aspect ne soit pas abordé, on suppose que la mise au point organique et biologique a permis l'exclusion d'une pathologie somatique associée.

Enfin, on peut supposer que le psychiatre ne s'est pas limité à une collecte de données mais qu'il a déjà préparé le terrain et sensibilisé son patient à une prise en charge psychothérapique ultérieure.

D'autres avantages ou désavantages liés à l'hospitalisation ne peuvent qu'être évoqués. Quelle sera l'impact à court et à long terme de l'hospitalisation sur le plan psychologique? Quand et comment va se faire la sortie d'hôpital? Un travail psychothérapique sera-t-il entamé avant ce départ, et de quelle façon?

Il n'y a pas de conclusion à notre chapitre, l'observation de A.S. est plus un préambule qu'une fin. Notre espoir, ce que nous aimerions qu'il soit rédigé dans une hypothétique suite à cette observation, c'est que la période de vie de ce patient entre son entrée hospitalière et le moment de sa sortie soit un moment plein de l'après-tentative de suicide, peut-être même déjà la charpente de sa psychothérapie.

E. Perspective rogérienne

Le but que nous nous proposons d'atteindre en analysant ce cas n'est pas de présenter un diagnostic psychiatrique précis mais de comprendre comment A.S. est arrivé à considérer le suicide comme la seule voie possible pour résoudre une situation critique et pourquoi les autres tentatives de trouver une solution à ses problèmes ont échoué, ceci en faisant référence à la théorie rogérienne de la personnalité et de son dysfonctionnement et à la conception de la crise suicidaire telle que nous l'avons développée précédemment.

Nous émettrons ensuite quelques réflexions sur les implications thérapeutiques d'un tel cas.

Analyse du cas

A la lecture du cas, nous avons été frappé par les signes évidents d'incongruence de la mère de A.S. qui ont eu des répercussions sur son développement psycho-affectif.

Il s'agit d'une personne rigide, sans spontanéité aux dires des psychiatres. Elle fait référence à «une normalité» plutôt qu'à la réalité de ses sentiments.

«Tout était normal, tout allait bien, tout était comme il fallait s'y attendre».

«A. est normal à tous égards».

C'est une personne peu consciente de ses contradictions et de la dualité des demandes et des messages qu'elle fait passer.

«Nous avons toujours été très bons pour A., nous lui avons laissé faire tout ce qu'il voulait et nous n'avons jamais essayé de l'influencer de façon quelconque».

«Il faisait ce qu'à notre avis il fallait faire».

Mère dominatrice, elle cache ses tendances sous un masque de permissivité, de non punitivité voire de mère martyre («elle se sacrifiait»).

A.S. faisait ce qu'il voulait mais il lui était interdit de se battre, il lui était interdit d'entretenir des relations avec la jeune fille de son choix, il lui était interdit d'être selon son désir à lui.

Il faisait tout ce qu'il voulait mais elle lui a toujours imposé un modèle idéal de petit garçon, d'homme ensuite, paradoxal dans sa dualité mais auquel il était obligé de se conformer sous peine de perdre son approbation et son amour.

Elle lui disait en quelque sorte : j'aime les gens doués, assumant des responsabilités, travaillant dur, actifs mais toi, sois passif, obéissant, ne te bats pas, ne manifeste pas ton agressivité, ta combativité.

Ce modèle de passivité et d'échec permettait à la mère de se valoriser au sein des relations familiales.

«C'est une femme qui travaille dur, aime assumer des responsabilités, briller, diriger, se sacrifier pour les autres, assumer toutes les tâches ménagères».

«Elle se comportait de façon à ce que son entourage se sente inférieur».

«Elle aimait avoir l'occasion de travailler et ainsi de montrer qu'elle était très compétente».

Il n'entre cependant pas dans notre propos d'approfondir ce point particulier.

Elle refuse de voir son fils dans sa réalité (échecs scolaires et sentimentaux, combativité etc.) pour le conformer à l'image idéale qu'elle exige de lui. Dans la description qu'elle fait de lui, elle ne retient que les aspects positifs. A.S. en a conscience quand il dit: «Ma mère était toujours en train de me monter en épingle et se vanter à tout un chacun en parlant de moi et chaque fois que quelqu'un venait nous voir, elle leur expliquait que j'étais un garçon extraordinaire».

Sa perception diffère de la perception que A.S. a de lui-même. Relevons deux exemples :

La mère dit: «Il était très doué pour la musique qu'il aimait beaucoup. Il joue du violon et y prend plaisir».

A.S. : «J'ai joué du violon mais je n'étais pas très bon».

La mère le décrit comme « un homme très actif » alors que A.S. se considère comme quelqu'un de passif, soucieux de plaire.

Apparemment l'éducation donnée par les parents est permissive. Ils ne punissent pas et laissent faire à leurs enfants leurs propres choix. En réalité, la rigidité est importante et la mère réagit aux échecs par des pleurs et du chantage affectif : « Elle nous disait qu'elle aurait beaucoup de chagrin si nous faisions quelque chose de mal ».

Cette situation floue augmente le malaise de A.S. Il aurait eu besoin de structure et de discipline.

Il faut noter que dans un milieu plus structuré comme celui de l'armée, A.S. réussissait bien.

Le père était présent physiquement mais semble jouer un rôle moins décisif que la mère. C'était quelqu'un de passif, qui « n'a jamais bien réussi dans ce qu'il entreprenait ».

Confronté à cette mère incongruente, très « capable » mais qui ne satisfaisait pas les besoins fondamentaux de considération positive et à laquelle il était très lié émotionnellement, A.S. n'a pu bénéficier au cours de son enfance d'une atmosphère d'acceptation inconditionnelle le rendant capable de développer un processus organismique valorisant. Quelques traits de personnalité que nous avons relevé en témoignent :

- dépendance (indécision - inaptitude à se libérer de ses parents - désir de « plaire à toute force »);
- passivité (fuite des problèmes - « obéissant »);
- impulsivité (prend ses décisions sur des coups de tête);
- flexibilité des sentiments (il est attaché à Marie mais il pense qu'il est amoureux d'une autre jeune fille);
- inhibition de l'expression de l'agressivité et des sentiments (« communique peu », ne montre pas beaucoup ses émotions, éprouve des sentiments mais les cache);
- image négative de soi (sentiment d'échec);
- sentiment d'infériorité (à cause de sa petite taille, des emplois peu importants de son père).

Pour se sentir aimé, approuvé, accepté par sa mère (personne critère la plus importante pour lui), A.S. a dû expérimenter comme siennes des valeurs introduites de l'extérieur qui n'allaient pas nécessairement dans le sens de son épanouissement.

Un désaccord s'est installé entre ce que ressent profondément A.S. dans son expérience et l'évaluation qu'il a faite sienne de son expérience par autrui. Il se juge avec les yeux de sa mère.

A.S. est devenu incapable de prendre face à lui-même et à ses expériences une attitude indépendante des conditions externes. Il préfère être accepté par sa mère que réaliser sa propre expérience.

Lorsqu'il rencontre Marie, la contradiction qui existe entre son propre désir et le jugement d'autrui (ses parents) intériorisé qui le désapprouve, apparaît plus nettement.

D'une part, il désire faire sa vie avec Marie dans une relation qui est satisfaisante pour lui et, en s'attachant à elle, se libérer de l'emprise de ses parents.

D'autre part, il souhaite maintenir les liens qui l'unissent à ses parents et conserver ainsi leur amour et leur approbation.

«Je ne pouvais pas m'opposer à la volonté de mes parents et je ne comprends pas pourquoi ils étaient si méchants».

La subception de cet état de désaccord engendre un malaise profond (déjà latent) et angoisse A.S. Il se sent mal et perd tout intérêt pour le travail scolaire.

«J'avais le sentiment que tout était perdu».

Pour sortir de cette situation conflictuelle, A.S. va rechercher des solutions qui, en fonction de sa personnalité seront des réactions impulsives de fuite d'une réalité dérangeante.

Il s'engage au service militaire. «Bien que j'ai dit à mes amis que je m'engageais pour en finir avec mon service militaire (...), la vraie raison était de fuir ce terrible problème».

Là, il réussit bien, se sent moins malheureux. Il voulait rompre avec sa famille mais ne le fait pas.

Après le service militaire, le problème se pose avec autant d'acuité. Il renoue avec Marie, refuse de rentrer chez ses parents mais cette situation le ronge. Il rompt avec Marie, revient à la maison mais se sent malheureux. Il décide alors d'entamer des études de sociologie pour ne pas rester chez lui. Il continue cependant «à réfléchir à l'attitude de ses parents».

Il décide brusquement de rompre avec sa famille et de partir seul en Amérique du Sud. Là, il ne peut s'intéresser à rien.

Au bout d'une semaine, il revient à Los Angeles.

Ces tentatives de trouver une solution à son «problème» («cela remonte à l'époque d'avant mon service militaire. J'avais alors une amie, elle s'appelait Marie... c'était une fille épatante... je voulais l'épouser mais ma famille s'y opposait et je ne pouvais pas le comprendre ») se soldent par des échecs successifs en raison de l'état d'incongruence manifeste de A.S.

« Je ne sais vraiment pas ce qui a été la cause de tous ces ennuis à ce moment là ».

Le suicide paraît alors la solution.

Le passage à l'acte suicidaire a été certainement favorisé par l'impulsivité de A.S., par la mort de sa tante qui était pour lui une source de valorisation (« je pensais que j'étais un personnage important parce que ma tante était maîtresse d'école »), le retournement de l'agressivité contre soi en raison de l'interdiction qui lui a toujours été faite de la porter sur les autres. Le suicide présentait entre autre l'avantage d'attirer l'attention sur lui en se cachant son état d'incongruence et de ramener ses parents à son chevet sans qu'il ne doive « rentrer chez eux ».

Implications thérapeutiques

Il ne nous semble pas utile de reprendre à propos du cas de A.S. l'ensemble des points que nous avons évoqués en décrivant les problèmes particuliers que pose la thérapie rogérienne avec les clients suicidaires.

Dans ce cas, comme dans celui de tous les clients présentant une problématique similaire, le postulat fondamental de la thérapie est la capacité du client à s'autodévelopper c'est-à-dire aller dans le sens d'une autonomisation croissante.

La réussite de la thérapie dépendra essentiellement de la qualité de la relation. D'une part, il importe que, dans un climat d'acceptation inconditionnelle, un thérapeute congruent pour qui la vie représente une valeur, comprenne empathiquement à la fois le client et le vécu de la relation. Il est primordial, d'autre part, que le client ressente cette compréhension.

Pour A.S., seule l'attitude empathique du thérapeute pourra rompre avec les modes de relation qui lui sont coutumiers et l'engager dans la voie du changement.

Une thérapie centrée sur le client, entreprise avec lui pourrait se fixer plusieurs buts. (Nous évoquerons plus loin le problème de la motivation. Il est essentiel, en effet, que le client prenne en charge sa propre thérapie).

1. Réduire le risque de passage à l'acte suicidaire.

Il nous semble que A.S. présente un risque réel de récidive dont il faut tenir compte (cf. seuil bas de tolérance à la frustration, impulsivité des réactions, dépendance, tendance à fuir les problèmes plutôt qu'essayer de les résoudre).

La façon, par exemple, dont il va réagir à tout sentiment de frustration de la part du thérapeute en raison de son besoin de dépendance risque de lui faire abandonner la relation d'aide et éventuellement commettre un nouvel acte suicidaire.

Se pose ici le problème d'une aide médicamenteuse qui pourrait aider A.S. à dépasser ses problèmes dépressifs.

2. Aider A.S. à se prendre en charge lui-même pour favoriser la réorganisation de son Moi et devenir plus congruent dans la relation à soi-même et aux autres.

La thérapie pourrait lui donner la possibilité de laisser émerger son expérience, clarifier ses sentiments, ses émotions et rendre plus facile leur expression c'est-à-dire les reconnaître en lui, les verbaliser, les accepter, les vivre comme non menaçants pour lui.

«Je n'ai jamais montré beaucoup mes émotions».

«J'éprouvais des sentiments mais je les cachais».

Le fait de s'accepter dans sa réalité avec ses limites et ses contradictions, de faire confiance à sa propre expérience pourrait l'amener à ne plus devoir la fausser pour l'adapter, l'ajuster à une structure du Moi définie par les autres (sa mère en particulier). Une fois déjà, il a fait l'expérience que s'accepter lui-même tel qu'il était engendrait un sentiment de soulagement.

«Au bout de quelques temps à l'école secondaire, j'ai fini par me résigner à ne pas être parmi le groupe de tête. Je me suis senti un peu mieux alors et mes notes se sont améliorées».

Seule une relation bien structurée telle que nous l'avons définie dans la partie théorique pourra permettre à A.S. de trouver un climat de sécurité et de confiance susceptible de favoriser le changement. Le fait de rencontrer régulièrement un thérapeute congruent, disponible pour lui sans chantage, sans menace, sans condition sera pour lui une expérience nouvelle si on se réfère au comportement de ses parents.

D'autre part, il sera confronté de la sorte à la réalité de la relation actualisée par les limites spatio-temporelles et la non-disponibilité permanente du thérapeute.

Les bénéfices que A.S. pourrait retirer d'une thérapie rogérienne restent hypothétiques dans la mesure où la motivation à entreprendre une telle démarche n'apparaît pas à la lecture du rapport présenté par les psychiatres.

Le premier travail à entreprendre avec lui serait peut-être de le motiver à s'engager dans une relation d'aide. Le besoin d'être compris dans ce qu'il est réellement que nous avons relevé dans son interview pourrait servir de moteur à une telle entreprise.

« Il me fallait quelque chose de plus grand que moi-même : le sentiment de compréhension ».

F. Point de vue de l'analyste transactionnel

A partir des éléments biographiques qui nous sont donnés et avec les concepts de l'A.T., nous analysons la personnalité de A.S.

Nous élaborons une analyse de scénario mettant en évidence les injonctions et les influences parentales, les décisions archaïques prises par le sujet pour s'adapter à sa famille et son fonctionnement actuel. Nous montrons comment les circonstances de la tentative de suicide s'inscrivent directement dans la ligne de ces données. Nous présentons enfin un plan thérapeutique pour A.S. au cas où celui-ci se montrerait motivé à entreprendre une psychothérapie. La motivation du patient constitue en elle-même tout un travail que nous ne développerons pas ici. Egalement, ce plan ne s'avère applicable que si A.S. ne présente pas une pathologie de type psychotique mais est un névrosé ou un borderline.

Dès la première description de l'aspect du malade, nous relevons son allure juvénile, son attitude passive et son désir de plaire, sa difficulté à demander ce dont il a besoin. Ces éléments sont caractéristiques d'invitations symbiotiques dans le comportement habituel du patient. Il ne se conduit pas en personne adulte et autonome mais tente de s'adapter et de se faire prendre en charge.

Dans ce sens, sa tentative de suicide est un comportement passif d'invalidation. Il joue des stratagèmes au 3e degré, se victimisant jusqu'à mettre sa vie gravement en danger.

Ces premières constatations s'expliquent aisément lorsqu'on s'intéresse à la famille de A.S.

La *mère* apparaît comme une femme contrôlante, cherchant à tout diriger, ayant des attitudes de prise en charge qui encouragent la passivité. «Ma mère ne voulait jamais laisser les autres faire quoi que ce soit».

Elle a probablement toujours été surprotectrice vis-à-vis de A.S., lui transmettant le message: «tu n'es pas capable de faire les choses par toi-même».

Le *père* apparaît, à l'inverse, comme une personnalité peu affirmée et dominée. Il réussit mal professionnellement et semble être un enfant de plus que la mère prend en charge. A.S. se sent inférieur à ses camarades à cause de lui.

Nous pensons que le patient n'a pu trouver dans ce père qui correspondait par ailleurs si peu aux désirs explicites de la mère pour son fils, une image paternelle et masculine valorisante. Au contraire, le père malade est l'exemple d'un homme qui s'incapacite plutôt que de s'occuper de lui-même. Il se laisse dominer par sa femme et n'exprime jamais de colère alors qu'il lui en veut pourtant. L'emprise de la mère se trouve renforcée par l'attitude du père.

«Elle aimait que mon père soit malade pour montrer qu'elle était compétente».

«Elle se sacrifiait et se comportait de façon à ce que tout son entourage se sente inférieur».

De toute évidence, *la mère* n'a pas permis à A.S. de «grandir», ni de s'opposer à elle de quelque manière que ce soit. A ce sujet, elle est manipulatrice et fait une sorte de chantage affectif.

«Elle était facilement contrariée mais ne nous punissait jamais».

«Elle nous disait qu'elle aurait beaucoup de chagrin si nous faisions quelque chose de mal».

«Elle pleurait quand j'avais un mauvais bulletin».

Par cette attitude culpabilisante, la mère n'exprime pas ses sentiments véritables et ne met pas des limites claires que l'enfant pourrait choisir de transgresser ou non. Le chantage qu'elle exerce ainsi oblige, d'une certaine manière, les enfants à prendre soin d'elle, à la ménager et donc, à lui laisser son pseudo-pouvoir. Nous pouvons parler ici de symbiose inversée.

Dans la même gamme d'idées, nous voyons que la mère a par rapport à son fils des exigences exagérées. Elle l'utilise pour se mettre elle-même en valeur plutôt que de l'aider à se réaliser. Ainsi, elle ne lui permet pas d'être lui-même.

«Elle leur expliquait que j'étais un garçon extraordinaire».

De manière générale, *la famille de A.S.* apparaît comme une famille où l'expression des sentiments authentiques est évitée, interdite. La mère ne se fâche ni ne punit mais a des attitudes manipulatrices. Le père se laisse dominer et fuit toute discussion. La somatisation peut être le reflet de sa non-expression des sentiments. A.S. dit de lui-même : «je n'ai jamais montré beaucoup mes émotions. J'éprouvais des sentiments mais je les cachais». Sa sœur est décrite comme émotive mais nous avons peu de renseignements à son sujet et le patient semble peu lié à elle.

Avec ses camarades, A.S. parle de bagarres et ne comprend pas pourquoi ses parents ne prenaient pas sa défense. Rappelons ici que la violence est un comportement passif, une démarche symbiotique, l'attente plus ou moins consciente que quelqu'un intervienne. Ceci est clairement exprimé par le patient. La violence est un comportement qu'il convient de différencier de la colère, sentiment exprimé pour s'opposer et s'affirmer. Les bagarres d'enfant de A.S. sont le signe de sa difficulté à se faire des amis plus que l'expression de ses sentiments. L'apprentissage de relations de proximité et d'intimité est tout à fait improbable dans le climat familial où vit A.S. Les seuls liens qu'il semble avoir établis sont ceux qu'il a avec ses parents et qui sont pathologiques à plus d'un titre, comme nous l'avons vu.

Il ne mentionne pas d'autres liens d'amour ou d'amitié, hormis sa relation avec Marie. Mais, même vis-à-vis de celle-ci il ne fait pas preuve d'un réel attachement et ne persiste pas vraiment à maintenir la relation.

Nous possédons trop peu d'éléments pour savoir si A.S. a reçu de sa mère l'injonction «N'existe pas», si fréquente chez les suicidaires.

La mère souligne que ses enfants ont été désirés mais son histoire est peu claire à ce sujet. Elle ne pensait pas pouvoir être enceinte et l'a quand même été. Ceci ne signifie-t-il pas déjà une ambivalence par rapport à son désir d'enfant? Elle ne voulait pas avoir plus d'enfants mais n'utilisait pas de moyens de contraception.

«Si d'autres étaient arrivés, ils auraient été les bienvenus». Et la mère a dit à A.S. qu'elle ne pouvait plus avoir d'enfants... Tout ceci nous semble confus mais n'est pas suffisant pour déterminer l'injonction: «N'existe pas». Au niveau scénarique, la T.S. de A.S. nous semble plus être une réaction à des injonctions comme «Ne grandis pas», «Ne sois pas toi-même».

L'interview des parents de A.S. après sa T.S. est significative de tout ce que nous avons noté sur la famille et son fonctionnement.

La mère feint d'ignorer les problèmes réels et présente tout comme normal. Elle parle de liens existant entre A.S. et son père, A.S. et sa sœur, etc... Ceci n'est pas vécu ni ramené par le patient lui-même. La mère le présente comme obéissant, faisant tout ce qu'il fallait faire. Elle semble donc continuer à présenter de A.S. une image qui lui convient mais qui ne correspond pas à ce qu'il est vraiment. A propos de sa relation avec Marie, la mère dit seulement: «il était trop jeune et il y avait beaucoup de différences culturelles entre eux». Le père nie également les problèmes et suit sa femme. L'interview laisse donc une impression générale de négation des problèmes. La mère se montre très méfiante et peu collaborante. Le couple, formé par 2 personnalités fragiles, semble avoir trouvé un équilibre. Toute remise en question de la dynamique familiale apparaît comme trop menaçante. Il ne faudrait pas compter sur le concours des parents dans un traitement psychothérapeutique individuel pour A.S. Ils risquent au contraire de mettre des freins et de se sentir en danger. On peut penser que A.S., s'il vient, se montrera également résistant.

L'anamnèse médicale et sexuelle amènent des éléments qui confirment les injonctions déjà mises en évidence: «Ne grandis pas», «N'exprime pas tes sentiments», «Ne sois pas proche».

Le service militaire représente dans la vie de A.S. une période tout à fait déterminante. Il se sépare de sa famille et de Marie mais tout se passe bien. «Je me suis plu au service militaire et j'y ai réussi très bien». Une des caractéristiques de l'armée est d'offrir une structure et un encadrement importants. Le sujet y est pris en charge. Rien d'étonnant donc à ce que cela convienne à A.S. qui n'a pas appris à créer sa propre autonomie. La structure extérieure qui l'encadre lui permet de «fonctionner» apparemment adéquatement, même s'il garde des difficultés au niveau relationnel et affectif.

Après le service militaire, les failles apparaissent sans encombrement extérieur, A.S. commence à décompenser. Il n'arrive pas à quitter réellement sa famille, ni à se lier vraiment à Marie. Il n'arrive plus à étudier. Au moment de prendre seul des décisions, il perd pied.

En examinant les *circonstances de la T.S.* pour bien comprendre celle-ci, il faut avant tout tenir compte de cette perte de structure et de prise en charge extérieure.

A.S. décide de partir loin en un après-midi. La fuite est une attitude que l'on retrouve chez A.S. à différents moments. L'impulsivité est caractéristique d'un comportement encore adolescent. A.S. n'arrive pas à verbaliser ce qui se passe pour lui, avec le médecin qu'il consulte par exemple. Il se rapproche donc de plus en plus d'un passage à l'acte, lié à un manque d'élaboration intellectuelle et affective.

Il nous semble évident que le but de A.S. n'est pas de mourir mais de mettre fin à une tension insupportable et de rétablir la symbiose. L'hôpital va, à son tour, remplir ce rôle.

« Il me fallait quelque chose de plus grand que moi-même : le sentiment de compréhension de la part de mes parents ».

A.S. a toujours souffert des malentendus avec ses parents et se trouvait impuissant dans cette situation. C'est ce qu'il retient principalement de son aventure avec Marie, qu'il met en relation avec sa T.S.

« Je ne pouvais pas m'opposer à la volonté de mes parents et je ne comprenais pas pourquoi ils étaient si méchants ».

Il dit qu'il se sentait malheureux et n'est pas conscient que sans doute il était aussi fâché sur ses parents et leur en voulait.

Il n'ose pas affronter ses parents, exprimer de l'opposition ou de l'agressivité. Sa seule issue est la fuite et il décide de rompre avec sa famille en partant seul. On constate aussi chez A.S. une difficulté à supporter une frustration ou un conflit : « c'est la première fois qu'ils me contrariaient ».

Les sentiments d'infériorité et de dépression de A.S. sont l'expression d'une agressivité qu'il retourne contre lui-même, ne sachant l'extérioriser.

En conclusion, le désir de maintenir ou rétablir la symbiose ainsi que la non-expression des sentiments d'agressivité explique, à nos yeux, la tentative de suicide.

Eléments pour un plan thérapeutique :

Lors des *premiers entretiens*, nous prévoyons de donner à A.S. des informations sur les comportements passifs et l'expression des sentiments authentiques, mis en relation avec ses attitudes personnelles. Une analyse de scénario peut également être faite dans un but d'information.

Il nous paraît nécessaire de prendre le temps de parler de la T.S., d'explorer les fantasmes d'après-suicide afin d'aider le client à verbaliser ce qu'il a vécu.

Tout ceci nous amène à proposer au patient de faire un engagement de non-suicide et à établir avec lui un contrat de thérapie. Le travail thérapeutique avec ce patient implique à la fois des séances individuelles et des séances de groupe. La thérapie individuelle favorise une relation suivie avec le thérapeute dans laquelle A.S. pourra se permettre de grandir. Le groupe favorise l'établissement de relations et de liens. La thérapie de groupe permet aussi d'insister sur la structure et les règles mises en place, offrant à A.S. un apprentissage à la frustration et au respect des limites, tout en répondant à son besoin d'encadrement.

Le *travail cognitif* qui suit la mise en route de la thérapie comprend les points suivants:

- Aider A.S. à cesser de faire plaisir et de s'adapter et lui apprendre à découvrir qui il est vraiment.

- Lui faire reconnaître les comportements passifs et les stratagèmes.

Encourager l'activité et la résolution des problèmes de la vie quotidienne.

Dans un premier temps, A.S. devra, en effet, se stabiliser et faire des choix:
- Où va-t-il vivre?
- Quelle attitude avoir avec ses parents?
- Quelle décision prendre au sujet de ses études ou d'un métier?
- Quels arrangements financiers avoir?

Lui apporter soutien et encouragement pour les décisions prises et réalisées.

- Apprendre à A.S. à demander de façon directe de l'attention, des caresses positives conditionnelles et inconditionnelles.

- Aider A.S. à développer son P nourricier pour qu'il prenne soin de lui et ne se fasse plus du tort, et son P normatif (ex.: il faut résoudre les problèmes et ne pas les fuir. Le suicide n'est pas une solution).

- L'amener à prendre conscience de sa colère et lui indiquer comment l'utiliser adéquatement dans sa vie actuelle s'il y a lieu. Et par ailleurs, lui expliquer que les problèmes du passé sont à régler en thérapie, par rapport aux images parentales introjectées et non pas avec les parents qu'il rencontre aujourd'hui.

Peu à peu, le client entre dans la *phase* plus *émotionnelle et régressive* de sa thérapie. Celle-ci consiste pour A.S. en l'expression de tous ses sentiments et de la colère plus particulièrement. Il se libérera des sentiments accumulés et liés à des scènes du passé. Cette étape de la thérapie est également déterminante pour développer sa capacité à faire des liens, à s'attacher, à être en relation. Intimement lié à cette phase et mêlé à celle-ci, le travail de *redécision* consiste pour A.S. à décider :
- qu'il va être lui-même ;
- qu'il va être proche des autres ;
- qu'il va exprimer ses sentiments ;
- qu'il va grandir et devenir autonome, séparé psychologiquement de ses parents.

Nous possédons trop peu d'éléments pour décrire le degré d'impasse qui est prédominant chez A.S. On peut cependant supposer que les impasses de second degré se présenteront fréquemment en cours de thérapie.

Rappelons, pour *conclure*, que A.S. n'a, à notre connaissance, suivi aucun traitement thérapeutique. Celui-ci, tel que nous venons de le décrire, présente des exigences et des contraintes et nécessite une motivation importante. Il implique une restructuration de la personnalité.

G. Conclusions aux quatre analyses du cas A.S.

Peut-on, à partir des quatre analyses du cas de A.S., tirer une conclusion commune? La réponse nécessite une remarque préliminaire. Rappelons en effet que ce cas est repris in extenso du livre «The Cry for Help» où, de façon similaire à notre ouvrage, plusieurs spécialistes de la thérapie du suicidant commentent et analysent le cas. Nous ne pouvons que stimuler le lecteur à lire les deux livres : un de nos objectifs sera alors atteint, à savoir un élargissement de cet «exercice de thérapie» par l'apport d'autres techniques spécifiques telles que les approches comportementalistes, rogériennes, transactionnalistes ou encore l'expérience du thérapeute hospitalier.

Indépendamment de cette lecture complémentaire, une réflexion primordiale s'impose. Notre attention a été particulièrement interpellée par l'épilogue de «The Cry for Help». Pourtant ce chapitre avait bien peu de chance au départ de stimuler notre attention : sur cent soixante huit pages de description et d'études du cas, il correspond à peine aux quelques lignes terminales, juste une page. On y apprend que A.S. a quitté l'hôpital trois jours après la fin des entretiens avec le psychiatre, qu'il n'a nullement suivi les recommandations de pratiquer une psychothérapie post-hospitalière, qu'on n'a pu le recontacter à l'adresse connue et qu'il a apparemment quitté Los Angeles en compagnie de ses parents. Dans les quelques lignes suivantes, les auteurs font des remarques générales sur l'utilité de liens entre l'hôpital et les structures d'aides extra-hospitalières, et sur la création de services de prévention du suicide.

Nous observons ici un fait remarquable et important, fait qui nous apparaît le moule cimentant nos quatre analyses de cas: la réflexion théorique, la plus large et clarifiante possible, prend sa pleine valeur si — et seulement si — elle s'arqueboute sur une programmation concrète et pratique de l'aide au suicidant. La prise en charge psychothérapeutique et, ne les oublions pas, les éventuels encadrements complémentaires médicamenteux ou autres ne peuvent se baser sur le pari passif du développement aléatoire de la motivation du patient.

Dans l'analyse en perspective rogérienne, on lira que «le premier travail à entreprendre avec lui serait peut-être de le motiver à s'engager dans une relation d'aide». Cette phrase résume bien notre préoccupation qui, au décours des différents chapitres, est restée constante: notre formation spécifique, quelle que soit la technique psychothérapique utilisée, ne doit pas faire de nous de brillants observateurs en attente d'une demande hypothétique d'élaboration d'un programme d'aide thérapeutique.

La crise suicidaire est un moment de vie dramatique: sans entrer dans un interventionnisme salvateur inefficace à terme, elle nécessite néanmoins que l'on sorte de nos cabinets feutrés et que l'on intervienne directement sur le terrain si besoin est.

D'autres commentaires risqueraient d'être redits, et nous laisserons le lecteur à ses propres conclusions. Soulignons enfin combien nous ne pensons pas être en opposition aux approches plus analytiques reprises dans «The Cry for Help»: devant la complexité de l'aide au suicidant, il s'agit non pas de «recettes» meilleures mais bien d'un apport complémentaire et nécessaire.

Conclusions

Nous avons choisi de nous centrer sur les conduites suicidaires plutôt que sur le seul suicide. Nous visons en effet une approche large afin de pouvoir intervenir à n'importe quelle étape du devenir suicidaire d'un sujet. La description de quatre modèles thérapeutiques différents a dû permettre au lecteur de se faire une idée des facteurs convergents et divergents au sein de ces thérapies. Les divergences apparaissent certainement en fonction du lieu de l'intervention, du type de population et des moyens mis en œuvre: hôpital, Centre de Prévention du Suicide, psychothérapies ambulatoires. D'autres divergences sont assez manifestes: la thérapie comportementale cherche à élaborer une stratégie d'intervention basée sur l'analyse du cas unique avec un accent mis particulièrement sur les phénomènes observables et avec une certaine recherche de quantification. La thérapie centrée sur le client considère la personne plus globalement, dans son entièreté, en insistant sur son vécu et ses sentiments. Elle met avant tout l'accent sur le type de relation qui se développe entre le client et l'intervenant. L'analyse transactionnelle vise aux changements de la personnalité, à des changements de décisions supposées prises dans l'enfance. Elle est donc plus «historique» que les deux précédentes. Enfin, la prise en charge hospitalière répond à des moments de crise et à des situations d'urgence. Elle est donc plus ponctuelle dans la problématique suicidaire d'un sujet.

La mise en évidence d'éléments fondamentaux convergents est un des buts visés par la description simultanée de ces différentes approches. Un travail systématique reste à faire dans ce domaine. Il devrait englober les contenus cruciaux des approches psychodynamiques. Nous espérons que cet ouvrage, conjointement au livre «The Cry for Help» pourra servir de matériaux à ceux qui chercheront dans le futur à établir les ingrédients de base d'une psychothérapie efficace des conduites suicidaires. Notre ouvrage ne visait en effet pas à privilégier une réponse spécifique. Nous sommes tous d'accord sur le fait que l'aide au suicidaire pour être efficace, doit être adaptée à la personne et à la situation rencontrées.

Cet ouvrage s'est basé sur l'expérience clinique de chacun des auteurs. Il n'est ni exhaustif, ni encyclopédique. Nous souhaitons simplement que les informations et réflexions rassemblées ici au sujet du traitement des suicidaires permettent au lecteur de mieux comprendre les personnes qui développent des conduites suicidaires et l'aident à élargir ses possibilités d'action face à elles.

ANNEXE I

ECHELLE D'IDEATION SUICIDAIRE
(Traduite par J.-M. Bastyns)

1. Désir de vivre
   - 0. modéré à fort
   - 1. faible
   - 2. nul

2. Désir de mourir
   - 0. nul
   - 1. faible
   - 2. modéré à fort

3. Raisons de vivre/mourir
   - 0. davantage de raisons de vivre
   - 1. sensiblement égales
   - 2. davantage de raisons de mourir que de vivre

4. Désir de concrétiser une tentative de suicide
   - 0. nul
   - 1. faible
   - 2. modéré à fort

5. Désirs suicidaires passifs
   - 0. prise de précautions pour sauver sa vie
   - 1. la vie ou la mort laissée au hasard
   - 2. évitement des démarches nécessaires à sauver ou maintenir la vie

6. Dimensions temporelles: durée de l'idéation/du désir suicidaire
   0. bref, période passagère
   1. période plus longue
   2. continu (chronique) ou presque continu

7. Dimensions temporelles: fréquence suicidaire
   0. rare, occasionnel
   1. intermittent
   2. persistant ou continu

8. Attitude envers l'idéation/le désir suicidaire
   0. rejetante
   1. ambivalente, indifférente
   2. acceptante

9. Contrôle concernant l'action suicidaire/le désir de passage à l'acte
   0. perception d'un contrôle
   1. contrôle incertain
   2. non perception d'un contrôle

10. Interdits concernant la réalisation d'une tentative (par ex. familiaux, religieux, l'irréversibilité)
    0. pas de tentative à cause d'un interdit
    1. en partie concerné par des interdits
    2. peu ou pas concerné par des interdits

11. Raisons d'envisager une tentative
    0. manipuler l'entourage: obtenir de l'attention, se venger
    1. combinaison de 0 et 2
    2. fuir, en finir, résoudre des problèmes

12. Méthodes: spécificité/préparation de la tentative projetée
    0. non envisagé
    1. envisagé, mais non au niveau des détails
    2. détails préparés/bien formulés

13. Méthodes: rentabilité/opportunité de la tentative projetée
    0. méthode non rentable/non opportune
    1. méthode prenant du temps/effort: opportunité non rentable dans l'immédiat
    2a. méthode et opportunité rentables
    2b. anticipation de l'opportunité/la rentabilité future de la méthode

14. Sentiment «d'être capable» de concrétiser la tentative
    0. sans courage, trop faible, effrayé, incompétent
    1. incertain de son courage, de sa compétence
    2. certain de sa compétence, de son courage

15. Attente/espérance d'une tentative actuelle
    0. non
    1. incertain
    2. oui
16. Préparation actuelle d'une tentative projetée
    0. aucune
    1. partielle (par ex. en commençant à réunir des médicaments)
    2. complète (en ayant des comprimés, une arme chargée)
17. Message écrit concernant le suicide
    0. aucun
    1. commencé mais non terminé
    2. rédigé complètement
18. Actes terminaux en préparation à la mort (par ex. assurance, testament)
    0. aucun
    1. envisage de prendre certaines dispositions
    2. réalise des plans définitifs: prend des dispositions complètes
19. Non-information/dissimulation de la tentative de suicide
    0. révèle ouvertement ses pensées
    1. n'exprime pas ses pensées spontanément
    2. essaye de tromper, dissimule, ment

SCORE: _____

© 1978 by Aaron T. Beck, M.D. Further information about this scale and/or permission to use and reproduce the scale may be obtained from: the Center for Cognitive Therapy, Room 602, 133 South 36th St., Philadelphia, PA 19104.

ANNEXE II

EVALUATION RISQUE-SAUVETAGE

Facteurs de risque
a) Moyens utilisés :
   1. Ingestion, entaillade, arme blanche
   2. Noyade, asphyxie, strangulation
   3. Défenestration, arme à feu
b) Altération de la conscience :
   1. Pas d'altération
   2. Confusion, semi coma
   3. Coma, profond coma
c) Lésions/intoxication :
   1. Faible
   2. Modéré
   3. Sévère
d) Réversibilité :
   1. Bonne, pronostic de guérison complète
   2. Satisfaisante, pronostic de guérions non immédiate
   3. Soins intensifs, traitement spécial

Total des points : ☐
Score de risque : ☐
5. Elevé (13-15)
4. Modérément élevé (11-12)
3. Moyen (9-10)
2. Modérément bas (7-8)
1. Bas (5-6)

Facteurs de sauvetage
a) Lieux :
   3. Familiers
   2. Non familiers, non isolés
   1. Isolés
b) Premier sauveteur :
   3. Proche
   2. Professionnel
   1. Passant
c) Probabilité d'être découvert par un sauveteur :
   3. Elevée, presque certaine
   2. Découverte incertaine
   1. Découverte accidentelle
d) Accessibilité à être sauvé :
   3. Appelle au secours
   2. Donne des repères
   1. Plus de 4 heures

Total des points : ☐
Score de sauvetage : ☐
1. Faible (5-7)
2. Modérément faible (8-9)
3. Moyen (10-11)
4. Modérément fort (12-13)
5. Fort (14-15)

$$SCORE\ RISQUE/SAUVETAGE = \frac{Sc.R. \times 100}{Sc.R. + Sc.R.} = \square$$

© 1972 MM. Weisman, PhD Further information about this scale and/or permission to use and reproduce the scale may be obtained from : Yale University Department of Psychiatry, Depression Research Unit, 904 Howard Ave, Suite 2A, New Haven CT 06519 - USA.

Bibliographie

(1) ALLEN J.R., BARBARA A., Scénario: le rôle de la permission. *Actualités en Analyse Transactionnelle*, 1977, *1*, 2, 57-59.
(2) ALLEON A.M., MORVAN O., MICOUIN S., (Grenoble) Le narcissisme des étudiants suicidaires: bref aperçu clinique. *Psychologie Médicale*, 1981, *13*, 8, 1223-1225.
(3) ALLPORT G., FEIFEL H., MASLOW A., MAY R., ROGERS C., *Psychologie existentielle*. (Paris: EPI, 1971).
(4) ALVAREZ A., Literature in the nineteenth and twentieth centuries *in* Perlin S. *Handbook for the study of suicide* (New York: Oxford University Press, 1975, 31-60).
(4') American Psychiatric Association. *Diagnostic and statistical Manual of Mental Disorders* 3rd Edition (DSM-III) (Washington D.C., 1980).
(5) ANSEL E., McGEE R.K., Attitudes toward suicide attempters. *Bull. Suicide*, 1971, *8*, 22-28.
(6) ARON R., Préface, *in* Baechler J., *Les suicides* (Paris: Calmann-Levy, 1975, p. I-VIII).
(7) BACHMAN J.A., Self-injurious behavior: a behavioral analysis. *J. Abnormal Psychology*, 1972, *80*, 3, 211-224.
(8) BAECHLER J., *Les suicides* (Paris: Calmann-Levy, 1975).
(9) BANCROFT J., SKRIMSHIRE A., CASSON J., HARVARD-WATTS O., REYNOLDS F., People who deliberately poison or injure themselves: their problems and their contacts with helping agencies. *Psychological Medicine*, 1977, 7, 2, 289-303.
(10) BASTYNS J.M., (note). Exposé réalisé au cours d'un atelier didactique et expérientiel. G. Thomson, oct. 1977.
(11) BASTYNS J.M., Les interactions de l'apport de l'analyse transactionnelle dans la dynamique de l'équipe. Cassier Ligue d'Hygiène Mentale, 1984.
(12) BASTYNS J.M., WILMOTTE J., Le contrat dans les psychothérapies. *Bulletin de la Société Clinique de l'Hôpital Civil de Charleroi*, 1981, *XXXII*, 1, 15-20.

(13) BECK A.T., WARD C.H., MENDELSON M., MOCK J.E., ERBAUGH. An inventory for measuring depression. *Arch. Gen. Psychiat.*, 1961, *4*, 561-571.
(14) BECK A.T., *Depression: clinical, experimental and theoretical aspects* (New York: Harper & Row, 1967).
(15) BECK A.T., KOVACS M., WEISMAN A., Hopelessness and suicidal behavior. *Journal of the American Medical Association*, 1975, *15*, 234.
(16) BECK A.T., SCHUYLER D., HERMAN I., Development of suicidal intent scales, in Beck A.T., Resnick H.L.P., Lettieri D., (Eds). *The prediction of suicide* (Bowie: Charles Press, 1974).
(17) BECK A.T., KOVACS M., WEISSMAN A., Assessment of suicidal intention: the scale for suicide ideation. *J. Consult. Clin. Psychol.*, 1979, *47*, 343-352.
(18). BENDJILALI D., L'hôpital général et les urgences psychiatriques. *Actualités Psychiatriques*, 1981, 6.
(19) BENOIT J.C., *Le face à face en psychothérapie* (Paris: Editions Sociales Françaises, 1979).
(20) BERGE A., Les psychothérapies, in *Traité de psychologie appliquée* T. 8., Applications Médicales. (Paris: PUF, 1972, 27-70).
(21) BERNE E., *Principle of group treatment* (New York: Oxford University Press, 1966).
(22) BERNE E., *Analyse Transactionnelle et psychothérapie* (Paris: Petite Bibliothèque Payot, 1977).
(23) BERNE E., *Des jeux et des hommes*. (Paris: Stock, 1978).
(24) BERNE E., *Que dites-vous après avoir dit bonjour?* (Paris: Tchou, 1981).
(25) BIRTCHNELL J., Psychotherapeutic considerations in the management of the suicidal patient. *Am. J. Psychotherapy*, 1983, *37*, 1, 24-36.
(26) BLACKLIDGE V.Y., What do you when... you forget to renew a no suicide contract and the person is improved. *Transactional Analysis Journal*, 1979, *9*, 3, 193.
(27) BLOCH Cl., *Les psychothérapies d'aujourd'hui* (Bruxelles: Editions de l'Université de Bruxelles, 1983).
(28) BLOOM V., An analysis of suicide at a training center. *Am. J. Psychiatry*, 1967, *123*, 918-925.
(29) BOGARD M., Follow-up study of suicidal patients seen in emergency room consultation. *Am J. Psychiatry*, 1970, *126*, 1017-1020.
(30) BOLTEN M., DE JONG N., Le reparentage ou la régression thérapeutique. *Actualités en Analyse Transactionnelle*, 1981, *5*, 17, 4-14.
(31) BOOR M., Relationships between unemployment rates and suicide rates in eight countries 1962. *Psychological Reports*, 1980, *47*, 1095-1101.
(32) BOSTOCK T., WILLIAMS C.L., Attempted suicide as an operant behavior. *Arch. Gen. Psychiatry*, 1974, *31*, 482-486.
(33) BOSTOCK T., WILLIAMS C.L., Attempted suicide: an operant formulation. *Australian N.Z.Y. Psychiatry*, 1975, *9*, 107-110.
(34) BOUCHARLAT J., (Echirolles) Equivalent suicidaire: la prise d'otage. Réflexion sur la situation d'urgence. *Psychologie Médicale*, 1981, *13*, 8, 1219-1220.
(35) BOYD H., Décisions suicidaires. *Actualités en Analyse Transactionnelle*, 1977, *1*, 4, 186-187.
(36) BOYD H., Responsable ou coupable? *Actualités en Analyse Transactionnelle*, 1978, *2*, 7, 125-126.
(37) BOYD H., COWLES-BOYD L., Enrayer les scénarios tragiques. *Actualités en Analyse Transactionnelle*, 1982, *6*, 23, 149-151.
(38) BROWN M., Processus d'identité nouvelle. Séminaire de l'Atelier Transactionnel, Bruxelles, juin 1984 (notes personnelles).

(39) BUGLASS D., Mc CULLOGH J.W., Further suicidal behavior: the development and validation of predictive scale. *Brit. J. Psychiatry*, 1970, *116*, 483-491.
(40) BUGLASS D., HORTON J., A scale for predicting subsequent suicidal behavior. *Brit. J. Psychiat.*, 1974, *124*, 573-578.
(41) CAMERON D.C., Aplanir la route vers la redécision. *Actualités en Analyse Transactionnelle*, 1977, *1*, 2, 82-84.
(42) CAPIAUX J., Le suicidaire mal entendu. *Evolution Psychiatrique*, 1967, 449-474.
(43) CAPSTICK A., The methods of suicide. *Medico-legal Journal*, 1961, *29*, 33-38.
(44) CARDON A., MERMET L., *Vocabulaire de l'Analyse Transactionnelle*. Editions d'Organisation, Paris, 1982.
(45) CARKHUFF R.R., Counseling Research, theory and practice. *Journal of Counseling Psychology*, 1966, *13*, 467-486.
(46) CHABROL H., Le suicide de l'adolescent. *Neuropsychiatrie de l'Enfant*, 1982, *30*, (10-11), 579-588.
(47) CHALVIN D. et l'Equipe Cegos-Ippso, DELAUNAY D., LAPRA J.P., MULLER J.L., TEBOUL J., BUSSAT F., Séminaire avec la participation de Raymond Hostie: analyse transactionnelle et relations de travail.
Formation permanente en Sciences Humaines, collection dirigée par Roger Mucchielli ESF, entreprise moderne d'édition et librairies techniques, 1980.
(48) CHARAZAC-BRUNEL M., Peut-on considérer le symptôme psychosomatique comme un équivalent suicidaire? *Psychologie Médicale*, 1981, *13*, 8, 1195-1198.
(49) CHAUVOT B., PASCALIS G., A propos des équivalents suicidaires chez les cas dits sociaux. *Psychologie Médicale*, 1981, *13*, 8, 1171-1176.
(50) CHENEY W.D., Le scénario de vie comme défense du Moi. *Actualités en Analyse Transactionnelle*, 1979, *3*, 9, 38-41.
(51) CLENDENIN W.W., MURPHY G.E., Wrist cutting: new epidemiological findings. *Arch. Gen. Psychiatry*, 1971, *25*, 465-469.
(52) CLUM G.A., PATSIOKAS A.T., LUSCOMB R.L., Empirically based comprehensive treatment program for parasuicide. *Journal of Consulting and Clinical Psychology*, 1979, *47*, 5, 937-945.
(53) COCHRANE R., ROBERTSON A., Stress in the lives of parasuicides. *Social Psychiatry*, 1975, *10*, 161-171.
(54) COHEN-SANDLER R., BERMAN A.L., KING R.A., Life stress and symptomatology: determinants of suicidal behavior in children. *J. Am. Acad. Child. Psych.*, 1982, *21*, 2, 178-186.
(55) COOK D.A.G., SKELDON I., The use of a contract admission procedure on an acute psychiatric admission ward. *Brit. J. Psychiat.*, 1980, *136*, 463-468.
(56) CORDY J., Suicide: mode d'emploi. *Le Soir - quotidien*, 1983, *22*, 11.
(57) COWLES-BOYD L., Troubles psychosomatiques et bénéfices tragiques de scénario. *Actualités en Analyse Transactionnelle*, 1981, *5*, 19, 157.
(58) CROSSMAN P., Permission et protection. *Actualités en Analyse Transactionnelle*, 1977, *1*, 2, 51-53.
(59 CURRAN C., *L'entretien non directif*. (Paris: Ed. Universitaires, 1967).
(60) DANTE A., *Œuvres complètes* (Paris: Gallimard, 1965).
(61) DAVIS F.B., The relationship between suicide and attempted suicide: a review of the litterature. *Psychiat. Quart.*, 1967, *41*, 4, 752-765.
(62) DAVISON G., NEALE J., *Abnormal psychology: an experimental clinical approach* (New York: Wiley, 1974).
(63) de CATANZARO D., Human suicide: a biological perspective. *The Behavioral and Brain Science*, 1980, *3*, 265-290.
(64) de la PUENTE M., *Carl Rogers: de la psychothérapie à l'enseignement*. (Paris: EPI, 1970).

(65) DELORI D., BLAUWBLOMME J., JOLIBOIS M., WARTEL R., (Angers). La carpe et le lapin. *Psychologie Médicale*, 1981, *13*, 8, 1209-1210.
(66) DEMARET A., *Ethologie et psychiatrie* (Bruxelles: P. Mardaga, 1979).
(67) DEMARET G., Etude du changement de la personnalité au cours d'une thérapie centrée sur le client. *Annales Médico-psychologiques*, 1973, 2, 5, 625-636.
(68) DEMOL A., Séminaires de formation à l'A.T., 1982-1983-1984 (Notes personnelles).
(69) de PERETTI A., *Liberté et relations humaines ou l'inspiration non directive* (Paris: EPI, 1967).
(70) de PERETTI A., Carl Rogers et la non directivité. *L'information psychologique*, 1972, *48*, 3-13.
(71) de PERETTI A., *Pensée et vérité de Carl Rogers* (Toulouse: Privat, 1974).
(72) DESCHAMPS P., Les suicides et les tentatives de suicides reliés à la prestation des soins médicaux: étude des poursuites judiciaires intentées au Québec entre 1968 et 1977. *Rev. Canad. de Psychiatrie*, 1983, *28*.
(73) DESHAIES G., *Psychologie du suicide* (Paris: PUF, 1947).
(74) DEVRIES A.G., Definition of suicidal behaviors. *Psychological reports*, 1968, *22*, 1093-1098.
(75) DIAMOND S., The nondirective Handling of Suicidal Behavior, *in* Farberow N.L.; Schneidman P., *The Cry for Help* (London: Mc Graw Hill Book Company, 1965: 281-289).
(76) DIEKSTRA R., A social learning theory approach to the prediction of suicidal behavior. *Seventh International Congress on Suicide Prevention* (Amsterdam, 1973).
(77) DORPAT T.L., BOSWELL J.W., An evaluation of suicidal intent in suicide attempts. *Compr. Psychiat.*, 1963, *4*, 117-125.
(78) DRESSLER D.M., PRUSOFF B., MARK H., SHAPIRO D., Clinical attitudes toward the suicide attempter. *J. Nerv. Ment. Dis.*, 1975, *160*, 2, 146-155.
(79) DRYE R., GOULDING R., GOULDING M.E., No-suicide decisions: patient monitoring of suicidal risk. *American Journal of Psychiatry*, 1973, *130*, 2, 171-174.
(80) DUBLIN L.I., *Suicide: a sociological and statistical study* (New York: The Ronald Press Cº, 1963).
(81) DUGAS M., MOUREN M.C., LE HEUZEY M.F., Le deuil pathologique chez l'enfant. *Neuropsychiatrie de l'Enfance*, 1979, *27*, (4-5), 187-192.
(82) DUNN S., Recréer le Parent Nourricier: une résolution de l'impasse du troisième degré. *Actualités en Analyse Transactionnelle*, 1979, *3*, 12, 183-184.
(83) DURKHEIM, *Le suicide* (Paris: PUF, 1969).
(84) ENGLISH F., Les rôles de victime dans le triangle dramatique. *Actualités en Analyse Transactionnelle*, 1978, *2*, 7, 122-124.
(85) ENGLISH F., Qu'est-ce qu'un bon thérapeute? *Actualités en Analyse Transactionnelle*, 1978, *2*, 8, 184-186.
(86) ENGLISH F., L'épiscénario et le jeu de la pomme de terre brûlante. *Actualités en Analyse Transactionnelle*, 1979, *3*, 9, 12-16.
(87) ERSKINE R.G., Les six étapes du traitement. *Actualités en Analyse Transactionnelle*, 1978, *2*, 7, 140-142.
(88) ERSKINE R., Guérir le scénario: niveau comportemental intrapsychique et physiologique. *Actualités en Analyse Transactionnelle*, 1980, *4*, 16, 155-159.
(89) ERWIN E., *Behavior therapy: scientific, philosophical and moral foundations* (Cambridge: Cambridge University Press, 1978).
(90) ESCANDE M., SEMAT-DUFFAU F., PRIS J., (Toulouse). Les phénomènes psychologiques et relationnels observés dans une «unité protégée» d'hématologie. *Psychologie Médicale*, 1979, *11*, 11, 2379-2394.

(91) EVANS R.I., *Carl Rogers - Over de man en zijn ideeën* (Amsterdam: Alpha-boek, Bert Bakker, 1976).
(92) EY H., BERNARD P., BRISSET C., *Manuel de psychiatrie* (Paris: Masson, 1967).
(93) EY H., *Manuel de Psychiatrie* (Paris, Masson et Cie, IV^c Edition revue, corrigée - 1974).
(94) FARBEROW N.L., Bibliography on suicide and suicide prevention 1897-1957; 1958-1970 (Rockville: National Institute of Mental Health, 1972).
(95) FARBEROW N.L., SHNEIDMAN E.S., (Eds), *The Cry for Help* (New York: Mc Graw-Hill, 1965).
(96) FAUMAN M.A., Psychiatric components of medical and surgical practice: a survey of general hospital physicians. *Am J. Psychiatry*, 1981, *138*, 10.
(97) FELLNER C.H., Provocation of suicidal attempts. *J. Nerv. Ment. Dis.*, 1961, *133*, 55-58.
(98) FIELDSEND R., LOWENSTEIN E., Quarrels separations and infidelity in the two days preceding self-poisoning episodes. *Brit. J. Medical Psychology*, 1981, *54*, 349-352.
(99) FLAVIGNY C., L'approche familiale après les gestes suicidaires des enfants. *Neuropsychiatrie de l'enfance*, 1980, *28*, (9); 387-391.
(100) FLAVIGNY C., Les gestes suicidaires de l'enfant. *Neuropsychiatrie de l'enfance*, 1982, *30* (10-11), 537-562.
(101) FOY J.L., ROCJEWICZ S.J., Jr., Dostoïevsky and suicide. *Confinia Psychiat.*, 1979, *22*, 65-80.
(102) FRANCES, J.F., CLARKIN J.F., No treatment as the prescription of choice. *Arch. Gen. Psychiatry*, 1981, *38*, 5, 542-545.
(103) FREDERICK C.J., RESNIK, H.L.P., How suicidal behaviors are learned? *Amer. J. Psychotherapy*, 1971, *25*, 1, 37-55.
(104) FREDERICK C.J., The role of the nurse in crisis. Intervention and suicide prevention. *J.P.N. and Mental Health Services*, 1973, jan-fév, 27-31.
(105) GIACALONE T., BERENI B., WASSERMANN D., CROCQ L., PEIGNE F., A propos des 100 sujets traités à l'Hôpital Cochin pour brûlures consécutives à un geste suicidaire. *Communication: soc. médico-psychologique*, 1980, *24*, 2.
(106) GINSBURG G.P., Public conceptions and attitudes about suicide. *J. Health and Social Behavior*, 1971, *12*, 200-207.
(107) GLASER K., Suicidal Children Management. *Am. J. Psychotherapy*, 1971, *25*, 1.
(108) GELLERT S., Scènes clés. *Actualités en Analyse Transactionnelle*, 1977, *1*, 2, 89-91.
(109) GELLERT S., Scènes anciennes et décisions dégagées par les rêves. *Actualités en Analyse Transactionnelle*, 1977, *1*, 2, 92-95.
(110) GLENDE N., La quatrième issue secrète: la maladie. *Actualités en Analyse Transactionnelle*, 1983, *7*, 28, 202-203.
(111) GOFFMAN E., *Encounters: two studies in the sociology of interaction.* (New York: The Bobbs Merrill Company, 1961).
(112) GOLDBERG E.L., Depression and suicide ideation in the young adult. *Am. J. Psychiatry*, 1981, *138*, 1, 35-40.
(113) GOLDFRIED M.R., DAVISON C.G., *Clinical behavior therapy* (New York: Holt, Rinehart and Winston, 1976).
(114) GOLDNEY R.D., Assessment of suicidal intent by a visual analogue scale. *Austr. N.Z.Y. Psychiatry*, 1979, *13*, 153-155.
(115) GOLDSTEIN L.S., BUONGIORNO P.A., Psychotherapists as suicide survivors. *Am. J. Psychotherapy*, 1984, *38*, 3, 392-398.

(116) GOOS B., Contrat de non-suicide. *Actualités en Analyse Transactionnelle*, 1980, *4*, 13, 17-18.
(117) GOUIRAN Y., Passion amoureuse, suicide. *Psychologie Médicale*, 1981, *13*, 8, 1179-1123.
(118) GOULDING R., Decisions de survie et scénarios. *Actualités en Analyse Transactionnelle*, 1977, *1*, 2, 60-61.
(119) GOULDING R., GOULDING M., Messages inhibiteurs, décisions et redécisions. *Actualités en Analyse Transactionnelle*, 1977, *1*, 2, 62-69.
(120) GOULDING M., Dictateurs empereurs et piétaille : une définition de la guérison. *Actualités en Analyse Transactionnelle*, 1980, *4*, 16, 179-180.
(121) GRAFF H., MALLIN R., The syndrome of the wrist-cutter. *Amer. J. Psychiatry*, 1967, *124*, 36-42.
(122) GREENHILL M.H., Liaison psychiatry, in Arieti S., Brodie H.K.H. (Eds), *American handbook of psychiatry*, 7: Advances and new directions. (New York: Basic Books, 1981, 673-692.
(123) GREER S., BAGLEY C., Effets of psychiatric intervention in attempted suicide. *Brit. Med. J.*, 1971, *1*, 310-312.
(124) GREVE B., Scènes imaginaires et décision de survie. *Actualités en Analyse Transactionnelle*, 1977, *1*, 2, 85-88.
(125) GUILLON C.L., LE BONNIEC Y., *Suicide, mode d'emploi* (Alain Moreau, 1982).
(126) GUNN-SECHEHAYE A., La prévention du suicide. *Médecine et Hygiène*, 28-3-1979.
(127) GUTHEIL E.A., Dream and suicide. *Am. J. Psychotherapy*, 1948, *2*, 283-294.
(128) HAIM A., *Les suicides d'adolescents* (Paris: Payot, 1969).
(129) HAIMOWITZ M. et N., Quelques normes pour les thérapeutes. *Actualités en Analyse Transactionnelle*, 1978, *2*, 8, 191-192.
(130) HAMILTON M., A rating scale for depression, *J. Neurol. Neurosurg. Psychiat.*, 1960, *23*, 56-62.
(131) HAMILTON W.J., Do nonhuman animals commit suicide? *The behavioral and Brain Sciences*, 1980, *3*, 278-279.
(132) HARRIS Th., *D'accord avec soi et les autres: Guide pratique d'Analyse Transactionnelle* (Paris: EPI, 1973).
(133) HART J., TOMLINSON T.M., *New directions in client centered therapy* (New York: Houghton Mifflin Company, 1970).
(134) HARTMAN Ch., NARBOE J., Messages inhibiteurs catastrophiques. *Actualités en Analyse Transactionnelle*, 1977, *1*, 2, 75-77.
(135) HAWTON K., GATH D., SMITH E., Management of attempted suicide in Oxford. *Brit. Med. J.*, 1979, 1040-1042.
(136) HAWTON K., BANCROFT J., CATALAN J., KINGSTON B., STEDEFORD A., WELCH N., Domiciliary and out-patient treatment of self-poisoning patients by medical and non-medical staff. *Psychol. Med.*, 1981, *11*, 1, 169-177.
(137) HENDERSON S., Care-eliciting behavior in man. *J. Nerv. Ment. Dis.*, 1974, *159*, 3, 172-181.
(138) HENDIN H., Suicide, in Freedman A., Kaplan H.L. (Eds) *Comprehensive textbook of psychiatry* (Baltimore, Marzland: Williams and Williams, 1976).
(139) HENDIN H., Psychotherapy and suicide. *Amer. J. Psychotherapy*, 1981, *35*, 4, 469-480.
(140) HENSLIN J.M., Strategies of adjustment: an ethnomethodological approach to the study of guilt and suicide, in A.C. Cain (Ed.), *Survivors of suicide* (Springfield: Charles, C. Thomas, 1972).

(141) HIPPLE J., CIMBOLIC P., *The counselor and suicidal crisis: diagnosis and intervention.* (Springfield: Charles C. Thomas, 1979).
(142) HOLLOWAY W.H., Au-delà de la permission. *Actualités en Analyse Transactionnelle*, 1977, *1*, 2, 54-56.
(143) HOLLOWAY W.H., Guérir: mirage et réalité. *Actualités en Analyse Transactionnelle*, 1980, *4*, 16, 176-178.
(144) HOLTBY M., Origine et insertion des messages inhibiteurs. *Actualités en Analyse Transactionnelle*, 1977, *1*, 2, 70-74.
(145) HOSTIE R., Décision et redécision en analyse transactionnelle: l'apport des Gouldings. *Actualités en Analyse Transactionnelle*, 1977, *1*, 2, 50.
(146) HUBER W., *Introduction à la psychologie de la personnalité.* (Bruxelles: Dessart et Mardaga, 1977).
(147) JAMES M., *Naître gagnant: l'analyse transactionnelle dans la vie quotidienne.* (Paris: Inter-Editions, 1978).
(148) JAMES M., L'auto-parentage; théorie et processus. *Actualités en Analyse Transactionnelle*, 1984, *8*, 29, 5-11.
(149) JAOUI G., *Le triple Moi* (Paris: Laffont, 1979).
(150) JOLIBOIS M., FINANCE F., RUSH D., SCHWEITZER E., SINGER P., JAEGER A., TEMPE J.D., SINGER L., Etat de mal suicidaire: à propos d'un cas. *Psychol. Med.*, 1977, *9*, 771-776.
(151) JONES M., *The therapeutic community* (New York: Basic Books, 1953).
(152) KANFER F.H., SASLOW G., Behavioral analysis: an alternative to diagnostic classification. *Arch. Gen. Psychiatry*, 1965, *12*, 529-538.
(153) KANFER F.H., SASLOW G., Behavioral diagnosis, in Franks C.M., (Ed.). *Behavioral therapy: appraisal and status* (New York: Mc Graw-Hill, 1979).
(154) KAPLAN DE NOUR A., Attitudes of physicians in a general hospital towards psychiatric consultation service. Hadassah University Hospital, Eir Karem, Jerusalem. *Ment. HLTH. Soc.*, 1978, *5*, 215-223.
(155) KAPLAN K.H., Development and function of a psychiatric liaison clinic. *Psychosomatics*, 1981, *22*, 6.
(156) KARPMAN S., Contes de fée et analyse dramatique du scénario. *Actualités en Analyse Transactionnelle*, 1979, *3*, 9, 7-11.
(157) KENNEDY P.F., Poisoning treatment centers. *Brit. Med. J.*, 1972, *4*, 670.
(158) KESSEL N., Self-poisoning. *Brit. Med. J.*, 1965, *2*, 1265-1270; 1336-1340.
(159) KESSEL N., Mc CULLOCH W., Repeated acts of self-poisoning and self-injury. *Proceedings of the Royal Society of Medicine*, 1966, *59*, 89-92.
(160) KLOPFER B., Suicide: the jungian point of view, in N.L. Farberow, E.S. Shneidman (Eds). *The Cry for Help* (New York: Mc Graw-Hill, 1965).
(161) KOLODNY S., BINDER R., BRONSTEIN A., FRIEND R., The working through of patient's suicide by four therapists. *Suicide Life Threat. Behav.*, 1980, *10*, 33.
(162) KOVACS M., BECK A.T., WEISSMAN A., The use of suicidal motives in the psychotherapy of attempted suicide. *Am. J. Psychotherapy*, 1974, 363-368.
(163) KRACK M., NASIELSKI S., VAN DE GRAAF J., *L'analyse transactionnelle, méthodes d'application en travail social et en psychologie clinique.* (Mésayé: Privat Eds., 1981).
(164) KREITMAN N., PHILIP A.E., Parasuicide, *Brit. J. Psychiatry*, 1969, *115*, 746-747.
(165) KREITMAN N., *Parasuicide* (New York: John Wiley & Sons, 1977).
(166) LESTER D., Self-mutilating behavior. *Psychological Bulletin*, 1972, *78*, 2, 119-128.

(167) LESTER D., BECK A.T., Suicidal wishes and depression in suicidal ideators: a comparison with attempted suicides. *J. Clin. Psychol.*, 1977, *33*, 92-94.
(168) LESTER D., The categorisation of suicide. *The behavioral and Brain Sciences*, 1980, *3*, 281.
(169) LIBERMAN R.P., ECKMAN T., Behavior therapy vs insight-oriented therapy for repeated suicide attempters. *Arch. Gen. Psychiatry*, 1981, *38*, 10, 1126-1130.
(170) LITMAN R., When patients commit suicide. *Am. J. Psychotherapy*, 1965, *19*, 570-576.
(171) LITMAN R.E., Suicide as acting-out, *in* N.L. Shneidman, R.E. Litman (Eds). *The psychology of suicide* (New York: Science House, 1970).
(172) LITMAN R.E., Dreams in the suicidal situation, *in* J. Natterson (Eds). *The dream in clinical practice* (New York: Jason Aronson, 1980).
(173) LITMAN R.E., Dreams, depression and suicide, *in* J.P. Soubrier, J. Vedrinne. *Dépression et suicide* (Paris: Pergamon Press, 1983, pp. 337-342).
(174) LONDON P., The end of ideology in behavior modification. *American Psychologist*, 1972, *27*, 913-920.
(175) LOWENTAL U., Suicide - the other side. *Arch. Gen. Psychiatry*, 1976, *33*, 7, 838-842.
(176) LUKIANOWICZ N., Suicidal behaviour: an attempt to modify the environment. *Brit. J. Psychiatry*, 1972, *121*, 387-390.
(177) LUSCOMB R.L., CLUM G.A., PATSIOKAS A.T., Mediating factors in the relation-ship between life stress and suicide attempting. *J. Nerv. Ment. Dis.*, 1980, *168*, 11, 644-650.
(178) MALINOWSKI B., *Crime and custom in savage society* (Londres: Kegan Paul, 1926).
(179) MALTSBERGER J.T., BUIE D.H., Countertransference hate in the treatment of suicidal patients. *Arch. Gen. Psychiatry*, 1974, *30*, 5, 625-633.
(180) MANN L., The baiting crowd in episodes of threatened suicide. *J. Personnality Soc. Psychol.*, 1981, *41*, 4, 703-709.
(181) MARKS A., Sex differences and their effect upon cultural evaluation of methods of self-destruction. *Omega*, 1977, *8*, 1, 65-70.
(182) MARQUET P.B., *Rogers* (Paris: Editions Universitaires, 1971).
(183) MASSON O., La psychothérapie systémique de la famille. *Neuropsychiatrie de l'Enfance*, 1980, *28*, 9, 367-373.
(184) MASLOW A.H., *Vers une psychologie de l'être* (Paris: Fayard, 1972).
(185) MAY R., *Le désir d'être: psychologie existentielle* (Paris: EPI, 1972).
(186) Mc CULLOCH J.W., PHILIP A.E., *Suicidal behaviour* (Oxford: Pergamon Press, 1972).
(187) Mc NEEL J.R., L'interview du Parent. *Actualités en Analyse Transactionnelle*, 1978, *2*, 6, 78-85.
(188) MEERLOO J.A.M., *Le suicide* (Bruxelles: Dessart, 1966).
(189) MELLOR K., SCHIFF E., Méconnaissances. *Actualités en Analyse Transactionnelle*, 1977, *1*, 3, 133-139.
(190) MELLOR K., SCHIFF E., Redéfinitions. *Actualités en Analyse Transactionnelle*, 1977, *1*, 3, 140-149.
(191) MELLOR K., Le suicide: être tué, se tuer, mourir. *Actualités en Analyse Transactionnelle*, 1980, *4*, 13, 10-16.
(192) MELLOR K., Le recadrage: redécision et reparentage. *Actualités en Analyse Transactionnelle*, 1981, *5*, 17, 36-43.
(193) MELLOR K., Les impasses: une vue structurale selon les étapes du développement génétique. *Actualités en Analyse Transactionnelle*, 1981, *5*, 17, 47-54.

(194) MENAHEM R., *Désir de vivre; désir de mourir* Réf. «La mort apprivoisée» (Collection «Je», Edition Universitaire).
(195) MENDLEWICZ J., WILMOTTE J., DEFRISE-GUSSENHOVE E., Les tentatives de suicide: résultats d'une enquête à Bruxelles. *Population*, 1970, *25*, 4, 797-809.
(196) MINTZ R.S., Basic considerations in the psychotherapy of the depressed suicidal patient. *Am. J. Psychotherapy*, 1971, *25*, 56-72.
(197) MORON P., *Le suicide* (Paris: PUF, 1975).
(198) MORON P., *Le suicide* Que sais-je? (Paris: PUF, 1977²).
(199) MORON P., FABRE A.P., FEDOU R., Don du sang, équivalent suicidaire. *Psychologie Médicale*, 1981, *13*, 8, 1185-1188.
(200) MOTTO J., Suicide attempts. *Arch. Gen. Psychiatry*, 1965, *13*, 516-520.
(201) MOTTO J.A., Suicide prevention for high-risk persons who refuse treatment. *Suicide and Life-threatening Behavior*, 1976, *6*, 223-230.
(202) MOUREN H.C., DUGAS M., Aspects cliniques et évolutifs de la dépression de l'enfant. *Neuropsychiatrie de l'enfance*, 1982, *30*, (10-11), 521-535.
(203) MOULLEMBE A., TIANO F., ANAVI G., ANAVI C., PARICHON J.M., Les conduites suicidaires: approche théorique et clinique. *Bulletin de Psychologie* (Paris), 1974, *27*, 15-18.
(204) MUCCHIELLI R., *L'entretien de face à face dans la relation d'aide* (Paris: Editions Sociales Françaises, 1967).
(205) MUCCHIELLI R., LABROUSSE C., DEPASSE Y.L., Attitudes phénoménologiques dans la relation psychothérapeutique. *Annales de Psychothérapie*, 1972, *III*, 5, 119-133.
(206) MURPHY G.E., ROBINS E., Social factors in suicide. *J.A.M.A.*, 1967, *199*, 303-308.
(207) MURPHY G.E., The physician's responsability for suicide. *Ann. Intern. Med.*, 1975, *82*, 301-309.
(208) MURY G., *Introduction à la non directivité* (Toulouse: Privat, 1973).
(209) NASIELSKI S., L'analyse transactionnelle face aux comportements suicidaires. Cahiers prospective jeunesse, centre d'études et de documentation. *Colloque Jeunesse et Société*: Etats de crise chez les jeunes: drogues, fugue, suicide. Bruxelles, périodique mai 1978, numéro spécial, 19-24.
(210) NEILL J.R., LUDWIG A.M., Psychiatry and psychotherapy: past and future. *Am. J. Psychotherapy*, 1980, 39-51.
(211) NOVEY T., Une définition de la guérison: 95 % du temps dans la position «je suis OK - tu es OK». *Actualités en Analyse Transactionnelle*, 1980, *4*, 16, 155-159.
(212) NYE R.D., *Three psychologies. Perspectives from Freud, Skinner and Rogers*. (Montery, California: Brooks/Cole Publishing Company, 1981).
(213) OFFENKRANTZ W., CHURCH E., ELLIOTT R., Psychiatric managment of suicide problems in militarly service. *Amer. J. Psychiat.*, 1958, *114*, 33-41.
(214) ORTEN J.D., A transactional approach to suicide prevention. *Clinical Social Work Journal*, 1974, *2*, 1.
(215) OSNES R.E., Le parentage ponctuel. *Actualités en Analyse Transactionnelle*, 1981, *5*, 17, 15-21.
(216) OVENSTONE I.M.K., KREITMAN N., Two syndromes of suicide. *Brit. J. Psychiatry*, 1974, *124*, 336-345.
(217) PAGES M., *L'orientation non directive en psychothérapie et en psychologie sociale* (Paris: Dunod, 1965).
(218) PALLIS D.J., BIRTCHNELL J., Personnality and suicidal history in psychiatric patients. *J. Clin. Psychol.*, 1976, *32*, 246-253.

(219) PALLIS D.J., BARRACLOUGH B.M., Seriousness of suicide attempt and future risk of suicide: a comment on Card'paper. *Omega*, 1977, *8*, 2, 141-149.
(220) PARSONS T., *The social system* (Glenloe: The Free Press, 1951).
(221) PATEL A.R., Attitudes toward self-poisoning. *Brit. Med. J.*, 1975, 426-430.
(222) PAVLOV I.P., *Conditioned reflexes* (London: Oxford University Press, 1927).
(223) PAYKEL E.S., HALLOWEL C., DRESSLER D.M., SHAPIRO D., WEISSMAN M.M., Treatment of suicide attempts - A descriptive study. *Arch. Gen. Psychiatry*, 1974, *31*, 487-491.
(224) PAYKEL E.S., MYERS J.K., LINDENTHAL J.J., TANNER J., Suicidal feelings in the general population: a prevalence study. *Brit. J. Psychiat.*, 1974, *124*, 460-469.
(225) PAYKEL E.S., PROSOFF B.A., MEYERS J.K., Suicide attempts and recent life events. *Arch. Gen. Psychiat.*, 1975, *32*, 327-333.
(226) PAYKEL E.S., RASSABY E., Classification of suicide attempters by closter analysis. *Brit. J. Psychiatry*, 1978, *133*, 45-52.
(227) PEIGNE F., VEBER F., ELIS B., Alcoolisme féminin, corrélation avec la dépression et le comportement suicidaire. *Psychologie Médicale*, 1981, *13*, 8, 1191-1193.
(228) PELICIER Y., Le suicide, milieux et modèles. *Revue de psychologie des peuples*, 1967, *22*, 1, 47-72.
(229) PENOCHET J.C., VIDAL, Urgences en psychiatrie. *L'information psychiatrique*, 1981, *57*, 7, 813-820.
(230) PHILIPS D.P., The influence of suggestion on suicide. Substantive and theoretical implications of the werther effect. *American Sociological View*, 1974, *39*, 340-354.
(231) PIERON H., *Vocabulaire de la psychologie* (Paris: PUF, 1963).
(232) PLATINER O'HAERNE L., Contes de fée et redécision. *Actualités en Analyse Transactionnelle*, 1977, *1*, 2, 78-81.
(233) POKORNY A.D., A follow-up study of 18 suicidal patients. *Amer. J. Psychiatry*, 1966, *122*, 1109-1116.
(234) POKORNY A.D., Myths about suicide, in Resnik H.L.P., (Ed.). *Suicide behaviors* (Boston: Little Brown, 1968).
(235) POPKIN M., MACKENZIE T., CALLIES A., Improving the effectiveness of psychiatric consultation. *Psychosomatics*, 1981, *22*, 7.
(236) POROT A., *Manuel alphabétique de psychiatrie clinique et thérapeutique* (Paris: PUF, 1969).
(237) POROT M., CHARBONNIER J.F., PLANCHE R., La psychiatrie au C.H.U. de Clermont-Ferrand. *Act. Psychiatr.*, 1981, 7.
(238) PORTIER L.G., Een afschattingsmethode rond zelfdoding: niet zelfodigns-contract. *Tijdschrift voor Psychiatrie*, 1979, *10*, 549-559.
(239) PRESCOT L.F., OSWALD I., PROUDFOOT A.T., Repeated self-poisoning with paracethamol. *Brit. Med. J.*, 1978, ii, 1399.
(240) PUECH D., L'équivalent suicidaire au travers de l'urgence psychiatrique. *Psychologie Médicale*, 1981, *13*, 8, 1161-1162.
(241) RAPHLING D.L., Dreams and suicide attempts. *J. Nerv. Ment. Dis.*, 1970, *151*, 6, 404-410.
(242) REDDINGTON M., Le parentage thérapeutique. *Séminaire de l'Atelier Transactionnel*. Bruxelles, septembre 1982. Notes personnelles.
(243) RICHMAN J., Family therapy of attempted suicide. *Fam. Process*, 1979, *18*, 131-142.
(244) RINGEL E., *Zelfmoord-appel aan de anderen* (Nijkerk: Collenbach B.V., 1976).

(245) ROBINS E., MURPHY G.E., WILKINSON R.H. Jr., GASSNER S., KAYES J., Some clinical considerations in the prevention of suicide based on a study of 134 successfull suicides. *Amer. J. Public. Health*, 1959, *49*, 888-899.
(246) ROBINS E., *The final months*. (New York: Oxford University Press, 1981).
(247) ROGAWSKI A.S., EDMUNSON B., Factors affecting the outcome of psychiatric interagency referral. *Am. J. Psychiatry*, 1971, *127*, 101-110.
(248) ROGERS C.R., *Client-centered therapy. Its current practice, implications and theory* (Boston: Houghton Mifflin Company, 1951).
(249) ROGERS C.R., The necessary and sufficient conditions of therapeutic personnality change. *Journal of Consulting Psychology*, 1957, *21*, 95-103.
(250) ROGERS C.R., A theory of therapy, personnality and interpersonal relationship as developped in the client centered therapy, *in* Koch S., *Psychology: a study of a science* (New York: Mc Graw Hill, 1959, vol. III).
(251) ROGERS C.R., Signifiant trends in the client-centered orientation, *in Progress in Clinical Psychology* (New York: Grune and Stratton, 1960, vol. II).
(252) ROGERS C.R., The actualizing tendency in relation to «motives» and to consciousness, *in* Jones M., *Nebraska Symposium on Motivation* (University of Nebraska Press, 1963, 1-24).
(253) ROGERS et GLORIA (entretien). Film n° 1: E. SHOSTROM (ed.), Three approaches to psychotherapy, 1965.
(254) ROGERS C.R., KINGET G.M., *Psychothérapie et relations humaines. Théorie et pratique de la non-directivité* (Louvain: Nauwelaerts, 1966¹).
(255) ROGERS C.R., *Le développement de la personne* (Paris: Dunod, 1967).
(256) ROGERS C.R., *La relation d'aide et la psychothérapie* (Paris, Editions Sociales Françaises, 1970, tomes I et II).
(257) ROGERS C.R., STEVENS B., *Person to person: the problem of being human* (London: A condor Book, Souvenir Press, 1973).
(258) ROGERS C.R., *Un manifeste personnaliste. Fondements d'une politique de la personne*. (Paris: Dunod, 1979).
(259) ROGERS C.R., *A way of being* (Boston: Houghton Mifflin Company, 1980).
(260) ROSEN B., Written treatment contracts: their use in planning treatment programmes for in-patients. *Brit. J. Psychiatry*, 1978, *133*, 410-415.
(261) ROSENBAUM M., RICHMAN J., Suicide: the role of hostility and death wishes from the family and significant others. *Am. J. Psychiat.*, 1970, *126*, 11, 1652-1655.
(262) ROST H., *Bibliographie des Selbstmords* (Augsburg Hass U Grabherr, 1927).
(263) SAUVAGE D., BARTHELEMY, C., La mort brutale inattendue d'un enfant: conséquences psychologiques pour les survivants. *Neuropsychiatrie de l'Enfance*, 1979, *27*, (4-5), 205-209.
(264) SCHARBACH H., Equivalents suicidaires chez l'enfant. A propos de 8 observations. *Psychologie Médicale*, 1981, *13*, 8, 1165-1167.
(265) SCHEFF T.S., *Being mentally ill: a sociology theory* (Aldine Publishing Company, 1966).
(266) SCHIFF J., SCHIFF A., Passivité. *Actualités en Analyse Transactionnelle*, 1977, *1*, 3, 121-128.
(267) SCHNEIDER P.B., *Propédeutique d'une psychothérapie*. (Paris: Payot, 1976).
(268) SCHNEIDER, *La tentative de suicide* (Neufchâtel: Delachaux & Niestlé, 1954).
(269) SCHWAB J.J., WARHEIT C.J., HOLZER C.E., Suicidal ideation and behavior in a general population. *Diseases of the nervous system*, 1972, *30*, 745-748.
(270) SHNEIDMAN E.S., FARBEROW N.L., Attempted and committed suicides, *in* Shneidman E.S., Farberow N.L., Litman R.E., *The psychology of suicide* (New York: Science House, 1970 (199-225).

(271) SHNEIDMAN E.S., Suicide notes reconsidered, *in* Shneidman E.S., *Suicidology: contemporary developements* (New York: Grune & Stratton, 1976).
(272) SIFNEOS P.E., Manipulative suicide. *Psychiatry Quarterly*, 1966, *40*, 525-537.
(273) SIFNEOS P., *Psychothérapie brève et crise émotionnelle* (Bruxelles: Mardaga, 1977).
(274) SIMON J.S.G., ETIENNE Th., BROCHIER M., Etude psychologique des coronariens à propos de 50 patients hospitalisés en unité de soins cardiaques intensifs. *Psychologie Médicale*, 1979, *11*, 11, 2397-2404.
(275) SKINNER B.F., *Contingencies of reinforcement: a theoretical analysis* (New York: Appleton-Century-Crofts, 1969).
(276) SNAKKERS J., LADAME F.G., NARDIN, D., La famille peut-elle empêcher l'adolescent de se suicider? *Neuropsychiatrie de l'Enfance*, 1980, *28*, 9, 393-398.
(277) SOUBRIER J.P., Contribution à la notion d'équivalent suicidaire. *Psychologie Médicale*, 1981, *13*, 87, 1205-1207.
(278) SOUBRIER J.P., Etude psychiatrique légale du suicide. *Annales Médico-Psychologiques*, 1982, *140*, 2.
(279) SOURIS M., L'évacuation de l'excitation par la tentative de suicide. *Revue Belge de Psychanalyse*, 1983, n° 3.
(280) SPIEGEL D., Autonomic reactivity in relation to the affective meaning of suicide. *J. Clin. Psychol.*, 1969, *25*, 4, 359-362.
(281) STEFANIS C., MARKIDIS M., CHRISTODOULOU G., Observations on the evolution of the hysterical symptomatology. *Brit. J. Psychiat.*, 1976, *128*, 269-275.
(282) STENGEL E., Recent research into suicide and attempted suicide. *Amer. J. Psychiatry*, 1962, *118*, 8, 725-727.
(283) STENGEL E., *Suicide and attempted suicide* (Harmond Sworth: Penguin Books, 1964).
(284) STORCK J., Echelle d'évolution du risque suicidaire. *Psychiatrie Enfant*, 1977, *XX*, 2, 494-517.
(285) STEINER Cl., *A quoi jouent les alcooliques? Une nouvelle approche de l'Analyse Transactionnelle* (Paris: EPI, 1981).
(286) STEINER C.M., *Des scénarios et des hommes. Analyse transactionnelle des scénarios de vie* (EPI, Coll. Hommes et Groupes, 1984).
(287) Les SUICIDES, produits Roches S.A., 1977.
(288) TABACHNICK N., Countertransference crisis in suicidal attempts. *Arch. Gen. Psychiatry* 1961, *4*, 572-579.
(289) TALEGHANI M., Depuis Durkheim: pour les sociologies de l'équivalent suicidaire. *Psychologie Médicale*, 1981, *13*, 8, 1213-1216.
(290) TERRADES G., Les accidents de la route. *Psychologie Médicale*, 1981, *13*, 8, 1201-1202.
(291) THOMAS C., First suicide note? *Brit. Med. J.*, 1980, juil., 284-285.
(292) THOMSON G., Impasses, dépression, suicide. Atelier de formation à l'A.T. - Bruxelles les 2 et 3 janvier 1979. Notes personnelles.
(293) THOMSON G., Etiologie et prévention du suicide. Atelier didactique, Bruxelles, 11 juin 1982. Notes personnelles.
(294) TUCKMAN J., YOUNGMAN W., Suicide risks among persons attempting suicide. *Public. Health Reports*, 1963, *78*, 585-587.
(295) TURKAT I.D., BRANTLEY P.J., On the therapeutic relationship in behavior therapy. *The Behavior Therapist*, 1981, *4*, 3, 16-17.
(296) VANDIVORT D.S., LOCKE B.Z., Suicide ideation: its relation to depression, suicide and suicide attempt. *Suicide and Life-Threatening Behavior*, 1979, *9*, 4, 205-218.

(297) VAN PARYS R., Diagnose in thérapie van de neiging tot zelfdodign. Strook, *Tijdschrift voor Transactionele Analyse*, 1983, jaargang 5, 2, 21-27.
(298) VARIN d'AINVELLE M., Les conditions de l'entretien rogérien. *L'information psychologique*, 1972, *48*, 25-30.
(299) VIDART L., *Annales Médico-Psychologiques*, 1982, *140*, 8.
(300) VLASAK G.J., Medical sociology, *in* S. Perlin, *A handbook for the study of suicide* (New York: Oxford University Press, 1975).
(301) WALKER N., *Nouvelle histoire de la psychothérapie* (Paris: Editions Sociales Françaises, 1971).
(302) WEISMAN A.D., WORDEN J.W., Risk-rescue rating in suicide assessment. *Arch. Gen. Psychiat.*, 1972, *26*, 553-560.
(303) WEISS L., Guérison et développement. *Actualités en Analyse Transactionnelle*, 1980, *4*, 16, 188-189.
(304) WENZ F.V., The epidemiology of suicide ideations and behavior, and depression in social area populations, *in* Soubrier J.P., Vedrinne J., *Dépression et suicide* (Paris: Pergamon Press, 1981).
(305) WETZEL R., MARGULIES T., DAVIS R., KARAM E., Hopelessness, depression and suicide intent. *Journal of Clinical Psychiatry*, 1980, *41*, 5.
(306) WEXLER D.A., RICE L.N., *Innovations in client-centered therapy* (New York: John Wiley & Sons, 1974).
(307) WILDBOLZ A., Analyse transversale de la clientèle d'un service de consultations psychiatriques à l'hôpital général. *Psychologie Médicale*, 1979, *11*, 9.
(308) WILLIAMS C.L., DAVIDSON J.A., MONTGOMERY I., Impulsive suicidal behavior. *J. Clinical Psychology*, 1980, *36*, 1, 90-94.
(309) WILMOTTE J., PLAT-MENDLEWICZ J., Epidemiology of suicidal behavior in one thousand belgian prisoners, *in* Danto B.L. (Eds). *Jail House Blues* (Orchard Lake: Epic Publications, 1973, pp. 57-82).
(310) WILMOTTE J., FONTAINE O., Functional analysis of suicidal behaviors. Paper presented at the international symposium on «Suicide Prevention». Brussels (Belgium), 1980, *nov*, 14-15.
(311) WILMOTTE J., FONTAINE O., Functional analysis of suicidal behaviors, *in* Wilmotte J., Mendlewicz J. (Eds) *New Trends in Suicide Prevention* (Basel: Karger, 1982).
(312) WILMOTTE J., BASTYNS J.M., Le contrat de non-suicide et ses différentes applications thérapeutiques. *Psychologie Médicale*, 1983, *15*, 1, 67-70.
(313) WILMOTTE J., CHARLES G., DEPAUW Y., Détection des suicidants susceptibles d'une récidive dans l'année. *Acta Psychiatrica Belgica*, 1983, *83*, 558-568.
(314) WILMOTTE J., DEPAUW Y., Suicide parental chez les suicidants violents et non violents. Manuscrit non publié, 1983.
(315) WOLD C.I., LITMAN R.E., Suicide after contact with a suicide prevention center. *Arch. Gen. Psychiat.*, 1973, *28*, 735-739.
(316) WOOLAMS S., BROWN M., HUIGE K., *L'analyse transactionnelle*. (Genève: Imprimerie Nationale, Jean Petey).
(317) WORDEN J.W., STERLING-SMITH R.S., Lethality patterns in multiple suicide attempts. *Life-Threatening Behavior*, 1973, *3*, 2, 95-104.
(318) WULLIEMIEP F., BOVET J., MEYLAN D., Le devenir des suicidants admis à l'hôpital général. Etude comparative de deux formes de prévention des récidives et des suicides. *Médecine Sociale et Prévention*, 1979, *24*, 73-88.
(319) ZANATTA R., Au bout du couloir, *Informations sociales*, 1974, *6*, 1-63.

Table des matières

Remerciements	5
Avant-propos	7
Les thérapies comportementales (J. Wilmotte)	9
L'hôpital et la tentative de suicide (J.-M. Bastyns)	71
La psychothérapie centrée sur le client de C. Rogers (G. Demaret)	121
L'analyse transactionnelle (M. Duvivier)	167
Analyse d'un cas	241
A. Introduction	242
B. Presentation de l'observation médicale de A.S.	243
C. Lecture du thérapeute comportemental	258
D. Point de vue du thérapeute hospitalier	268
E. Perspective rogérienne	272
F. Point de vue de l'analyste transactionnel	279
G. Conclusions	286
Conclusions	289
Annexes	
I) échelle d'idéation suicidaire	291
II) évaluation risque-sauvetage	294
Bibliographie	295

PSYCHOLOGIE ET SCIENCES HUMAINES
collection publiée sous la direction de MARC RICHELLE

1 Dr Paul Chauchard: LA MAITRISE DE SOI, 9° éd.
5 François Duyckaerts: LA FORMATION DU LIEN SEXUEL, 9° éd.
7 Paul-A. Osterrieth: FAIRE DES ADULTES, 16° éd.
9 Daniel Widlöcher: L'INTERPRETATION DES DESSINS D'ENFANTS, 9° éd.
11 Berthe Reymond-Rivier: LE DEVELOPPEMENT SOCIAL DE L'ENFANT ET DE L'ADOLESCENT, 9° éd.
12 Maurice Dongier: NEVROSES ET TROUBLES PSYCHOSOMATIQUES, 7° éd.
15 Roger Mucchielli: INTRODUCTION A LA PSYCHOLOGIE STRUCTURALE, 3° éd.
16 Claude Köhler: JEUNES DEFICIENTS MENTAUX, 4° éd.
21 Dr P. Geissmann et Dr R. Durand: LES METHODES DE RELAXATION, 4° éd.
22 H. T. Klinkhamer-Steketée: PSYCHOTHERAPIE PAR LE JEU, 3° éd.
23 Louis Corman: L'EXAMEN PSYCHOLOGIQUE D'UN ENFANT, 3° éd.
24 Marc Richelle: POURQUOI LES PSYCHOLOGUES?, 6° éd.
25 Lucien Israel: LE MEDECIN FACE AU MALADE, 5° éd.
26 Francine Robaye-Geelen: L'ENFANT AU CERVEAU BLESSE, 2° éd.
27 B.F. Skinner: LA REVOLUTION SCIENTIFIQUE DE L'ENSEIGNEMENT, 3° éd.
28 Colette Durieu: LA REEDUCATION DES APHASIQUES
29 J.C. Ruwet: ETHOLOGIE: BIOLOGIE DU COMPORTEMENT, 3° éd.
30 Eugénie De Keyser: ART ET MESURE DE L'ESPACE
32 Ernest Natalis: CARREFOURS PSYCHOPEDAGOGIQUES
33 E. Hartmann: BIOLOGIE DU REVE
34 Georges Bastin: DICTIONNAIRE DE LA PSYCHOLOGIE SEXUELLE
35 Louis Corman: PSYCHO-PATHOLOGIE DE LA RIVALITE FRATERNELLE
36 Dr G. Varenne: L'ABUS DES DROGUES
37 Christian Debuyst, Julienne Joos: L'ENFANT ET L'ADOLESCENT VOLEURS
38 B.-F. Skinner: L'ANALYSE EXPERIMENTALE DU COMPORTEMENT, 2° éd.
39 D.J. West: HOMOSEXUALITE
40 R. Droz et M. Rahmy: LIRE PIAGET, 3° éd.
41 José M.R. Delgado: LE CONDITIONNEMENT DU CERVEAU ET LA LIBERTE DE L'ESPRIT
42 Denis Szabo, Denis Gagné, Alice Parizeau: L'ADOLESCENT ET LA SOCIETE, 2° éd.
43 Pierre Oléron: LANGAGE ET DEVELOPPEMENT MENTAL, 2° éd.
44 Roger Mucchielli: ANALYSE EXISTENTIELLE ET PSYCHOTHERAPIE PHENOMENO-STRUCTURALE
45 Gertrud L. Wyatt: LA RELATION MERE-ENFANT ET L'ACQUISITION DU LANGAGE, 2° éd.
46 Dr Etienne De Greeff: AMOUR ET CRIMES D'AMOUR
47 Louis Corman: L'EDUCATION ECLAIREE PAR LA PSYCHANALYSE
48 Jean-Claude Benoit et Mario Berta: L'ACTIVATION PSYCHOTHERAPIQUE
49 T. Ayllon et N. Azrin: TRAITEMENT COMPORTEMENTAL EN INSTITUTION PSYCHIATRIQUE
50 G. Rucquoy: LA CONSULTATION CONJUGALE
51 R. Titone: LE BILINGUISME PRECOCE
52 G. Kellens: BANQUEROUTE ET BANQUEROUTIERS
53 François Duyckaerts: CONSCIENCE ET PRISE DE CONSCIENCE
54 Jacques Launay, Jacques Levine et Gilbert Maurey: LE REVE EVEILLE-DIRIGE ET L'INCONSCIENT
55 Alain Lieury: LA MEMOIRE
56 Louis Corman: NARCISSISME ET FRUSTRATION D'AMOUR
57 E. Hartmann: LES FONCTIONS DU SOMMEIL
58 Jean-Marie Paisse: L'UNIVERS SYMBOLIQUE DE L'ENFANT ARRIERE MENTAL
59 Jacques Van Rillaer: L'AGRESSIVITE HUMAINE
60 Georges Mounin: LINGUISTIQUE ET TRADUCTION
61 Jérôme Kagan: COMPRENDRE L'ENFANT
62 Michael S. Gazzaniga: LE CERVEAU DEDOUBLE
63 Paul Cazayus: L'APHASIE
64 X. Seron, J.L. Lambert, M. Van der Linden: LA MODIFICATION DU COMPORTEMENT
65 W. Huber: INTRODUCTION A LA PSYCHOLOGIE DE LA PERSONNALITE, 2° éd.
66 Emile Meurice: PSYCHIATRIE ET VIE SOCIALE
67 J. Château, H. Gratiot-Alphandéry, R. Doron et P. Cazayus: LES GRANDES PSYCHOLOGIES MODERNES
68 P. Sifnéos: PSYCHOTHERAPIE BREVE ET CRISE EMOTIONNELLE
69 Marc Richelle: B.F. SKINNER OU LE PERIL BEHAVIORISTE
70 J.P. Bronckart: THEORIES DU LANGAGE
71 Anika Lemaire: JACQUES LACAN, 2° éd. revue et augmentée
72 J.L. Lambert: INTRODUCTION A L'ARRIERATION MENTALE
73 T.G.R. Bower: DEVELOPPEMENT PSYCHOLOGIQUE DE LA PREMIERE ENFANCE
74 J. Rondal: LANGAGE ET EDUCATION
75 Sheila Kitzinger: PREPARER A L'ACCOUCHEMENT
76 Ovide Fontaine: INTRODUCTION AUX THERAPIES COMPORTEMENTALES
77 Jacques-Philippe Leyens: PSYCHOLOGIE SOCIALE, 2° éd.
78 Jean Rondal: VOTRE ENFANT APPREND A PARLER
79 Michel Legrand: LE TEST DE SZONDI
80 H.J. Eysenck: LA NEVROSE ET VOUS
81 Albert Demaret: ETHOLOGIE ET PSYCHIATRIE
82 Jean-Luc Lambert et Jean A. Rondal: LE MONGOLISME

83 Albert Bandura: L'APPRENTISSAGE SOCIAL
84 Xavier Seron: APHASIE ET NEUROPSYCHOLOGIE
85 Roger Rondeau: LES GROUPES EN CRISE?
86 J. Danset-Léger: L'ENFANT ET LES IMAGES DE LA LITTERATURE ENFANTINE
87 Herbert S. Terrace: NIM, UN CHIMPANZE QUI A APPRIS LE LANGAGE GESTUEL
88 Roger Gilbert: BON POUR ENSEIGNER?
89 Wing, Cooper et Sartorius: GUIDE POUR UN EXAMEN PSYCHIATRIQUE
90 Jean Costermans: PSYCHOLOGIE DU LANGAGE
91 Françoise Macar: LE TEMPS, PERSPECTIVES PSYCHOPHYSIOLOGIQUES
92 Jacques Van Rillaer: LES ILLUSIONS DE LA PSYCHANALYSE, 2ᵉ éd.
93 Alain Lieury: LES PROCEDES MNEMOTECHNIQUES
94 Georges Thinès: PHENOMENOLOGIE ET SCIENCE DU COMPORTEMENT
95 Rudolph Schaffer: COMPORTEMENT MATERNEL
96 Daniel Stern: MERE ET ENFANT, LES PREMIERES RELATIONS
97 R. Kempe & C. Kempe: L'ENFANCE TORTUREE
98 Jean-Luc Lambert: ENSEIGNEMENT SPECIAL ET HANDICAP MENTAL
99 Jean Morval: INTRODUCTION A LA PSYCHOLOGIE DE L'ENVIRONNEMENT
100 Pierre Oleron et al.: SAVOIRS ET SAVOIR-FAIRE PSYCHOLOGIQUES CHEZ L'ENFANT
101 Bernard I. Murstein: STYLES DE VIE INTIME
102 Rondal/Lambert/Chipman: PSYCHOLINGUISTIQUE ET HANDICAP MENTAL
103 Brédart/Rondal: L'ANALYSE DU LANGAGE CHEZ L'ENFANT
104 David Malan: PSYCHODYNAMIQUE ET PSYCHOTHERAPIE INDIVIDUELLE
105 Philippe Muller: WAGNER PAR SES REVES
106 John Eccles: LE MYSTERE HUMAIN
107 Xavier Seron: REEDUQUER LE CERVEAU
108 Moreau/Richelle: L'ACQUISITION DU LANGAGE
109 Georges Nizard: ANALYSE TRANSACTIONNELLE ET SOIN INFIRMIER
110 Howard Gardner: GRIBOUILLAGES ET DESSINS D'ENFANTS, LEUR SIGNIFICATION
111 Wilson/Otto: LA FEMME MODERNE ET L'ALCOOL
112 Edwards: DESSINER GRACE AU CERVEAU DROIT
113 Rondal: L'INTERACTION ADULTE-ENFANT
114 Blancheteau: L'APPRENTISSAGE CHEZ L'ANIMAL
115 Boutin: FORMATION ET DEVELOPPEMENTS
116 Húsen: L'ECOLE EN QUESTION
117 Ferrero/Besse: L'ENFANT ET SES COMPLEXES
118 R. Bruyer: LE VISAGE ET L'EXPRESSION FACIALE
119 J.P. Leyens: SOMMES-NOUS TOUS DES PSYCHOLOGUES?
120 J. Château: L'INTELLIGENCE OU LES INTELLIGENCES?
121 M. Claes: L'EXPERIENCE ADOLESCENTE
122 J. Hayes et P. Nutman: COMPRENDRE LES CHOMEURS
123 S. Sturdivant: LES FEMMES ET LA PSYCHOTHERAPIE
124 A. Pomerleau et G. Malcuit: L'ENFANT ET SON ENVIRONNEMENT
125 A. Van Hout et X. Seron: L'APHASIE DE L'ENFANT
126 A. Vergote: RELIGION, FOI, INCROYANCE
127 Sivadon/Fernandez-Zoïla: TEMPS DE TRAVAIL, TEMPS DE VIVRE
128 Born: JEUNES DEVIANTS OU DELINQUANTS JUVENILES?
129 Hamers/Blanc: BILINGUALITE ET BILINGUISME
130 Legrand: PSYCHANALYSE, SCIENCE, SOCIETE
131 Le Camus: PRATIQUES PSYCHOMOTRICES
132 Lars Fredén: ASPECTS PSYCHOSOCIAUX DE LA DEPRESSION
133 Mount: LA FAMILLE SUBVERSIVE
134 Magerotte: MANUEL D'EDUCATION COMPORTEMENTALE CLINIQUE
135 Dailly / Moscato: LATERALISATION ET LATERALITE CHEZ L'ENFANT
136 Bonnet / Tamine-Gardes: QUAND L'ENFANT PARLE DU LANGAGE
137 Bruyer: LES SCIENCES HUMAINES ET LES DROITS DE L'HOMME
138 Taulelle: L'ENFANT A LA RENCONTRE DU LANGAGE
139 de Boucaud: PSYCHOLOGIE DE L'ENFANT ASTHMATIQUE
140 Duruz: NARCISSE EN QUETE DE SOI
141 Feyereisen / de Lannoy: PSYCHOLOGIE DU GESTE
142 Florin et Al.: LE LANGAGE A L'ECOLE MATERNELLE
143 Debuyst: MODELE ETHOLOGIQUE ET CRIMINOLOGIE
144 Ashton / Stepney: FUMER
145 Winkel et Al.: L'IMAGE DE LA FEMME DANS LES LIVRES SCOLAIRES
146 Bideaud / Richelle: PSYCHOLOGIE DEVELOPPEMENTALE
147 Schmid-Kitsikis: THEORIE CLINIQUE ET FONCTIONNEMENT MENTAL
148 Guggenbühl / Craig: POUVOIR ET RELATION D'AIDE
149 Rondal: LANGAGE ET COMMUNICATION CHEZ LES HANDICAPES MENTAUX
150 Moscato et Al.: FONCTIONNEMENT COGNITIF ET INDIVIDUALITE
151 Château: L'HUMANISATION OU LES PREMIERS PAS DES VALEURS HUMAINES
152 Avery / Litwack: NEE TROP TOT
153 Rondal: LE DEVELOPPEMENT DU LANGAGE CHEZ L'ENFANT TRISOMIQUE 21
154 Kellens: DEVIANCES, DELINQUANCES

Hors collection

Paisse : PSYCHOPEDAGOGIE DE LA LUCIDITE
Paisse : ESSENCE DU PLATONISME
Collectif : SYSTEME AMDP
Boulangé/Lambert : LES AUTRES, L'EXPRESSION ARTISTIQUE CHEZ LES HANDICAPES MENTAUX

Manuels et Traités

2 Thinès : PSYCHOLOGIE DES ANIMAUX
3 Paulus : LA FONCTION SYMBOLIQUE ET LE LANGAGE
4 Richelle : L'ACQUISITION DU LANGAGE
5 Paulus : REFLEXES-EMOTIONS-INSTINCTS
Droz-Richelle : MANUEL DE PSYCHOLOGIE
Hurtig-Rondal : MANUEL DE PSYCHOLOGIE DE L'ENFANT (Tome 1)
Hurtig-Rondal : MANUEL DE PSYCHOLOGIE DE L'ENFANT (Tome 2)
Hurtig-Rondal : MANUEL DE PSYCHOLOGIE DE L'ENFANT (Tome 3)
Rondal-Seron : LES TROUBLES DU LANGAGE (DIAGNOSTIC ET REEDUCATION)
Fontaine/Cottraux/Ladouceur : CLINIQUES DE THERAPIE COMPORTEMENTALE